高等院校小学教育专业系列教材

小学综合实践活动的设计与实践

主 编 吕 君
参 编 薛桂琴 张英花 马春明 蒋新秀
宦 亮 王彦丽 彭 倩

中国轻工业出版社

图书在版编目（CIP）数据

小学综合实践活动的设计与实践 / 吕君主编. — 北京：中国轻工业出版社，2024.1
高等院校小学教育专业系列教材
ISBN 978-7-5184-4588-2

Ⅰ. ①小… Ⅱ. ①吕… Ⅲ. ①小学—活动课程—课程设计—高等学校—教材 Ⅳ. ①G622.3

中国国家版本馆CIP数据核字（2023）第200210号

责任编辑：崔丽娜　　　责任终审：高惠京
整体设计：锋尚设计　　责任校对：朱燕春　　责任监印：张　可

出版发行：中国轻工业出版社（北京鲁谷东街5号，邮编：100040）
印　　刷：三河市国英印务有限公司
经　　销：各地新华书店
版　　次：2024年1月第1版第1次印刷
开　　本：787×1092　1/16　印张：12.75
字　　数：300千字
书　　号：ISBN 978-7-5184-4588-2　定价：45.00元
邮购电话：010-85119873
发行电话：010-85119832　010-85119912
网　　址：http://www.chlip.com.cn
Email：club@chlip.com.cn
如发现图书残缺请与我社邮购联系调换
230463J1X101ZBW

前 言

21世纪初，我国中小学开始开设综合实践活动课程。该课程的引入是为了进一步培养学生的创新意识和实践能力，以应对现代社会的转型和教育理念的变革。它不仅是我国基础教育课程结构的重大突破，也是我国基础教育创新的重要标志之一。2017年，教育部发布《中小学综合实践活动课程指导纲要》，明确规定综合实践活动是国家义务教育和普通高中课程方案规定的必修课程，与学科课程并列设置，自小学一年级至高中三年级全面实施，指出综合实践活动是跨学科实践课程，从学生的真实生活和发展需要出发，从生活情境中发现问题，转化为活动主题，通过探究、服务、制作、体验等方式，培养学生的综合素质。同时，它也是动态开放性课程，实施上不以教材为主要载体，不按照相对固定的内容体系进行教学。并且提倡多采用质性评价方式，避免将评价简化为分数或等级。《纲要》的发布，重新界定了综合实践活动课程的教育目标和教育价值，为该课程注入了新的理念、目标、内容和价值追求，同时也提出了新的实施策略。

目前，小学综合实践活动课程仍是一门需要不断探索完善的课程，需要教师及研究者持续地学习、探究和实践，促使课程内容及实施能够不断更新、深入及发展。2001年教育部发布的《义务教育综合实践活动课程指导纲要（试行）》中，将中小学综合实践活动分为四大领域：研究性学习、社区服务与社会实践、劳动与技术、信息技术。2017年由教育部发布的《中小学综合实践活动课程指导纲要》只提到了“活动方式”，回避了活动领域的提法，但附录部分又列出了四个领域的主题及其内容说明。鉴于此，本书将考察探究、社会服务、设计制作、职业体验作为四个活动领域，并分别从活动内容、设计与实施等方面进行阐述与说明。本书主要面向小学教育专业的本科生、专科生，以及在职学习的小学教师和相关教育管理者，以高等院校小学教育专业培养目标和学生特点为基础，广泛听取采纳高校教师、小学教育专业本科、专科学生以及小学综合实践活动教研员、任课教师的意见与建议，系统地介绍了适应新形势下的综合实践活动课程的基础知识、基本理论和实践指导。

全书分为理论篇、设计篇、实践篇，共9章内容，第一至三章为理论篇，主要阐述了小学综合实践活动课程的内涵、特征、产生的社会背景与理论基础、历史演变、价值与理念、课程目标、课程的内容与资源利用等，以便读者从整体上了解和把握小学综合实践活动课程的基本问题，为后续的学习与实践奠定基础；第四至六章为设计篇，主要阐述了小学综合实践活动设计的一般过程、设计的方法、活动方案的优化等，以便读者掌握小学综合实践活动课程的设计方法，学会优化活动设计方案；第七至九章为实践篇，主要阐述了小学综合实践活动课程的实施、教师指导、活动评价等内容，以便读者把握小学综合实践活动实施过程中的管理、指导和评价问题。本书每章按需设置了"学习目标""案例链接""拓展阅读""思考·探究"等模块，添加了一些来自教学一线的鲜活案例，促使读者拓宽视野，对小学综合实践活动课程的开发发挥积极指导作用。

本书由吕君主编，并负责书稿的统稿和定稿工作。具体编写分工如下：第1章由薛桂琴编写，第2章由张英花编写，第3章由马春明、蒋新秀共同编写，第4章由宦亮编写，第5、6、9章由吕君编写，第7、8章由吕君、王彦丽共同编写，彭倩对书稿进行审读和校对。在本书的编写过程中，编者参考了国内一些专家、学者的研究成果，在此表示衷心的感谢！

由于编者知识水平有限，书中难免有不当之处，敬请读者批评、指正。

编者

目 录

第一篇 理论篇

第二篇 设计篇

第一篇

理论篇

第一章

小学综合实践活动课程导论

学习目标

1. 理解小学综合实践活动课程产生的理论基础和时代背景。
2. 了解国内外小学综合实践活动课程的历史演变。
3. 把握小学综合实践类活动课程的价值与理念。

第一节　小学综合实践活动课程概述

为了在知识经济时代与信息社会能够很好地应对日益激烈的国际竞争，全面提升我国国民素质，我国开始了新一轮的以“实践教育和素质教育”为核心的基础教育课程改革。本次课程改革的目标之一是对基础教育的课程体系、结构、内容进行调整和改革，以建立符合素质教育和实践教育要求的全新基础教育课程体系。2001年6月8日教育部印发的《基础教育课程改革纲要（试行）》（以下简称《改革纲要》），拉开了第八次课程改革的帷幕。此次基础教育课程改革的最大亮点就是综合实践活动课程的提出与建设。综合实践活动课程是对我国过去数十年来课外活动、活动课程和实践课程的延续、规范与进步，旨在培养学生的创新思维、实践能力和社会责任感。为了规范与推进综合实践活动课程的实施与发展，2017年9月25日教育部印发了《中小学综合实践活动课程指导纲要》（以下简称《指导纲要》）。《指导纲要》对综合实践活动课程的性质与基本理念、目标、内容与活动方式，对学校综合实践活动课程的规划与实施以及课程管理与保障等一系列关乎课程发展的重要问题做出了明确和精练的规定，为综合实践活动课程的未来发展指明了方向。

一、小学综合实践活动课程的内涵

综合实践活动课程开发实施的质量和效果，很大程度上取决于综合实践活动课程指导教师对综合实践活动内涵的界定和理解。自2001年《改革纲要》明确提出综合实践活动课程的建设以来，很多学者和专家对其概念和内涵进行了研究和界定。其中，2017年的《指导纲要》中对于综合实践活动课程的界定最为权威，它指出：综合实践活动是从学生的真实生活和发展需要出发，从生活情境中发现问题，通过探究、服务、制作、体验等方式，培养学生综合素质的跨学科实践性课程。在《指导纲要》中，虽然将这种陈述定义为综合实践活动课程的课程性质，而不是综合实践活动课程的界定，然而实际上它的定义就是关于综合实践活动课程的内容，它强调了综合实践活动不仅仅是一种活动，而是一门课程的形式，与学科课程平行，并且具备了综合性、实践性和活动性。

“综合实践活动课程本质上是一种指向生活理解与创造的课程”，它重在强调综合实践活动课程着眼于学生自主探究和主动实践，是一门旨在帮助学生理解和创造生活的课程。它不仅重视学生的个性发展和创新精神，同时也是培养学生能力的有效手段。同时，课程强调在教师的组织和指导下，学生能够自主进行各种实践活动，注重学生体验和经验，强调培养创新能力、动手实践能力和社会责任感等综合素养。综合实践课程是一门活动性课程，强调学生获取和发展创新能力、实践能力和社会责任感等方面的综合素养，与学科课程的目标不同，侧重于学生的体验和经验，而非仅仅是知识学习。

综合实践活动课程是实现当前新课程倡导的“自主、合作、探究”教学模式的最好载体。透过综合实践活动课程的实施，使学生能够将所学知识与日常行动紧密结合，实现理论与实践的统一，将学到的知识转变为实际行动，并真正应用于生活中，培养出社会生活的技能。

二、小学综合实践活动课程的特征

（一）跨学科性

综合实践活动课程具有跨学科性，即综合性。与传统学科课程的单一学科内容不同，综合实践活动课程的内容组织是综合整合的。综合实践活动课程的内容从学生与自然的关系、学生与他人与社会的关系、学生与自我的关系三个方面进行选择。这三个方面的内容存在于各个学科的知识学习与应用中。鉴于综合实践活动课程是从学生的真实生活与成长需求出发，通过将生活情境中的问题转化为活动主题，因此该课程的活动内容就不可以仅仅限于单一学科。大家都知道，生活情境中的问题探究与解决涉及的学科知识不会仅仅局限于一个学科，至少会涉及两个学科方面的知识。所以综合实践活动课程彻底打破了单一学科的学习界限，具有跨学科的性质。

（二）实践性

综合实践活动课程具有实践性。与学科课程注重知识的学习不同，综合实践活动课程注重学生能力的培养；学科课程的实施和组织帮助学生理解、掌握和运用经验和知识，而综合实践活动课程则利用学生已有的知识和经验来解决问题。学生只有将理论与实际相结合，将知识与生活紧密联系，才能激发更浓厚的学习兴趣。学生的主要任务是学习知识，但只有把所学的知识巧妙地应用于实际生活中，才能达到他们求学的目标。“听过，会忘记；看过，会记得；做过，才懂得”，实践的重要性不言而喻。综合实践活动课程强调学生亲身参与各项活动，在“动手做”“实验”“探究”“设计”“创作”“反思”的过程中进行“体验”“体悟”“体认”，通过全身心的参与，发现、分析和解决问题，体验和感受生活，培养实践创新能力。综合实践活动课程设计与实施的基础在于运用已获知的知识和经验去解决现实生活中的问题，并将所学理论知识应用到实际操作中，从而使之具有实践性。

（三）活动性

综合实践活动课程具有活动性。从综合实践活动课程在我国的发展历史来看，它起源于活动课程并逐步发展。与学科课程对于间接经验（知识）的学习不同，综合实践活动课程是对直接经验的学习与获取，是通过学生活动进行的课程，特别是室外的实践活动。众所周知，传授知识通常通过学科课程来进行，这被视为一种特殊的认识方式，也就是间接经验的传授。综合实践活动课程的目的并不仅仅是获取知识，而是要培养学生的能力和素养，并塑造其价值观，更加重视学生通过活动体验获取有益的直接经验。教学的实现主要依赖于学生参与各种活动和体验，而这些活动和体验正是综合实践活动课程的教学。

第二节　小学综合实践活动课程的产生与发展

一、小学综合实践活动课程产生的社会背景与理论基础

（一）社会背景

我国在21世纪初开始了第八次基础教育课程改革，以《改革纲要》为标志，旨在紧跟世界教育潮流，全面推进素质教育。这次课程改革的主要目标是对基础教育的课程体系、结构、内容进行调整和改革，以建立符合素质教育和实践教育要求的基础教育课程体系。综合实践活动课程是一门高度综合且实践性强的课程，它的出现正是受到了这样的社会背景的影响，是基于第七次课程改革中的“活动课程”发展起来的。我国基础教育课程需要适应当前社会发展的变化，因此它的出现是必然的。

（二）理论基础

1．卢梭的自然主义教育理论

法国伟大的启蒙思想家、哲学家、教育家、文学家卢梭（Jean-Jacques Rousseau）曾提出“自然主义”教育的主张。在其《爱弥尔》著作中，特别强调了儿童兴趣的重要性。在教育教学中，应该让儿童的感官成为理智的指引，通过观察和亲身体验来学习，强调儿童直接经验的重要性。直接经验的学习常常能够补充间接经验学习的不足之处。卢梭的“自然主义”教育思想的核心是：把儿童当儿童看，教育必须适应儿童的身心发展。虽然教育实施的主体教师是成人，具有成人的学习观点，但是在教育教学研究中，其教学研究对象一直是儿童，而在实际教学中，教师往往会忘记这个事实。儿童的学习与成人的学习存在着很大的差别。儿童教育必须符合自然要求、尊重人类的自然本性，因此，针对儿童的教育应该避免仅仅强调知识方面的学习和成人式的说教式教育。孩子更合适从直接经验中学习。综合实践活动课程的直接经验学习与此一致。卢梭认为，儿童的学习应该通过生活中和各种活动中进行。儿童应该通过做事来学习，通过实践是儿童获取知识的最基本方式，也就是综合实践活动课程中的“做中学”。在教学过程中，儿童应该从世界和自然中获得知识，而不仅仅依靠课本。因此，教师和学生应该一起以生活和自然作为教材进行学习。

2．杜威的实用主义教育理论

杜威（John Dewey）是美国实用主义教育家，他是当代活动课程论思想的倡导者和奠基人。他的活动课程也被称为经验课程或儿童中心课程。这种课程强调从儿童的兴趣和需要出发，以儿童活动为核心来设计课程，旨在改造儿童的经验。杜威主张教育即生活，教育即生长，教育即经验的改造，教育应该为生活服务。儿童的课程应该以儿童的“生活”或“经验”作为课程的中心，而不是以学科课程的科学逻辑为主，要从儿童自己的生活经验中进行学习，儿童的学习实际上就是在对儿童已有的生活经验的“改造”，要求儿童“从做中学”“从经验中学”。儿童的学习内容应该从他们的日常生活经验中提取，根据学生的兴趣和发展需求进行选择，并由教师与学生一起合作设计。考虑到学生的兴趣各不相同，不同学生的学习内容常常存在较大的差异。杜威在强调儿童学习时，特别注重培养儿童的智力，并且强调儿童学习的主动性。每个孩子都有独特的智力和才能，教师的任务是发掘和培养孩子们的天赋。在教育教学过程中，教师应该注重孩子们个性的自由发展；儿童的直接经验学习的重要性要远远大于间接经验的学习，要重视儿童从直接经验中学习，重视儿童的操作实践，要在“做中学”，儿童的知识、观念是在操作、探究、体验等活动中产生的。

3．罗杰斯的人本主义理论

20世纪50年代，美国人本主义心理学（也称现象学心理学）的杰出代表罗杰斯（Carl Ransom Rogers）强调教育的目标应该是培养能够适应社会变化并能够学习的人。他强调：“只有学会如何学习和学会适应变化的人才是可靠的人、有教养的人。现代世界中，变化是确定教育目标的唯一基准。”教育的目标是培养具有自主性、建设性和创造性的个体，这样的人会得到更好的发展。学生的学习应该是一个心理反应过程，这个过程要有意义，并且不应该仅仅是机械的识记；应该让学生自发地发掘和激发内在的潜能，而不是通过僵硬、固化的方式对其进行塑造；学生应该积极主动地获取有价值的经验，而不是依赖教师的强行灌输。学会学习是在这个快速变化的社会中保持竞争优势的唯一途径。要学会学习就必须改变课堂教学模式，从以教师为中心的模式转变为以学生为中心的模式。学生是教学的核心，他们在学习过程中扮演着至关重要的角色，并且需要积极主动地发挥自己的主导作用。所学课程不应具有固定的结构。教师和学生应该共同合作进行学习活动的设计和完成。教师的角色正在发生变化，不再仅仅是传授知识，而是扮演导师和激励者的角色。重视学习过程，而不仅仅是学习成果。学习的评估主体是学生而非教师。教师需要构建一种轻松、积极的学习氛围，同时也应该尊重学生的兴趣和情感。人本主义理论在教育中的应用强调引导、发现和创造学生的价值观，注重体验性学习和情感的培养。课程的组成应具备多样性和可调整性，这些是综合实践活动课程在开发与实施中需要考虑的关键要素。

4. 陶行知的生活教育理论

我国杰出的教育家陶行知的生活教育理论对我国综合实践活动课程的形成和发展有着巨大的促进作用。陶行知的生活教育理论的要点是“生活即教育”“社会即学校”“教学做合一”。他强调了生活和课程之间密不可分的关系，即生活是课程的一部分，课程也是生活的一部分，所有的生活都可以被视为课程，如家庭、茶馆、店铺、轮船码头都是课程。生活总是包含着教育的意义。生活中进行教育，教育在生活中进行。教育与生活为一体，而不是分开的，即使是学科课程的学习，也应该与现实生活联系在一起。综合实践活动课程基于生活教育理论，注重学生自主探索和亲身体验，强调每个人都有能力做老师，成为同学，也可以成为学生。社会是一个广阔的教育场所，到处都充满了知识、学问和技能。“教学做合一”意味着教的方法、学的方法、做的方法三者紧密结合，互为补充。“教”的方法应根据“学”的方法来设计，而“学”的方法又应根据“做”的方法进行调整。要在“做”中获得知识，既要劳力，也要劳心。最好的学习环境不是在学校、在教室里，而是在校外、在生活中。社会与自然是最好的教育课堂。

二、小学综合实践活动课程的历史演变

（一）本土溯源

尽管我国是在21世纪初才开始正式提出综合实践活动课程，但这门课程在我国拥有悠久的思想基础和深厚的历史渊源。

1. 综合实践活动课程教育思想的萌芽阶段

综合实践活动这门课程的教育思想在我国是古已有之的。例如，我国伟大的教育家和思想家孔子强调了启发教育的作用，他曾经说过：“不愤不启，不悱不发”，即要进行教育，需要在适当的时机抓住机遇，利用环境条件引导学生，让他们对自主探索产生兴趣，从而培养他们的自主探究能力。我国的《学记》是最早论述教育和教学问题的书籍，其中提到了“大学之教也，时教必有正业，退息必有居学”，这句话揭示了综合实践活动的思想，并探讨了综合实践活动课程的必要性。它强调了学校正课和课余活动的有机结合，即在学校按时序进行正式的学科课程，而在课下或离校时要进行课外练习和游戏活动等。

2. 综合实践活动课程的准备阶段

随着信息化时代和知识社会的兴起，人们的素质能力要求也发生了彻底的转变。大家都知道，教育是培养人才的主要场所，尤其是学校教育。教育目标需要改变以满足新的知识社会对人才的需求。联合国教科文组织曾经明确提出过：随着工业社会向知识社会的转变，教育目标发生了转变，从“工具性目标”（把学生培养成提高生产率的工具）转向“人本性目标”（使人的情感、智力、身体、心理诸方面的潜能和素质都能通过学习得以发展）。因此，从20世纪80年代起，世界各国为适应时代发展需求开始了教育改革，旨在培养具有全球竞争力的人才以适应21世纪的发展。历次教育改革的核心都是对基础教育领域进行改革。课程改革的本质是改变教学和学习方式，本次改革的核心理念是以学生的发展为中心。因此，不同国家纷纷致力于发展和建设综合性、整合性、实践性和活动性的课程。尽管不同国家在称呼这类课程时使用不同的名称，但它们都强调处理好课程与生活、学生、自然和社会之间的关系，以发展学生的多方面能力和社会责任感。我国在20世纪80年代开始了“课外活动”的建设与研讨，1981年教育部印发的《全日制五

年制小学教学计划（修订草案）》第一次将“课外活动”纳入教学计划。1984年，《全日制六年制城市小学教学计划（草案）》明确将课外活动转变为活动，即将“课外活动”作为综合实践活动课程的起始阶段，而不是一个独立的课程。其最初提出是为了辅助学科课程，并没有像课程一样具备特定的属性、形式和功能。

3. 综合实践活动课程的探索阶段

20世纪90年代初出现了活动课程。1992年8月6日，国家教育委员会发布的《九年义务教育全日制小学、初级中学课程计划（试行）》中首次引入了“活动课程”的概念。同年11月16日颁布的《关于组织实施“九年义务教育全日制小学、初级中学课程计划（试行）”的意见》中，明确指出需要将活动课程纳入学校的课程安排中。1995年的7月和11月，长春和北京分别举办了名为“活动课程”的研讨会和实验协作会。之后，教育部以政策文件的形式发布了这些研讨会的结果，即《关于颁布“全国九年义务教育活动课程研讨会会议纪要”的通知》。《九年义务教育活动课程指导纲要（征求意见稿）》同时颁布，规定了活动课程的定义和要求：在学科课程之外，学校通过有目的、有计划、有组织的多种活动项目和方式，综合运用所学知识，以学生为主体，注重实践性、自主性、创造性和非学科性，开展多样化的活动内容。这门课程涵盖社会实践、科学技术、文学艺术和体育卫生等活动。为保证“活动课程”充分实施，原国家教委基础教育司颁布了《九年义务教育活动类课程指导纲要（草案）》和《关于组织开展“九年义务教育活动课程”实验工作的通知》。对于教育领域的研究和实践而言，目前这个阶段的关注点集中在“活动课程”上。不仅基础教育领域在进行“活动课程”的研究，师范教育、职业教育等不同类型的学校也开始探索和研究“活动课程”。“活动课程”被正式纳入基础教育课程体系是综合实践活动课程历史发展的关键阶段，为后来的“综合实践活动课程”在整个课程体系中奠定了重要基础。

4. 综合实践活动课程的确立阶段

21世纪后人类面临着前所未有的社会环境，包括经济全球化、一体化和信息技术的快速发展，这使得人们开始进行深刻的思考，并采取了各种变革行动。该阶段人才需求发生了彻底的变化，教育作为主要培养人才的方式也面临着崭新的历史时刻。教育在当今社会需要培养怎样的人才，以适应信息和知识的快速发展；如何改革和完善教育，特别是基础教育，以便有效地培养适应21世纪需求的人才，是中国教育界和社会学学界共同面临的问题。2001年，国务院发布了《关于基础教育改革与发展的决定》，在当时的社会环境中，这一决定掀起了新中国成立以来的第八次基础教育课程改革的浪潮。为了适应素质教育的要求并培养21世纪需求的人才，基础教育课程需要进行调整和改革，包括课程体系、结构和内容的改变。因此，教育部在同一年的6月8日发表了《基础教育课程改革纲要（试行）》，其中一个重要的亮点是首次将“综合实践活动”列为必修课程。该文件对综合实践活动课程的性质、内容和目标进行了简明扼要的描述。综合实践活动的确立和提出是在对过去十年的“活动课程”实施经验总结的基础上做出的，是对新一轮基础教育课程体系、课程结构和人才培养模式的统筹考虑，是科学决策的结果。2001年，教育部还发布了《普通高中“研究性学习”实施指南（试行）》，对高中阶段的研究性学习课程的开设和实施提出了基本要求，以促进综合实践活动课程的发展。“综合实践活动课程”的名称在这个阶段被正式确定，并且其课程内容和课程目标也基本得到明确的规定。

5. 综合实践活动课程的发展阶段

2017年教育部颁布的《指导纲要》中，将关于综合实践活动课程的课程性质、基本理念、课程目标、课程内容与活动方式、学校对课程的规划与实施，以及课程管理与保障等重要问题进行了明确规定。它强调了综合实践活动课程在基础教育课程体系中的地位，并澄清了影响其实施的理论与实践的关系，同时也明确了综合实践活动课程的未来发展方向。《指导纲要》的颁布标志着我国综合实践活动课程即将进入规范发展阶段。首批高考综合改革试点毕业生高考在2017年结束后，全面实施“新高考”。“新高考”模式将综合考虑统一高考和高中学业水平考试的成绩，以及综合素质评价，来形成多元化的录取模式。“新高考”改革的一个关键特点是强调综合素质的评价，并且其中一个重要方面是评价学生参与综合实践活动的情况。综合实践活动课程的实行对此发挥了重要的支持作用。在党的十九大胜利召开之际我国教育迎来了一个全新的时代，同时，在《指导纲要》的引领下，我国综合实践活动课程的发展也迈入了新的历史阶段。

（二）国外演变

1. 国外综合实践活动课程的思想与理论萌芽阶段（20世纪以前）

早在18世纪，卢梭就提出了“自然主义”教育的理念。他提倡让孩子通过日常生活和各种活动来学习，强调了“儿童应通过做事来学习”，这是孩子获取知识最基本的方式。他鼓励学生从世界和大自然中获取知识，要求教师将生活和自然作为教材，确保儿童教育与他们的身心发展相适应。他强调孩子更合适的是从直接经验中学习。瑞士教育家裴斯泰洛齐（Heinrich Pestalozzi）认为，教育课程应以儿童为中心，根据各种能力的自然规律来培养人类天生具备的能力，通过道德的培养来和谐地、均衡地发展各种能力。代表综合课程理论的德国教育家赫尔巴特（Johann Friedrich Herbart）认为，教育的最终目标是培养道德或意志。德行或意志的培养需要依赖于对多种兴趣的广泛涉猎，“多方面兴趣”依赖“统觉”过程，而发展也同样依赖于“统觉”过程。

2. 国外综合实践活动课程的探索阶段（20世纪初至20世纪80年代）

20世纪初，在德国出现了一种名为“合科教学”的课程类型。“合科教学”是针对过于强调传授学生知识而忽视培养学生能力，尤其是问题解决能力的问题以及知识与理论脱离实际，对学生的情感和价值观缺乏重视的情况提出的。“合科教学”注重以学生兴趣和爱好为核心来组织安排学习资源和活动。杜威提出并推动了“活动课程”的建设与开展，他认为课程教学应该从儿童的兴趣和需要出发，以儿童活动为中心，从而改造儿童的经验。后来，在美国出现了广域课程和核心课程，将一组有逻辑关联的学科归纳成社会科学和自然科学；在英国也出现了“综合教学日”，孩子们在多样化的教材和教具的环境中进行自由学习，讨论他们感兴趣的课题，并引入了综合性课题研究的形式。于1967年发表的《布劳顿报告书》象征着英国20世纪60年代兴起的“非正式教育”和“活动–经验课程”思想的形成，并促进了英国初等学校中的儿童中心主义教育的广泛推广。20世纪80年代，日本的教育教学中也开始引入了合科教学的教育思想，侧重于学生主动探究，并且在教学中打破了学科的界限，目前日本实施的综合理科教学仍是基于这种合科教学的实践。

3. 国外综合实践活动课程的发展阶段（20世纪90年代至今）

自20世纪90年代以来，不同学科不断细分并产生新的分支学科，与此同时，学科的综合性也不断增强，出现了许多新兴的跨学科、综合学科和交叉学科。分割与封闭的学科之间的界限不利于学科及学生认知的成长和发展，而学习综合性、实践性和有活动性的课程有助于消解学生孤立地看待不同学科知识的现象，形成一个完整的世界观；帮助学生寻找不同学科知识之间的内在联系，以便发现新的知识；帮助学生培养广泛的认知视野，提高他们整合知识的能力，以及培养他们解决问题的综合能力。很多国家都在积极推动发展这种全面、综合、实践和活动导向的课程。虽然对于这类性质的课程的称呼可能不同，但它们都强调课程与生活、学生、自然、社会之间的关系，旨在培养学生的综合素质和能力。目前，有许多课程属于这一类型，比如综合性学科课程，它们的目标是将相关的学科知识整合在一起，形成新的综合学科。例如，生物学将植物学、动物学、生理学、解剖学整合在一起；地理学将地质学、自然地理、人文地理、历史地理整合在一起。

第三节　小学综合实践活动课程的价值与理念

一、小学综合实践活动课程的价值取向

在我国基础教育领域全面推进课程改革的背景下，教育领域开始对改革的价值取向进行教育哲学层面的反思。普遍的看法是，基础教育课程改革的价值观是崭新的，主要体现在以下几个方面。

（一）对学生发展的价值

1. 满足学生成长的客观需求

基础教育阶段对于培养具备责任感、创造力和个性化生活方式的人很关键，同时也是人生观、价值观和思想品德教育的关键阶段。小学生热衷于探索，思维敏捷，具备一定的抽象思维能力，同时在知识和能力方面有着一定的基础。他们随着生活空间的扩大和知识、阅历的不断充实，也开始逐渐发展起对人生、社会、自我的认知以及对个人和社会生活方式的思考和判断能力。他们不仅追求书本知识的被动学习，而且热衷于积极参与社会生活。因此，为了满足基础教育对学生身心发展的客观要求，学校需要扩展教学活动的空间和内容，引导学生在日常生活、实践和应用中主动学习，积极参与社会生活并为社会提供服务。

综合实践活动课程的设计和实施弥补了传统书本教育的不足，带领学生走进现实生活、社区和社会，引导他们参与各种综合实践活动，培养探究能力、创新精神和实践能力，以适应学习化时代、信息社会和新时期社会发展的要求，满足每个学生成长的需求。

2. 面向学生的“生活世界”，使学生与生活、与社会密切联系

综合实践活动要求学生从生活和社会现实中提出问题，围绕人与自然、人与他人或社会、人与自我、人与文化等方面，自主提出活动主题，并在自然情景、社会背景或社会活动领域中深入探究、进行社会参与性的体验、实验等学习活动，以形成对自然、对社会、对自我的整体认识，同时培养良好的情感、态度和价值观。这种综合实践活动超越了书本知识学习的局限。综合实践活动使得学生能够紧密地与生活和社会相连，创造连接两者的桥梁。这将有助于提升学生对自然和社会的认知，培养他们参与社会的意识，并将学习与日常生活紧密联系起来。

3. 发展学生的创新精神和实践能力

长期以来，小学生的学习方式单一化的问题突出，主要体现在注重知识结果的单一接受性学习、过分偏重认知领域的学习以及受教材左右的机械式教学等方面。学生的学习主动性受到了极大限制，很难发展他们的创新精神、探究能力和综合实践能力。

综合实践活动课程的设计和实施将完全改变学生学习方式的单一化，这意味着学生将经历一种全新的学习体验。综合实践活动与以知识信息的接受为主的学习活动不同，强调学生通过多种学习方式如探究发现、大胆质疑、调查研究等来进行实践性学习，旨在培养学生积极、生动、自主探究合作的学习方式。综合实践活动课程为学生提供了一个开放的时空，学生可以在其中自主地、创新性地展开学习活动。学生在不断地探究、调研和实验中，他们的创新精神和实践能力会得到巨大的提升和发展。

（二）对教育的价值

1. 重建课程观

综合实践活动作为基础教育课程改革的重要创新，带来了对传统课程理念深刻变革的影响，

并以全新的理念重塑了课程的内涵。首先，实施综合实践活动的过程中，课程观念得到了明显转变。课程不再只是固定的“跑道”，而是转变为对个人生活经验的转化和构建，是一段“在跑道上奔跑”的旅程。课程已经转变为师生追求意义和价值、获得解放与自由的过程，而非仅仅是控制教学行为和学习活动的工具和手段。正如美国课程论专家多尔在《后现代课程观》中指出，课程概念的转变不仅带来了课程形式的改变，而且将课程从仅仅是传授特定知识的工具转变为师生共同探索新知的过程。这意味着课程的发展具有开放性和灵活性，不再是完全预先设定好的，而是可以根据实际情况进行更改。综合实践活动所呈现的课程形态已不再是在教育情境之外僵化的、固定的知识内容，而是在教育情境中教师与学生共同创造的一系列“事件”，是教师与学生开放的、动态的、生动的生活体验。

2. 重建教学观

教学方法的传统模式是以机械、单向的灌输式知识传递为特点，将丰富的教学过程简单化为单一的认知活动，并将其与整体的生命活动分离开来，导致教学变得缺乏人性化。在综合实践活动中，教学已经不再是只有认识的过程了，而是师生们通过彼此交流与合作在日常生活中共同构建意义的一种活动。通过综合实践活动的设计与实施，教师可以摆脱“专业个人主义”的束缚，实现“协同教学”。恢复学生在知识建构中的主体地位，消除教师和学生之间的紧张关系，实现师生之间以对话为特征的生命和情感交流。促使师生之间、教师与教师之间、学生与学生之间的心理障碍消除，以合作与对话的精神，提高教学质量，培养更具创造力和开放性思维的态度。培养学生的生活感知能力，让他们能够更加积极地体验和感受生活的原始魅力，使他们的生活充满活力和美感。

3. 重建学习观

传统的教育观念认为，学习就是通过准确、完整地复述指定教材中的知识，让学生对固定的外部实体有一个确切的理解。学习变成了一个独立的认知过程，成为个体内部的封闭行为。综合实践活动突破了知识的“霸权”，验证了学生个体的理解、想象和创造。学习是学生不断挑战自己、不停探索以及表达个人观点的过程，它有助于构建新知识。综合实践活动在学生情感、态度和价值观的积极参与下发生转变，不再是简单的认知学习，而是变成了“手-心-脑、实践-感知-思考及身体-心理-灵魂等共同参与”的“整体学习”和“全人活动”。另外，综合实践活动注重使用创新性解决问题、合作学习等方法，并鼓励学生建立各种联系，以摆脱孤立的学习方式，走向个体间的交流与合作。通过学生之间的交流与合作，可以深化和完善彼此的理解，使学生成为一个具备合作与交流能力的社会个体，使学习具有个人意义和社会意义。

二、小学综合实践活动课程的理念

（一）关注“整体人”的学生发展

自20世纪开始至今，人文科学的进展主要以反思启蒙运动为基础，旨在探索不断扩展的技术理性。教育学是一门实践性很强的人文科学，它经常批评科学主义对人性的控制，并致力于关注教育活动中的“整体人”和他们的“生活环境”。美国教育家帕尔默曾说，“记住我们是谁，就是把我们的全部身心放回本位，恢复我们的自身认同和自身完整，重获我们生活的完整”。

中国基础教育改革从21世纪初开始，紧随时代潮流。华东师范大学钟启泉教授指出，为了消除教育的功利化和解决“见物不见人”的问题，课程和教学必须经历三个转型：从“教的课程”转型为“学课程”，从“定型化的教学”转型为“情境化的教学”，从“作为训练的学习”转型为“作为修炼的学习”。我国的基础教育课程体系中，国家正式课程新增了“综合实践活动”课程。这一措施的目的是通过这门课程来实施和推广培养“整体的人”的教育策略。

（二）强调“多样化”的学习方式

综合实践活动课程的活动方式包括体验、观察、操作、试验、调查等多样化的学习方式，同时要求其以小组合作学习为基本组织形式，将个人学习和班集体学习穿插在小组活动中，极其注重改变学生的学习方式，提倡学生自主、探究、合作和实践学习等，使学生能够以多角度、多方式来感知、理解、领悟并应用于现实世界，从而全面发展他们的情感、经验、知识、能力和道德品质，为学生的个性化学习提供具体的方法和路径。

（三）倡导“对话式”的教学关系

传统教学强调“教教科书”，将教科书作为教学目标，视其为课堂中的至高规范。学生必须毫无保留地依照教科书的标准来理解知识，不得随意发挥或创造。在学生学习的过程中，教师扮演着解释教科书内容的角色，同时也是学生学习评判和知识权威的角色。教学只是培养和控制学生。为此，新课程提出了“用教科书教”的口号，教科书演变为“各类教育资源”。学生的发展是课程教学的根本目标。在综合实践活动课程的实施中，教师在学生的学习过程中担任指导者、顾问和学习共同体的首席，帮助学生开发使用各种丰富的课程资源。学生不再依赖课堂教学，而是通过使用课程资源与教师进行对话来学习。

（四）提供“生活化”的课程内容

传统课程内容的局限性在于以成人社会规划儿童生活，并按照学术逻辑安排学习材料，过于强调知识灌输而忽略了学生的全面发展，从而使得课程内容严重受限。儿童的现实生活与课堂教学相背离，让儿童感到学习环境像是一座“炼狱”，他们极力回避进入教室，这种情况严重抑制了他们的学习积极性和课堂生活的活力，阻碍了他们全面、自由、自主、快乐地发展。综合实践活动课程要求将教学内容与学生的生活体验相结合，鼓励学生在熟悉的真实场景中主动发现自我存在。通过实践来感受社会现实，从而构建属于自己的意义世界。课程内容的选择充分考虑到学生的经验和需求，能够激发学生对学习的兴趣，同时也能促进他们全面发展并展现个性。

（五）鼓励“差异性”的教育评价

我国的课程改革强调培养学生的独立性和自主性，引导他们进行质疑、调查和探究，通过实践来学习，促使学生在教师指导下能够主动地、个性化地发展。同时，要求教师要尊重学生的人格，关注他们的个体差异。根据《基础教育课程改革纲要（试行）》的目标要求，课程评价需要进行全面的重构。综合实践活动的评价主体和评价方法是多元化和多样化的，而且评价标准和内容也因个人而异，真正尊重并弘扬个体的独特品质。综合实践活动的评价过程中，注重形成性评价和表现性评价，综合考虑每个学生的个人发展历程、个性特点和现实水平，以帮助学生的个性化发展为目标进行具体操作，以确保教育评价能够最大程度地促进学生的发展而不是阻碍，同时努力为每个学生创造条件，使其发展出独特的个性。

拓展阅读

体现时代精神的综合实践活动课程：理念与实践①

一、综合实践活动课程的时代内涵

《指导纲要》指出："综合实践活动是从学生的真实生活和发展需要出发，从生活情境中发现问题，转化为活动主题，通过探究、服务、制作、体验等方式，培养学生综合素质的跨学科实践性课程。"这意味着学生的学习内容除了分门别类的学科课程外，还包括每一个学生置身其中的真实生活——经过反思与体验的日常生活；学生的学习活动除具有学科领域特点的学科实践外，还包括具有综合性和跨学科性的生活实践。综合实践活动作为我国学校课程的"另一半"，具有丰富的时代内涵。

它是一门生活课程。每一个人每时每刻置身其中的生活情境，无论个人情境、社会情境还是自然环境，只要经过反思，将之转化为问题情境与活动主题，运用个人经验和学科知识展开系统探究、体验与实践，综合实践活动课程就从日用常行、浑然不觉中脱颖而出，能发展学生的生活创造能力和生活责任意识，具有无尽的课程价值。生活即课程。

它是一门跨学科课程。生活世界中的任何事物与现象，无论多么细微与平常，如一丝头发、一片雪花或一片树叶，均具有整体性。要理解生活中的事物或现象，就需要多学科视野汇集、融合才能实现。综合实践活动课程必然是跨学科课程、跨学科学习，而且是综合程度最高的课程。

它是一门实践性课程。生活是鲜活而独特的，有多少人就有多少种生活。生活具有地域性与时代性。生活内容千差万别、五彩缤纷。但是，探究和体验生活的方式却具有共同性。"考察探究""社会服务""设计制作""职业体验"等是发展学生核心素养的活动方式，均具有实施或操作的关键要素。综合实践活动课程将发展学生核心素养的先进学习方式、活动方式或实践方式视为课程。

它是一门发展性课程。每一年级有每一年级的生活，每一学段有每一学段的生活。生活探究与体验的目标、内容、方式既具有发展阶段性，又具有前后相继的连续性。自小学一年级至高中三年级，12年一贯设计且全面实施的综合实践活动课程体现了"学习进阶"的理念，关注学生核心素养的纵向整体发展。

它是一门必修课程。人自来到世间始终面对两个世界，一是鲜活的、可感受的日常生活世界，二是由各种语言、符号所构成的抽象的学科世界。这两个世界相互影响、相互作用。在我国基础教育课程体系中，综合实践活动课程更多对应生活世界，各门学科课程更多对应学科世界，二者既相对独立又相互影响、相得益彰。由于综合实践活动课程不可替代、不可或缺的重要性，义务教育、普通高中课程方案将之规定为必修课程，与学科课程并列设置，且相互联系。

它既是一种特殊课程形态，又是一种学习方式。作为一种特殊课程形态，它是学生在教师指导下、根据周密的活动设计、在特定时间与地点、以小组或个人方式常态实施的生活探究与体验活动。作为一种学习方式，它是探究、服务、制作、体验等"做中学""创造中学"与"体验中学"等方式的融合。

① 张华．体现时代精神的综合实践活动课程：理念与实践［J］．人民教育，2017，776（22）：40-42.

信息时代为综合实践活动课程提出了新要求、创造了新条件、赋予了新内涵。由于信息技术的普遍使用，以“记忆”“熟练”和“重复”为特征的简单认知工作和常规手工劳动正被编程计算机所代替，人必须具有创造性思维、胜任创新性工作才能在信息时代生存。综合实践活动课程必须走出简单“走一走”“看一看”“玩一玩”“练一练”的误区，以专家思维和复杂交往等素养为目标。体现信息时代特征与精神，着眼发展学生的高级能力与社会责任感，是综合实践活动课程的新内涵。以计算机模拟、模型化、增强现实、虚拟现实、互联网通信、人工智能、搜索引擎等为代表的创新技术，为综合实践活动课程的设计与实施提供了前所未有的条件。我国综合实践活动课程正在进入崭新阶段。

二、综合实践活动课程的价值追求

《指导纲要》提出了综合实践活动课程的“四条理念”和“四类目标”。分别是：课程目标以培养学生综合素质为导向，课程开发面向学生的个体生活和社会生活，课程实施注重学生主动实践和开放生成，课程评价主张多元评价和综合考察，关注学生的价值体认、责任担当、问题解决、创意物化等方面的意识和能力。这为理解和实施综合实践活动课程提供了整体理论框架。该框架的价值追求至少包括以下三个方面。

（一）回归生活世界

人人向往美好生活。然而，生活的特点是美好之处与问题、困难相伴而生。美好生活从来都是通过解决问题和克服困难而创造出来的。只有当教育植根于生活世界，引导学生直面生活中的问题，学会将学科知识运用于解决生活问题，学生才能既形成直面生活问题、不逃避困难的积极态度，又学会理智解决生活问题、发展创造美好生活的能力。综合实践活动课程是体现生活的发展价值、教育价值的课程，它将形成直面生活问题的积极态度与解决生活问题的创造能力有机结合。作为直接体现生活价值的综合实践活动课程，不仅具有自身的独特价值，而且是各门学科课程彼此建立联系的纽带和产生意义的基础。只要学校教育以发展学生自由人格与促进社会进步为目标，就必然植根于现实生活；只要教育融于生活，综合实践活动课程就必然存在，尽管其名称、内容和表现形态可能随时代而变化。

（二）运用学科思维

尽管综合实践活动课程是一门生活课程、实践性课程，但它拒绝简单庸俗地联系生活，反对浅尝辄止地“探究”生活。运用学科思维和学科观念，理解生活世界中的事件、现象和问题，基于自己的理解从事考察探究、社会服务、设计制作、职业体验等活动，由此发展创新精神、实践能力和社会责任感。在此过程中，学科知识与学科观念通过应用和实践得到升华，这才是真正的综合实践活动课程。在信息时代，拥有学科思维、学科智能既是一个人从事创新性职业的必要条件，也是其参与日益复杂而多元的社会生活的条件，还是一个人自我实现的条件。正如美国心理学家加德纳（Howard Gardner）所言，在未来社会，倘若一个人不能至少稔熟一门学科，那他注定要任别人摆布。因此，综合实践活动课程非但不排斥学科思维、学科素养，反而为其深入发展创造条件、寻找意义。

（三）践履社会责任

如同学生在创新中学会创新，学生也必须在服务社会中学会服务，在责任担当中学会负责。践履社会责任是综合实践活动课程的核心价值之一。每一个学生既是独立个体又是社会公民，是主动的学习者与负责任的公民两种角色的合一，学生要把学会服务作为学习内容和学习过程的有机构成。学习任何学科知识，教师都要尽可能帮助学生将之应用于所生活的家庭、社区、社会之中，要让学生从小在“用”中学、“服务”中学。与此同时，学生在社会服务、职业体验等指定活动内容中，要有意识地运用学科知识和学科观念提出问题，反思问题产生的根源，在服务行动和职业操作中解决问题，由此学会服务、学会负责。通过综合实践活动课程，教师要帮助学生将在“服务中学”与“学会服务”结合起来，把培养学生成为主动的学习者与负责任的公民两种目的化为一体。

通过回归生活世界，发展学生直面人生问题、热爱生活、创造生活等生活素养；通过运用学科思维，发展学生学科理解、学科创造等学科素养；通过践履社会责任，发展学生的人格智力、交往能力、道德意识、社会实践能力、社会责任感等公民素养。这就是综合实践活动课程的核心价值追求。

思考·探究

1. 请简述小学综合实践活动课程的特征。
2. 请简述我国综合实践活动课程的理论基础以及对我国综合实践活动课程开展的指导意义。
3. 请谈谈我国综合实践活动课程的历史演变。
4. 请谈谈国外综合实践活动课程的历史演变。
5. 请从学生发展的角度简要分析综合实践活动课程的价值。
6. 结合某一综合实践活动的案例，分析它是否真正体现了综合实践活动课程的基本理念。

第二章 小学综合实践活动课程的目标

学习目标

1. 了解课程目标的内涵、作用及来源。
2. 理解我国综合实践活动目标的概念、类型及出发点。
3. 熟悉我国综合实践活动课程的总目标和学段目标。
4. 理解并掌握我国小学综合实践活动的领域目标及主题目标，并学会在实践中应用。

第一节 综合实践活动课程目标概述

综合实践活动是我国基础教育课程计划规定的从小学到高中的一门必修课程。它集中地体现了我国新一轮基础教育课程改革的基本理念和核心目标，是新课程的亮点，也是新课程的难点。综合实践活动的课程目标是引领综合实践活动设计与实施的核心要素，具有导向、激励和标准的功能。强化综合实践活动课程的目标意识，发展综合实践活动目标的辨析，设计、应用及转化能力是综合实践活动指导教师必备的基本功。

一、课程目标

课程是教育活动中最具实质性的要素，是教育活动的核心所在。人才培养目标的实现离不开课程这一关键要素作用的发挥。

（一）课程目标的内涵

作为课程的内在要素，课程目标是课程本身要实现的具体目标和意图。课程目标是指学生通过课程学习所应达到的素质规格或质量标准①。

具体而言，课程目标是根据国家的教育方针和相应学龄段教育的性质、任务以及学生的身心发展规律所确定的，学生通过完成规定的课程教学内容和任务所应达到的学习结果②，是对课程实施后学生发展结果的预期，反映了课程主体对课程实践效果的期望。

课程目标是整个教育目的体系中的一个重要组成部分。在我国，教育目的是国家的教育方针的重要组成部分，是学校教育教学的出发点和最终目标，是确定教育内容和课程目标的根据。课程目标是在国家教育目的统领下，学校培养目标在课程层面的具体化，是教育目的在课程中的具体体现。课程目标从课程的角度规定了人才培养的具体规格和质量要求，是课程设置的直接目标。只有确定了课程目标才能确定课程方案，才能确定教学目标。

（二）课程目标的作用

在整个教育目的体系中，教育目的作为一个国家、一个社会对所需人才的总体培养要求，是最上位的概念，也是最笼统、最概括的人才培养规格，以下各层级是对教育目的的逐步具体化。课程目标介于培养目标和教学目标之间，是学校教育中教育目的与具体教学目标的重要桥梁和中介。课程目标是整个课程建设中最为重要的核心要素，是选择课程内容、实施课程教学、进行课程评价的基本依据。同时，课程目标的实现与否，直接影响着课程价值的实现，是教育目的体系中其上位目标实现的重要保障，影响学校培养目标和国家教育目的的实现。

（三）确定课程目标的基本来源

课程目标的重要作用，决定了课程目标制定的重要性。作为课程建设的首要的关键环节，课程目标的确定必须考虑学习者、社会、学科这三大基本来源。

1．学习者的需要

课程目标确定的重要依据之一是学习者的需要。学习者是课程目标指向的终极对象。促进学

---

① 潘洪建，杨金珍．小学综合实践活动指导［M］．镇江：江苏大学出版社，2018：20.

② 顾建军．小学综合实践活动设计［M］．北京：高等教育出版社，2020：42.

习者身心发展是课程的基本职能，任何课程设置的最终目标都指向于学习者的发展。学习者的需要是十分复杂的。首先，作为完整的人，学习者的需要是多种多样的，包括知识、能力、情感、交往等多方面；其次，学习者的需要不尽相同，具有个体间的差异；再次，学习者的需要是发展变化的，随着年龄阶段的不同，需求也在发展变化。课程只有关注学习者的需要，才能更好地满足学习者的需求，促进学习者的发展变化。

2. 社会的需求

课程目标的确定要反映社会的需要，将社会的需求作为制定课程目标的重要依据之一。教育作为培养人的活动，总是存在于一定的现实社会之中，满足社会发展对人才的需求，是教育的基本职能之一。教育实质上是促进个体由自然人向社会人转化的过程。学生是社会群体的一部分，是未来社会建设的生力军，学校教育的一个主要任务就是促进学生的社会化，使学生成为一个社会人融入社会生活中。因此，课程目标要全面考虑与教育相关的社会需求，关注当代社会生活需求，才能真正承担起为未来社会培育人才的重任。

3. 学科发展的需要

学科知识及其发展也是确定课程目标的重要依据之一。知识是课程的本源，没有知识的课程是不存在的。以学科为载体，人类发展过程中积累下来的丰富经验得到了最有系统、最有规律的组织。学科知识有自身的逻辑体系，包含着基本概念和基本原理、探究方式、学科的发展趋势、与相关学科的关系等内容。正是因为学科的专业性、系统性、结构性特点，使得人类知识得以有效地传承发展下来，在人类社会发展中发挥着重要作用。因此，确定课程目标必须考虑学科的发展，必须研究学科知识、类型、发展及其价值，客观地反映学科知识增长的客观要求。

学生、社会、学科作为影响课程目标制定的三大要素，彼此之间相互作用，共同构成确定课程目标的基本来源。不能只过于强调某一因素的影响，历史上的学习者中心课程、社会中心课程、学科中心课程就是这类典型的例子。这三大依据只有相互融合，才能更好地促进学习者发展成为一个"完整的人"，具有人生活的完整性和人的完整性。培养"完整的人"，促进个体、自然与社会的和谐发展是新时期我国课程改革中的课程目标所蕴含的课程理念之一。

（四）课程目标的取向①

基于美国课程论专家舒伯特的见解，典型的课程目标取向包括普遍性目标取向、行为性目标取向、生成性目标取向和表现性目标取向四种。

1. 普遍性目标取向

普遍性目标取向是基于经验、哲学观或伦理观、意识形态或社会政治需要而引出的一般教育宗旨或原则，这些宗旨或原则直接运用于课程或教学领域，成为课程与教学领域一般性、规范性的指导方针。这种目标的特点是把一般教育宗旨或原则与课程教学目标等同起来，因而具有普遍性、模糊性、规范性，可运用于所有教育实践。

普遍性目标取向是最古老的一种课程目标取向，广泛存在于近现代教育实践中。我国教育实践中的课程目标大多属于普遍性目标取向。

2. 行为性目标取向

行为性目标取向强调以具体的、可操作的行为的形式陈述的课程与教学目标，它指明课程与教学过程结束后学生身上所发生的行为变化，是学习前事先规定的学生达到的学习结果，具有精确性、具体性、可操作性的特点。泰勒、布卢姆、加涅都是行为目标取向的持有者。

---

① 熊小燕. 论小学综合实践活动教学目标的科学合理表述［J］. 南京晓庄学院学报，2010，26（02）：110-113.

（1）泰勒。泰勒认为课程目标必须指出学习后学生身上的变化，认为课程目标就是具体的学习行为，应明确“可观察的行为、行为发生的条件、可接受的行为标准”，这有助于选择学习经验和指导教学。

（2）布卢姆。布卢姆把教学目标分为：“认知领域”目标、“情感领域”目标、“动作技能领域”目标。他将认知领域的学习归结为四类知识：一是事实性知识（某一门学科中的基本成分），比如事件、地点等；二是概念性知识（一个整体结构中各个要素之间的关系），比如概念、原理、模型和结构性知识；三是程序性知识（是关于“如何做的知识”），比如技能、算法、技术和方法的使用标准；四是元认知知识（是关于自我认知和调控的知识），比如自我意识、自我调节、自我反思等。布卢姆将各领域目标由低到高进行了分层，认知领域分为知识（识记）、领会（理解）、应用、分析、综合、评价；情感领域分为接受、反应、形成价值观念、组织价值观念、价值体系个性化；技能领域分为知觉、模仿、操作、准确、连贯、习惯化。

（3）加涅。加涅对学生的学习结果进行分析，将课程目标划分为五种类型的学习结果：言语信息（指能陈述用语言文字表达的知识）、智慧技能（指运用符号办事的能力，具体包括辨别、具体概念、定义性概念、规则、高级规则不同层级）、认知策略（指对内的、控制与调节自己的认知活动的特殊的认知技能）、动作技能（指习得的、协调自身肌肉活动的能力）、态度（指习得的、决定个人行为选择的内部状态）。

加涅的五种学习结果类型中，言语信息、智慧技能、认知策略这三种学习结果都属于认知领域，言语信息对应事实性知识，智慧技能对应概念性知识和程序性知识，认知策略对应元认知知识；第四种学习结果是动作技能领域；第五种学习结果——态度则属于情感领域。

行为目标是对传统普遍性目标的超越，是我国第八次基础教育课程改革关注的焦点，适用于知识与技能维度课程目标的表述。

3. 生成性目标取向

生成性目标取向强调在教育情境中随着教育过程的展开而自然生成的、非预设的课程目标。生成性目标是随着学习活动的展开，学生运用自己的头脑主动生成对事物或现象的解释和理解的过程，是自然生成的目标，是教育情境的产物，是问题解决的结果。生成性目标最根本的特点就是过程性，适用于过程与方法维度目标的表述。

4. 表现性目标取向

表现性目标取向是指每一个学生在具体教育情境中所产生的个性化、创造性的表现，即教育过程中每个学生的创造性能力的表现。表现性目标追求解放理性，注重学生个性的发展和创造性的表现，强调学习及其结果反应的多元性，是一种更高层次的学习结果，适合那些以学生活动为主的、复杂的智力性活动，这些活动是以已掌握的知识技能为工具进行的创造性活动。在情感态度价值观维度上，对表现性目标更为重视。

二、综合实践活动课程目标

（一）综合实践活动课程目标的概念

基于课程目标的概念可知，综合实践活动课程目标是对综合实践活动课程学习结果的预期，指学生在综合实践活动课程的学习经历中应达到的具体素质规格或质量标准。

作为对综合实践活动课程学习结果的预期，综合实践活动课程目标在课程建设中居于核心地位，是综合实践活动的出发点和归宿。综合实践活动课程目标指引着综合实践活动课程的进展方向，决定课程内容的选择和组织，影响综合实践活动的具体实施，指导综合实践活动的评价工作，是实现课程宗旨的重要保证。

（二）综合实践活动课程目标的类型

1. 按照课程目标的具体功能划分

21世纪初开始的我国基础课程改革，将课程功能拓展为知识与技能、过程与方法、情感态度与价值观三个维度。基于此，可将综合实践活动课程目标分为以下几个目标。

（1）知识与技能目标。知识与技能目标主要是指在实践性学习中获得的对自然、对社会、对自我以及对文化的认识和经验，如“逐步掌握基本的生活技能”。综合实践活动课程的知识与技能目标主要包括：搜集处理信息的能力、自主获取知识的能力、分析与解决问题的能力、表达与交流的能力等具体目标。每一个具体类型的目标还可以进一步分解，如搜集处理信息的能力可分解为文献搜集的方法与技术，数据的统计、整理与分析，信息发布的方式等具体能力目标。

（2）过程与方法目标。过程与方法目标强调学生亲历实践过程，在实践情境中运用多种知识，获得积极的体验和丰富的生活感受，如“考察周围的社会环境”。过程与方法目标主要包括：提出问题的能力、规划能力、各种问题解决方法的运用能力（如调查研究与访问、实验研究与观察、设计与制作、参与与服务等）等具体目标。

（3）情感态度与价值观目标。情感态度与价值观目标是学生在实践活动过程中获得的体验、感悟，涉及基本的思想意识、良好的个性品质等多个方面。在基本的思想意识方面，主要包括环保意识、资源意识、人本意识、社会责任感、合作意识等，如“激发求知欲和好奇心，初步养成乐于探究的正确态度”。

对于不同类型的课程目标，学校在研制综合实践活动课程的实施方案中，要初步预设本课程目标的类型结构，保证学生在综合实践活动的学习经历中获得多方面的发展。

需要注意的是，这三种类型的目标要素在实施过程中是整合而不是孤立的、彼此之间是互相联系不可分割的。三个类型的要素互相影响、互相制约，相辅相成、互相促进，同步发展。这是综合实践活动课程目标的综合性特点。

2. 按照课程目标的具体内容划分①

《指导纲要》中基于目标的具体内容不同，将综合实践活动课程目标分为价值体认、责任担当、问题解决、创意物化四个方面。

（1）价值体认。价值体认指通过参观、实践等亲历活动，获得积极的价值体验，形成积极的情感意识和正确的价值观念。它是关于态度的学习结果，与情感领域相对应。

（2）责任担当。责任担当是指在真实生活中，围绕学校、家庭和社会开展家务活动或服务活动，养成良好的生活习惯和自理能力，喜欢参与学校、社区活动，形成责任意识和法制观念。它是关于态度的学习结果，与情感领域相对应。

（3）问题解决。问题解决是指能够从身边的事物和现象着手，发现有价值的问题，将问题转化为研究课题，主动运用已有的知识和技能，形成研究方案，具备一定的流程设计和结构设计的思想。它是关于智慧技能和认知策略的学习结果，与认知领域的程序性知识和元认知知识对应。

（4）创意物化。创意物化是指通过动手实践掌握手工设计与制作的基本技能，能够根据自己的想法去选择工具和材料制作小物件，发展实践能力和审美意识。它是关于言语信息、智慧技能和动作技能的学习结果，与认知领域的事实性知识、概念性知识和程序性知识以及动作技能领域相对应。

3. 各类型关系解析

知识与技能、过程与方法、情感态度与价值观的三维目标，是综合实践活动作为必修课程开设以后人们更为熟悉的类型划分。自《指导纲要》发布后，有人误认为价值体认、责任担当、问

① 潘洪建，杨金珍. 小学综合实践活动指导［M］. 镇江：江苏大学出版社，2018：21-22.

题解决、创意物化四维目标的提出，否决了以往的三维目标。其实不然，综合实践活动课程目标各类型间是有着密切联系的，如图2-1所示。

图2-1 综合实践活动课程目标各类型间的对应关系

由图2-1可以看出，不管是三维目标还是四维目标，都涉及认知、动作技能、情感这几个领域。不同类型的目标之间有着一定的对应关系，这恰恰是综合实践活动课程持续性发展、不断完善的重要体现。综合实践活动课程目标的类型是从不同维度、不同方面对综合实践活动课程对于学生不同素质领域、不同方面的发展提出相应的基本要求。在综合实践活动课程建设过程中，应基于对这些类型间关系的梳理，结合实际情况，用恰当的类型、合适的表述制定最有利于实现综合实践活动课程价值的目标。

（三）综合实践活动课程目标的出发点

综合实践活动课程因其课程理念及课程形态的不同，成为新世纪我国基础教育课程改革的一大亮点。本次基础教育课程改革，针对以往教育目标过于偏向知识的传授与掌握，对课程功能进行拓展，提出了三维目标，即知识与技能、过程与方法、情感态度与价值观，强调三者并重，不可偏废任何一个方面。当前，核心素养被置于我国深化课程改革、落实立德树人根本任务的基础地位。在五育融合的大背景下，综合实践活动课程作为一门跨学科的实践课程，以培养学生综合素质为导向，强调学生综合运用各学科知识，认识、分析和解决现实问题，提升综合素质，在培养学生核心素养，尤其是创新精神、实践能力、社会责任感等方面具有举足轻重的作用。这主要源于综合实践活动课程目标的明确定位，为综合实践活动课程实施找准了出发点①。

1. 回归教育本源，追寻知识学习与生活意义的契合点

综合实践活动课程的目的是让教育回归学生的生活世界，回到“人”本身。回归生活世界，打破学科知识与实现生活的割裂，打破学校与社会之间的樊篱，为学科知识的综合运用寻求意义生成的源泉。让学生的知识学习与生活意义追寻找到最佳契合点，促进学生从个体生活、社会生活及与大自然的接触中获得丰富的实践经验，在真实的问题情境中，能够综合运用知识解决问题，体验并掌握认识问题、分析问题与解决问题的过程与方法。

① 李宝敏．中小学综合实践活动课程的目标指向：核心素养发展［J］．中小学管理，2017（12）：8．

2. 践行社会主义核心价值观，提升社会责任感

综合实践活动课程需要落实立德树人的育人目标，促进学生正确认识人与自然、社会、自我之间的各种关系，增强价值体认，树立爱国情怀，将对社会的整体认识、国家的责任和个人的职业理想与发展结合起来。因此，综合实践活动课程注重引导学生在活动中形成有积极意义的价值体验，树立责任担当精神，深化对社会规则、国家认同、文化自信的理解；通过践行社会主义核心价值观，培养学生的家国情怀，提升其社会责任感。

3. 尊重学生的个性与志趣，释放学生的潜力与情怀

综合实践活动课程倡导开放的教育活动，把学生的兴趣、需要和爱好置于核心地位，让学生走进现实生活，走近社会，围绕个人感兴趣的领域展开广泛的实践探索。综合实践活动课程为学生探究和创造提供广阔的空间与场域，使学生的特长得到发挥、个性得到张扬、潜力得以释放，在主动的探究实践与服务行动中释放情怀，发展志趣。

4. 让“动手”与“动脑”相结合，强化学生的创新实践能力

提升学生的创新实践力是学生核心素养发展的价值诉求。“动手”与“动脑”相结合才有创造力，促进学生开动脑筋，将创意和想法通过动手操作与动手实践来实现，以解决现实生活世界中的问题。《指导纲要》明确提出“创意物化”目标维度，旨在强化学生创新实践能力的锻造与培养，促进学生个体通过认知世界、利用工具在特定情境中操作实践，并物化为制品或作品，追求将实践价值、实践动机、实践思维、实践技术、实践方法与实践成果有机联系，融为一体的创新实践能力的提升。

第二节　小学综合实践活动课程的目标及特点

一、综合实践活动课程的总体目标

我国综合实践活动课程目标是随着我国基础教育改革的不断深入而发展完善的。《基础教育课程改革纲要（试行）》中强调，综合实践活动是国家义务教育和普通高中课程方案规定的必修课程，开启了对中小学综合实践活动课程的实践探索，从小学3年级到高中3年级设置综合实践活动。尽管该文件未对综合实践活动课程的课程目标做明确的规定，但是通过相关规定对综合实践活动的目标进行了表述：“强调学生通过实践，增强探究和创新意识，学习科学研究的方法，发展综合运用知识的能力。增进学校与社会的密切联系，培养学生的社会责任感。在课程的实施过程中，加强信息技术教育，培养学生利用信息技术的意识和能力。了解必要的通用技术和职业分工，形成初步技术能力。”2001年教育部组织编制了《国家九年义务教育课程综合实践活动指导纲要》（3~6年级）、《国家九年义务教育课程综合实践活动指导纲要》（7~9年级）、《普通高中“研究性学习”实施指南（试行）》等文件，对不同学段的综合实践活动目标从总体目标和具体目标两个方面进行了明确规定。

经过十几年的实践探索与理论研究，2017年教育部颁发了《指导纲要》，至此，综合实践活动课程作为国家义务教育和普通高中课程方案的必修课程，从小学1年级到高中3年级全面实施，我国中小学综合实践活动课程进入规范发展阶段。[①]《指导纲要》聚焦学生发展核心素养，从总体目标和学段目标两个方面明确了综合实践活动课程的目标，并进行了目标的分解。

① 潘洪建，蒋武超．我国综合实践活动课程理论研究20年：回顾与展望［C］．当代教育评论（第11辑），2021：14.

综合实践活动课程的总体目标是对于学生完成综合实践活动课程这门课程应该要达到的目标的总体规定和描述。总体目标原则性和稳定性较高，概括性强，较为抽象，适应面较广，适用于整个课程建设和管理过程。

在2001年《国家九年义务教育课程综合实践活动指导纲要》（3~6年级）中，对3~6年级的综合实践活动总目标进行了如下表述：“通过密切学生与生活的联系、学校与社会的联系，帮助学生获得亲身参与实践的积极体验和丰富经验；提高学生对自然、社会和自我之内在联系的整体认识，发展学生的创新精神、实践能力、社会责任感以及良好的个性品质。”具体来讲，主要包括：①获得亲身参与实践的积极体验和丰富经验；②形成对自然、社会、自我之内在联系的整体认识，发展对自然的关爱和对社会、对自我的责任感；③形成从自己的生活中主动地发现问题并独立解决问题的态度和能力；④发展实践能力，发展对知识的综合运用和创新能力；⑤养成合作、分享、积极进取等良好的个性品质。

随着培育学生发展核心素养成为基础教育课程改革新的目标追求，发展学生核心素养成为综合实践活动课程的最终目标和价值追求。《指导纲要》作为新时期引领我国中小学综合实践活动课程深入实施的重要指导性课程文件，以培养学生综合素质为导向，结合我国学生发展核心素养体系，将综合实践活动课程的目标表述为：“学生能从个体生活、社会生活及与大自然的接触中获得丰富的实践经验，形成并逐步提升对自然、社会和自我之内在联系的整体认识，具有价值体认、责任担当、问题解决、创意物化等方面的意识和能力。”这一规定，首次从价值体认、责任担当、问题解决、创意物化四个方面对综合实践课程目标进行了表述，将综合实践活动课程的目标维度由原来的研究性学习、社区服务与社会实践、劳动与技术教育、信息技术教育四个领域，转变到价值体认、责任担当、问题解决、创意物化四个方面，为促进我国中小学综合实践活动课程进入规范发展阶段提供了明确的目标指向。

（一）价值体认

体认，即体察、认识、认同、认可的意思。价值体认是对价值观念的认可、内化，将外在的社会、人生价值观同化到自己的价值体系之中。

价值体认方面的目标主要是学生通过参观、实践等亲历活动，获得积极的价值体验，形成积极的情感意识和正确的价值观念。

开设综合实践活动课程，绝不应仅仅停留在让学生简单地进行社会参与、获得知识、解决问题层面，更应进行深层次的价值挖掘，注重学生参与活动中对自我、对自然、对他人、对社会形成积极的体验和感悟，并逐步积淀形成正确的价值观。在强调“五育融合”的当下，强调德育为先，必须重视学生积极的情感意识和价值取向的培养，引导学生形成并巩固社会主义核心价值观，促进立德树人根本任务的实现。

（二）责任担当

责任担当是自觉承担社会责任，自理自立，发挥应有的社会功能，为社会发展做出贡献。在《汉语大词典》中，“责任”有三重含义：一是使人担当起某种职务和职责；二是分内应做之事；三是做不好分内应做的事，因而应承担的过失。担当，解释为“承担并负责任”。由此可以看出，责任担当强调的是个人要对所应承担的职责与义务有正确认知，并具有履行相应职责的勇气与行动。

责任担当方面的目标是学生在真实生活中，围绕学校、家庭和社会开展家务活动或服务活动，养成良好的生活习惯和自理能力，喜欢参与学校、社区活动，形成责任意识和法制观念。

责任是与生俱来的，伴随着每一个生命的始终，是生命价值的体现。人是一切社会关系的总和，每个人都对自身、对他人、对社会和国家负有一定的责任。责任感是当今社会个体应具备的最基本的素质，不仅关乎个人的生活和成长，还影响社会的进步和发展。一个团队需要团队中的每个成员尽自己最大的努力去完成工作任务。责任是一种使命感，更是一种担当精神。每个人都应该扛起自己的社会责任，为实现中华民族伟大复兴的中国梦贡献自己的力量。

（三）问题解决

按照认知心理学的解释，问题解决是由一定的情景引起的，按照一定的目标，应用各种认知活动、技能等，经过一系列的思维操作，使问题得以解决的过程。问题解决的过程就是问题情境消失的过程。当一个问题解决之后再遇到同类情境时就不会再感到困惑。这一过程具有明确的目的，必须经过一系列的、包括认知操作和情感伴随在内的操作活动得以完成。

问题解决方面的目标是学生能够从身边的事物和现象着手，发现有价值的问题，将问题转化为研究课题，主动运用已有的知识和技能，形成研究方案，具备一定的流程设计和结构设计的思想。

综合实践活动课程中，问题解决是解决自然、环境、社会、人生中的实际而具体的问题。问题解决是一种综合能力，其核心目标要素是创造性思维能力，具体包括以下方面：运用问题解决的基本科学方法的能力，如调查研究与访问的能力、实验研究与观察的能力、参与服务的能力等；运用数学思想和技巧的能力，如数理统计的能力；发现问题并提出解决策略的能力，如策略选择的能力等。

（四）创意物化

《辞海》中将创意定义为“开创性的想法、构思等”，将物化定义为“人的思想观念通过实践转化为具有物质形态的现实存在”。创意物化就是通过设计与制作将自己开创性的构想、设计以物化的形式加以表达，创造、制造出相应的产品与作品的过程。这一过程中，创造性观念是创造性活动的基础，创造性活动是创造性观念的形式。

创意物化方面的目标是学生通过动手实践掌握手工设计与制作的基本技能，能够根据自己的想法去选择工具和材料制作小物件，发展实践能力和审美意识。

创意物化作为综合实践活动课程的一个重要目标，强调实践的重要性，目的是让学生在学以致用的造物过程中，激发学习兴趣，提高实践能力，加深对学科知识的理解，提高学生的动手能力和创新能力。只有重视创意物化目标，才能让综合实践活动从普通的学生活动升级为能激发学生高阶思维的跨学科学习活动。

在综合实践活动课程中，价值体认、责任担当、问题解决、创意物化四个维度的目标要求是紧密联系在一起的。价值体认不仅要通过具体的事件，体认具体的价值，更为重要的是要有崇高、伟大的理想追求。这一崇高、伟大的理想追求就是中华民族伟大复兴的中国梦。这一价值体验才是有更积极意义的，也是最为根本的责任担当，问题解决、创意物化也才有正确的方向感和鲜明的价值定位。因此，价值体认居于中小学综合实践活动课程目标的核心地位，指引着综合实践活动课程的开发与实施。

二、综合实践活动课程的学段目标

学段目标是对于不同学段的学生在完成本学段的综合实践活动课程所要达到目标的规定与描述。学段目标是综合实践活动课程的总体目标在每一学龄段的具体体现。学段目标也较为抽象和概括，与总体目标相比，学段目标具体一些，适用面窄一些，只适用于某一学段的课程建设和管理。

学段目标与教学目标联系更为紧密：学段目标指导着教学目标的制定，教学目标是学段目标的具体化，是学段目标实现的基础。

在基础教育阶段，我们通常将其分为义务教育阶段和高中阶段，对于学科课程的课程目标规定，通常也是以这两个阶段进行划分。之前的《国家九年义务教育课程综合实践活动指导纲要》也是依据义务教育阶段和高中阶段的目标要求不同进行了划分。在后来的《指导纲要》中，不仅对于总目标的要求规定发生了变化，还进行了更为明确的划分，虽然每个学段的目标都是分为四个方面，即价值体认、责任担当、问题解决和创意物化，但是在四个目标方面，又因为学生的年龄和认知能力的不同，有了不同的要求。这就使小学、初中和高中三个学段的综合实践活动课程各自有了自己的学段目标。

（一）小学阶段具体目标

1. 价值体认

通过亲历、参与少先队活动、场馆活动和主题教育实践活动，参观爱国主义教育基地等，获得有积极意义的价值体验。理解并遵守公共空间的基本行为规范，初步形成集体思想、组织观念，培养对中国共产党的朴素感情，为自己是中国人感到自豪。

2. 责任担当

围绕日常生活开展服务活动，能处理生活中的基本事务，初步养成自理能力、自立精神、热爱生活的态度，具有积极参与学校和社区生活的意愿。

3. 问题解决

能在教师的引导下，结合学校、家庭生活中的现象，发现并提出自己感兴趣的问题。能将问题转化为研究小课题，体验课题研究的过程与方法，提出自己的想法，形成对问题的初步解释。

4. 创意物化

通过动手操作实践，初步掌握手工设计与制作的基本技能；学会运用信息技术，设计并制作有一定创意的数字作品。运用常见、简单的信息技术解决实际问题，服务于学习和生活。

案例链接

“健康饮料宣传小使者”活动目标

活动目标：学生能在活动的过程中，学习探究的方法，感悟岗位的责任，体验劳动的乐趣，建立服务的意识，并从中获得丰富的实践经验，建立学习与生活的联系，形成并逐步提升自我的综合素质。价值体认、责任担当、问题解决、创意物化方面的意识和能力目标如下：

1. 价值体认：在探寻健康饮料配方的过程中，加深对中国传统医学的认识，增强中国人的民族自豪感；通过职业体验的活动方式，加深对职业生活的真实理解，发现自己的专长，培养职业兴趣，形成正确的劳动观念和人生志向，提升生涯规划能力。

2. 责任担当：在体认职业角色的活动过程中，各司其职，分工合作，养成团队意识与责任担当；通过担任宣传小使者，建立社会服务意识，增强社会责任感。

3. 问题解决：针对“饮料与健康的关系”，提出自己的疑问或困惑，综合运用多学科知识、多种方式，解决添加剂饮料对身体的危害、如何自制健康饮料等相关问题，体验课题研究的过程与方法，最终形成对饮料的正确认识。

4. 创意物化：在设计制作饮料与宣传推广的过程中，初步掌握健康饮料、邀请函、海报的设计与制作的基本技能，并形成物化作品。

（二）初中阶段具体目标

1. 价值体认

积极参加班团队活动、场馆体验、红色之旅等，亲历社会实践，加深有积极意义的价值体验。能主动分享体验和感受，与老师、同伴交流思想认识，形成国家认同，热爱中国共产党。通过职业体验活动，发展兴趣专长，形成积极的劳动观念和态度，具有初步的生涯规划意识和能力。

2. 责任担当

观察周围的生活环境，围绕家庭、学校、社区的需要开展服务活动，增强服务意识，养成独立的生活习惯；愿意参与学校服务活动，增强服务学校的行动能力；初步形成探究社区问题的意识，愿意参与社区服务，初步形成对自我、学校、社区负责任的态度和社会公德意识，初步具备法治观念。

3. 问题解决

能关注自然、社会、生活中的现象，深入思考并提出有价值的问题，将问题转化为有价值的研究课题，学会运用科学方法开展研究。能主动运用所学知识理解与解决问题，并做出基于证据的解释，形成基本符合规范的研究报告或其他形式的研究成果。

4. 创意物化

运用一定的操作技能解决生活中的问题，将一定的想法或创意付诸实践，通过设计、制作或装配等，制作和不断改进较为复杂的制品或用品，发展实践创新意识和审美意识，提高创意实现能力。通过信息技术的学习实践，提高利用信息技术进行分析和解决问题的能力以及数字化产品的设计与制作能力。

（三）高中阶段具体目标

1. 价值体认

通过自觉参加班团活动、走访模范人物、研学旅行、职业体验活动，组织社团活动，深化社会规则体验、国家认同、文化自信，初步体悟个人成长与职业世界、社会进步、国家发展和人类命运共同体的关系，增强根据自身兴趣专长进行生涯规划和职业选择的能力，强化对中国共产党的认识和感情，具有中国特色社会主义共同理想和国际视野。

2. 责任担当

关心他人、社区和社会发展，能持续地参与社区服务与社会实践活动，关注社区及社会存在的主要问题，热心参与志愿者活动和公益活动，增强社会责任意识和法治观念，形成主动服务他人、服务社会的情怀，理解并践行社会公德，提高社会服务能力。

3. 问题解决

能对个人感兴趣的领域开展广泛的实践探索，提出具有一定新意和深度的问题，综合运用知识分析问题，用科学方法开展研究，增强解决实际问题的能力。能及时对研究过程及研究结果进行审视、反思并优化调整，建构基于证据的、具有说服力的解释，形成比较规范的研究报告或其他形式的研究成果。

4. 创意物化

积极参与动手操作实践，熟练掌握多种操作技能，综合运用技能解决生活中的复杂问题。增强创意设计、动手操作、技术应用和物化能力。形成在实践操作中学习的意识，提高综合解决问题的能力。

三、小学综合实践课程的领域目标和主题目标①

（一）领域目标

作为一门跨学科的综合性实践课程，我国综合实践活动的领域非常广泛。2001年《国家九年义务教育课程综合实践活动指导纲要》将综合实践活动划分为两大领域，即指定领域与非指定领域。其中，指定领域主要包括研究性学习、社区服务与社会实践、劳动与技术教育、信息技术教育四个领域。非指定领域主要指学校根据自己的办学理念、传统开设的一些活动项目，如学校传统项目（科技节、体育节、艺术节等）、少先队活动、共青团活动、班会活动、晨会活动、同伴交往和学生的心理健康活动等。《指导纲要》在“活动方式”中提出“考察探究”“社会服务”“设计制作”和“职业体验”，实际上这也属于活动领域，各领域都有明确的具体目标。

1. 考察探究

考察探究是学生基于自身兴趣，在教师的指导下从自然、社会和学生自身生活中选择和确定研究主题，开展研究性学习，在观察、记录和思考中主动获取知识，分析并解决问题的过程。考察探究注重运用实地观察、访谈、实验等方法获取材料，如野外考察、社会调查、研学旅行等。

考察探究领域的目标是：关爱自然，保护环境，学会发现并确定探究问题，提出探究设想，开展探究活动。尝试运用解决问题的基本方法，提出解决问题的合理策略。在考察探究活动中，形成理性思维、批判质疑和勇于探究的精神。

2. 社会服务

社会服务指学生在教师的指导下，走出教室，参与社会活动，以自己的劳动满足社会组织或他人的需要，如公益活动、志愿服务、勤工俭学等。它强调学生在满足被服务者需要的过程中，促进相关知识技能的学习，提高自身的实践能力，从多方面获得自身发展。

社会服务领域的目标是：主动积极参与社会服务，学习相关知识技能，探究社会问题。养成关心他人、关心社会的美德，自觉承担社会义务，形成服务意识。提升实践能力，成为履职尽责、敢于担当的公民。

3. 设计制作

设计制作指学生运用各种工具、工艺（包括信息技术）进行设计，并动手操作，将自己的创意和方案付诸实践，转化为作品的过程，如动漫制作、编程、陶艺创作等。它注重提高学生的技术意识、工程思维、动手操作能力等。

设计制作领域的目标是：了解与认识现代生产和劳动技术，学会使用基本工具和仪器。发展选择和处理信息的能力，提高信息素养。在活动过程中，手脑并用，灵活掌握、融会贯通各类知识和技巧，发展技术操作水平和知识迁移水平。体验工匠精神，形成良好的劳动与操作习惯。

4. 职业体验

职业体验指学生在实际工作岗位上或模拟情境中见习、实习，体认职业角色的过程，如军训、学工、学农等。

职业体验领域的目标是：注重让学生获得对职业生活的真切理解，发现自己的专长，培养职业兴趣，形成正确的劳动观念和人生志向，提升生涯规划能力。

综合实践活动课程的领域目标对本领域的综合实践活动具有指导作用，规范着本领域综合实践活动的开展。尽管各领域目标的侧重点不同，但应重视活动的整体性与目标的多维性，通过实践活动实现学生多方面的发展。

① 潘洪建，杨金珍. 小学综合实践活动指导［M］. 镇江：江苏大学出版社，2018：26-27.

（二）主题目标

综合实践活动的主题目标是指某一活动主题或活动项目所应达到的目标。主题目标是领域目标的具体化，同时结合学生的发展水平、经验、兴趣，考虑指导力量、社区资源可利用状况等因素。相比较领域目标而言，活动主题目标应适当、具体可操作，同时，主题目标应尽量完整，挖掘蕴藏在活动中的多方面价值，通过活动的开展，力求促进学生多方面的发展。

主题活动或活动项目的具体目标，对学生的活动过程具有导向作用，使学生在目标指引下有条不紊地开展活动。

案例链接

“奔跑在体育节”主题活动设计

1. 主题目标

·价值体认：通过参与体育节体验成功与失败、竞争与协作、比赛与友谊等关系，领会拼搏精神和应对挑战、合理竞争等。

·责任担当：培养遵守活动规则的意识、解决问题的能力，树立合作意识、岗位服务意识等。

·问题解决：在制订策划方案和活动过程中通过不断调整方案来解决现实中的困难。

·创意物化：完成运动会相关的海报、队形、口号、服装、道具等的设计与制作。

2. 关联科目

语文学科的《口语交际·演讲》；体育与健康学科的运动项目；道德与法治学科的《挑战第一次》；美术学科的《我们班级的标志》《设计文化衫》。

3. 项目任务

思考体育节活动项目的设置，分析并选定适合自己的角色开展项目学习活动。

4. 项目举例

项目一：入场式策划。策划、设计、制作完成一份体育节方案。

项目二：运动场上我争先。经历岗位竞聘、演练与履责全过程。

5. 活动要求

·调查、观察、了解学校体育节的活动项目，收集相关信息。

·根据活动项目选择小组（岗位），制订计划（岗位竞聘）。

·围绕选题有效开展活动，如策划入场式时，经历搜集资料、排练、彩排，用记录单、照片、视频记录过程。

·展示口号横幅、海报、服装、技能、活动照片等成果，反思需要改进的地方。

四、小学综合实践活动课程目标的特点

（一）突出全面育人取向

作为新时期引领我国中小学综合实践活动课程深入实施的重要指导性课程文件，《指导纲要》在课程理念部分明确指出“课程目标以培养学生综合素质为导向”，着眼于让学生成为整体的人，强调学生综合运用各学科知识，从活动中获得丰富的实践经验，认识、分析和解决现实问题，形成并提升关于自然、社会与自我之内在联系的整体认识，提升综合素质，着力发展核心素养，具有社会主义核心价值观的体认和践行等方面的意识和能力，特别是社会责任感、创新精神和实践

能力，以适应快速变化的社会生活、职业世界和个人自主发展的需要，迎接信息时代和知识社会的挑战。这种全面育人取向就要求综合实践活动课程应该真正着眼于促进学生的作为“整体的人”的发展，追寻知识学习与生活意义的契合点，通过课程的有效实施，在价值体认、责任担当、问题解决、创意物化等方面培养学生适应终身发展和社会发展需要的必备品格和关键能力。

（二）强调体验性目标

体验是人类所特有的心理现象。它往往重视直接经验和感受，强调个人化的理解、琢磨、反思、感悟，突出个体经验过程的能动性及与对象的互动性，且这种能动性不限于头脑中观念的、抽象的能动性，往往还需要个体的行为动作。躯体的主动性活动来支配观念性的活动，在与他人的互动中接受他人行为的主动性，形成主动状态下的受动感受，从而实现主动与受动的统一。体验是人的个性与社会性、理性与非理性发展的统一体。

综合实践活动课程并不追求活动结束时所形成的外化、对象化的成果，而是注重课程生成、实施和总结过程中学生的个人体验。这些体验有些指向学生所赖以生存的环境、生活及其要素，有些指向学生所反思、所探究的对象，有些指向学生所憧憬、规划的未来。通过活动过程，每个学生心中都形成具有个体特性的认知、情感、意志及相应的行为。

综合实践活动课程的体验性目标根据不同要求可以分为三种水平：一是经历（感受）水平，二是反应（认同）水平，三是领悟（内化）水平。可以根据目标陈述的行为动词来确定其体验性目标的不同水平要求。经历（感受）水平的行为动词有：感受、参与、经历、体验、交流、讨论、观察、调查、参观等。

（三）注重实践性目标

实践是人类生存和发展的动力，也是人类活动的基本方式。综合实践活动课程是立足于人的本质、社会发展的本质所设计的课程，实践性目标是综合实践活动课程所注重的目标，它架起了认知性目标与行为性目标、情感性目标的桥梁，同时更加注重富有实践意义的行为性目标、情感性目标。

综合实践活动课程的实践性目标主要包括以下内容。

1. 整合知识的能力

综合实践活动课程作为一门跨学科的实践课程，要求学生将所学各学科的知识在内化和类化的基础上进行联系、整合，解决相应的问题情境。这就要求在综合实践活动的设计和实施过程中注重系统科学方法和整体论视野的熏陶，使学生逐步形成此知识与彼知识、新知识与旧知识有机联系的敏感性，形成辩证地认识事物、探究事物的世界观和方法论。

2. 提出问题和分析问题的能力

在纷繁复杂的自然、社会及人类活动中发现问题、确认问题，这是人类实践的首要环节。综合实践活动的设计和实施中往往都会涉及具体问题的提出与分析，有的综合实践活动甚至是以问题作为线索展开的，因此，提出问题和分析问题的基本能力是综合实践活动课程的基本目标。

3. 信息搜集、处理和交流的能力

以信息搜集、处理和交流为主要内容的信息素养是信息社会每个公民的基本素养，尤其是在当代信息传播通道越来越多，信息资源共享的范围越来越广的形势下，信息素养更是成为相对于传统的读、写、算等基本能力而言的基本素养。而且，信息搜集、处理和交流的能力还是分析问题和解决问题的前提和基础。在综合实践活动课程的设计与实施中，信息搜集、处理和交流的能力的培养一般都贯穿其全过程。

4. 意念转化为问题解决方案的能力

受传统的应试教育弊端的影响，我国学生对基础知识、技能的掌握比较扎实，但缺乏解决具

体问题的能力。其原因之一是学生将其想法、意念转化为具体的问题解决方案的能力不足。在综合实践活动课程目标的设计中，尤其关注了这种能力的培养。在综合实践活动课程的设计与实施中，可以采用“设计学习”的方式，让学生围绕“问题”设计解决问题的程序性方案或者物化产品的结构性设计方案，不断提高学生将意念转化为问题解决方案的能力。

5. 动手操作和制作的能力

为扭转以前学生缺乏实践、动手能力不强的情况，综合实践活动课程注重加强对学生动手能力的培养。将一些认知性、体验性较强的活动主题，进一步向学生动手能力培养的方向做适当的延伸和拓展，从而使学生在综合实践活动中手脑并用，知行统一。

（四）重视生成性目标

综合实践活动课程的实施过程并非一定要按照预设的目标和计划亦步亦趋。随着活动的开展、环境的变化以及认识的深化，原有的目标和计划会发生相应的调整，这是综合实践活动课程设计与实施的一个重要特点。

生成性目标本身并不是课程指导者预设的，而是教师和学生在活动设计之初和活动实施过程中创生的。指导老师应把握好综合实践活动中生成的富有动态性的目标，注意用生成性目标引导和调节综合实践活动过程中的活动方向和活动过程。

（五）注重体系化建构[①]

综合实践活动课程目标是一个分层次多级别的目标体系，从三个学段、四个方面明确目标具体要求，突出培养学生综合素质，落实立德树人要求，为学校综合实践活动提供了明确导向。综合实践活动课程总体目标与学段目标指明了通过综合实践活动课程实施要达到的总体要求以及每个学段的具体要求，为学校课程规划与实施提供导引与方向。综合实践活动课程总目标指向学生核心素养发展，依据不同学段学生的身心发展特点，以价值体认、责任担当、问题解决、创意物化四个维度，建构立体化、进阶式与螺旋上升的整体目标体系，如图2-2所示。

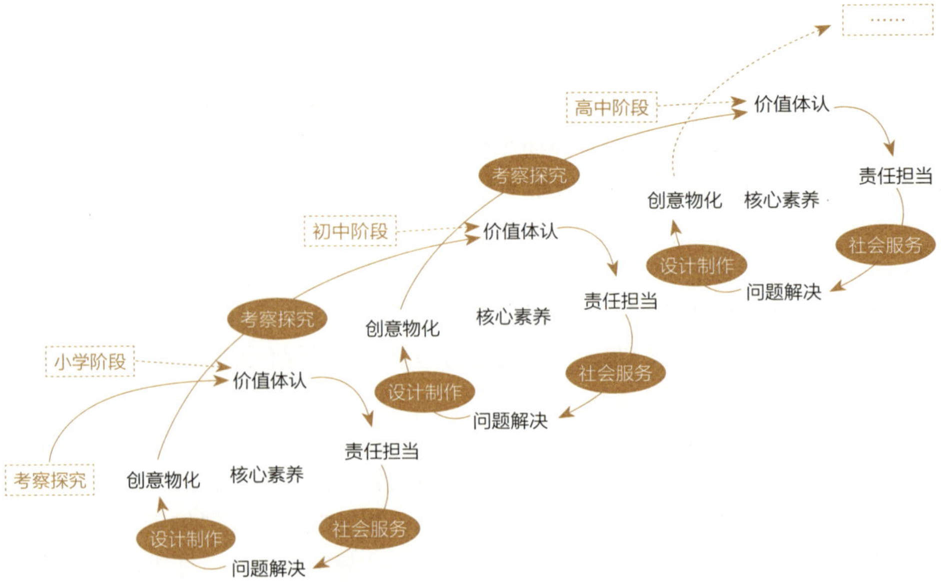

图2-2　综合实践活动课程目标体系

① 张华. 小学综合实践活动［M］. 重庆：西南大学出版社，2020：53.

综合实践活动课程学段目标，以学生核心素养发展为主线，整体遵循纵向贯通、横向统合、循序渐进、螺旋上升的原则。从小学、初中到高中，既体现了学生核心素养发展的进阶性与层次性。同时，也体现了学生核心素养发展的横向统合性。综合实践活动课程目标的四个维度具有整体性，彼此相互作用、密切联系、相互融合与促进，通过彼此内在的统合与联系，共同指向学生核心素养的整体发展。

拓展阅读

综合实践活动课程目标的达成与实现

如何使综合实践活动课程目标从应然状态转化为实然状态？如何达成与实现目标？这些都成为学校课程规划与开发实践面临的关键性问题。

1. 体认综合实践活动课程的价值，形成实施合力

教师应充分认识综合实践活动课程对促进学生学习与发展的价值，特别是学生的亲身参与、服务他人，会促进学生建立自我认同与归属感，会激发学生进一步学习与发展的愿望和动力。此外，综合实践活动课程从学生的真实生活和发展需要出发，通过考察探究、社会服务、设计制作、职业体验等多样化活动，对增强学生的价值体认，促进学生综合运用知识解决现实问题，增强学生主动服务他人与社会的意识和责任感的养成等具有重要的意义与价值。各级教育行政部门及学校、教师需要达成共识，有效提高综合实践活动课程的实施力度。

2. 基于学生核心素养发展的实际需求，整体规划学校课程

学校要基于学生核心素养发展的实际需求，整体把握学校课程结构，加强课程整体规划。首先，学校要将综合实践活动课程的开发与学校的办学目标、办学特色统一起来，与学科教学进行有机融合；其次，在课程目标规划方面要强调关注学生发展需求，凸显学生核心素养发展的连续性与阶段性特征；最后，倡导通过课程整合，将各专题活动的内容链接起来，从而拓展综合实践活动课程的广度与深度。

3. 基于持续性发展目标，拓展综合实践活动的实施空间与学习场域

学校可根据探究问题与活动主题，积极创造条件，让学生走进现场开展探究与服务实践行动；要合理安排时间，给予学生广阔的探究时空环境，拓展学生的学习场域，保证学生活动的连续性、长期性。同时，学校还可以整合校内外资源，构建有利于培育学习共同体的环境，让学习者在开放的时空场域中，在合作建构的学习情境中，体验活动性、协同性、反思性融为一体的学习过程，实现个性和社会性的统一，最终形成学习力与社会力。

4. 加强评价研究，把评价过程变成促进学生核心素养发展的过程

目标达成既需要评价测量，也需要评价促进。因此，要对学生在活动过程中的表现和核心素养发展状况进行综合评价。综合实践活动课程评价具有独特性，学校可整合课程、教学与评价，把评价过程变成促进学生核心素养发展的过程，作为师生共同学习的机会。此外，学校要理解综合实践活动课程评价的独特性，加强评价关键问题的研究，以破解评价难题。

对于学生而言，评价的意义在于引导学生持续进行探究、体验、反思与行动，能够对学生的学习过程与学习结果的评价达成平衡，能够有效聚焦学生探究过程中的表现与

收获，以增进学生进一步探究的信心。对于教师而言，评价在于促进教师持续地投入，富有创造性地探究与指导行动；学校也应建立完善的课程评价管理制度，通过有效的评价激发教师的参与动力，并提供有效的保障。

思考·探究

1. 请简述课程目标的基本来源。
2. 请简述综合实践活动课程目标的出发点。
3. 请谈谈综合实践活动的总目标及小学阶段的具体目标。
4. 请根据本章所学内容对下面案例中的小学五年级综合实践活动“纸山寻踪”的具体目标进行评析。

纸山寻踪

活动背景：

造纸术是中国古代“四大发明”之一。纸的发明，极大地方便了信息的储存和交流，对于推动世界文明的发展具有划时代的意义。在人类的日常生活、工作中，纸有着广泛的用途，改变了人类的生活，给人类带来了极大的便利，是人们日常生活中不可缺少的一部分。

对于学生而言，纸是学习中必不可少的文化用品。但是，纸的生产是有限的，需要珍惜。然而在日常的生活中，教师却发现浪费纸的现象比较严重，班级每天扫地时，总会扫出很多纸，其中有用过的，有只写了几个字的，还有完好无损的白纸。学生之所以存在严重的浪费纸的现象，是因为他们对纸的历史、来源了解太少，没有认识到纸与我们生活间的密切联系，也没有意识到纸与环境息息相关。因此，教师决定开展以“纸山寻踪”为主题的综合实践活动，通过参观纸厂、调查问卷、折纸剪纸、变废为宝等小组活动，让学生掌握纸的发明、种类、用途等知识，了解造纸的过程，探索纸的特性，了解纸的消耗对环境及资源的影响，从而认识到节约用纸的重要性，学会利用废纸制作小手工，培养学生动手实践的能力，增强学生节约用纸、保护环境的意识，初步形成人与自然和谐相处的意识。

活动目标：

1. 通过活动，了解纸的发展历史、加工过程及纸的各种用途，真正了解纸的价值。

2. 通过活动，了解纸的简单工艺及制作方法，培养动手能力；根据自身特长和兴趣成立活动小组，培养团队合作能力；在对纸产生疑问和兴趣的过程中，激发出探究学习的欲望，体验研究的乐趣，培养探究学习的能力。

3. 通过活动，明白纸对推动文明发展具有划时代的意义，感知纸的珍贵，加深“浪费纸是可耻的”这一认识；在收集和利用废纸的过程中培养环保意识和节约观念，进而培养学生开放研究纸的兴趣，激发学生的创新意识，促进纸的进一步发展。

第三章 小学综合实践活动课程的内容与资源利用

学习目标

1. 了解小学综合实践活动四大活动领域的活动的概念、分类、特点及价值。
2. 掌握小学综合实践活动内容的选择和组织的原则。
3. 明确课程资源的概念及主要类型，了解课程资源开发的方式与途径。

第一节　小学综合实践活动领域的划分

现代教育强调不仅要把学生学习、活动的内容视为课程，还要把学生的学习方式、活动方式本身同样视为课程。随着时间和空间的推移变化，学习的内容也许会发生改变，但学生在学习过程中所形成的“学会学习”的策略不会改变。综合实践活动课程倡导探究、服务、设计、体验等学习方式和活动方式，这是百年来不断发展的现代教育观念。我国小学综合实践活动课程基于此特征，划分为考察探究活动、社会服务活动、设计制作活动和职业体验活动四大领域。

一、考察探究活动

（一）概念及分类

考察探究活动是学生基于自身兴趣，在教师的指导下，通过野外考察、社会调查、研学旅行等多种方式，从自然、社会和学生自身生活中选择和确定研究课题，并综合运用各学科领域的知识开展研究性学习，从而进行问题解决和意义获得的学习活动。考察探究包含两个相互关联的部分，即考察和探究。其中考察要求学生走出校园迈向更广阔的空间，比如考察社区的安全状况、调查不同地域的名人、了解地方农业机械的使用情况、参观文化娱乐设施等。而探究则强调将包括考察、旅行、调查、参观等在内的一切活动都与探究结合起来，以研究性学习的方式加以实施。《指导纲要》指出考察探究的关键要素包括：发现并提出问题；提出假设，选择方法，研制工具；获取证据；提出解释或观念；交流、评价探究成果；反思和改进。整个考察探究活动注重运用实地观察、访谈、实验等方法，获取材料，形成理性思维、批判质疑和勇于探究的精神。

依据研究目标和内容的不同，考察探究可以区分为两大类：课题研究类和项目（活动）设计类。课题研究类以认识客观世界和人自身某一问题为主要目的，具体包括调查研究、实验研究、文献研究等。就小学的课题研究一般以反映学生生活背景和兴趣的人与自然、人与社会、国家、世界等方面的问题为主题，确定主题后，通过调查、测量、文献资料搜集等手段，收集大量的研究资料或事实资料，运用实验、实证等研究方法，对课题展开研究，解决问题，并撰写研究报告或研究论文。项目（活动）设计类则是以解决一个比较复杂的操作问题为目的，一般包括社会活动类项目的设计（如一次环境保护活动的策划、采访活动的设计等）、艺术类项目的设计（如设计一个雕塑方案、创作班级形象宣传画、设计一套校服、设计一种新型的校徽等）和科技类项目的设计（如二合一牙刷的制作、新型课桌椅的设计、太阳能利用可行性方案设计、声控延时灯的研制等）三种类型。

（二）考察探究活动的特点

考察探究活动的特点包括生活性、自主性、研究性、课程性和综合性。

1．生活性

考察探究活动本身的出发点就是从自然、社会以及日常生活中进行考察探究，并通过对学生生活的日常进行反思和研究，从而达到认识自然、社会及日常生活的目的。所以探究活动极具生活性，在整个课程的实施过程中，都融入在真实的生活情境中，且最终也是为了学生未来更好的生活做准备。因此，考察探究的基本特征就是生活性。

2．自主性

考察探究活动以学生的自主性、探究性活动为主，其内容是学生根据自己的兴趣选择和确定的，以个人或小组合作的方式展开活动，而且活动的内容、形式、进程、结果等主要取决于学生的努力。学生在教师的指导下，在规定的时间内成为某一个研究课题的提出者、设计者、实施者，他对课程目标的实现负有主要的责任。学生真正被置于学习的主体地位[①]。因此，探究活动具有极大的自主性。教师必须清楚地意识到，自己只是起到辅助作用，这个过程要体现学生的自主性，让学生自己通过考察探究获得对生活的理解与创造，那么考察探究活动才具有意义。

3. 研究性

考察探究活动以学生主动探究为主，通过野外考察、社会调查、研学旅行等多种方式，从自然、社会和学生自身生活中发现问题并确定研究课题。在确定探究主题、明确探究问题以后，学生自主或以小组合作的形式综合运用各学科领域的知识进行问题解决。这整个过程就是研究的过程，体现了考察探究的研究性特征。整个研究从问题的发现到解决需要学生制订基本的研究计划，包括安排好分工、准备相关工具并提出可能解决问题的办法。虽然研究活动缺乏严格意义上的科学研究的规范和严谨，但确实可以发展学生的探索精神，体现整个活动的研究性。

4. 课程性

考察探究不仅仅是一种学习或活动方式，更是一种课程形态[②]。对于规范严谨的考察探究活动，学生必须在教师的指导下，融合学科知识的综合运用、探究能力的习得与发展以及特定情感态度价值观的形成与深化预设或生成的目标开展系列研究活动。这一系列活动不仅包括过程性的现场活动，还包括课堂内的讨论、反思、资料分析和最后的评价、展示工作。因此，整个一系列循序渐进的课堂内外活动及程序都体现了考察探究类型的综合实践活动课程的课程性。

5. 综合性

在考察探究活动中，学生围绕“问题”综合运用多种学科知识与技能开展活动，从而解决实践中的问题。在主题式的考察探究活动中，分割状态的学科式的问题比较少见，学生只有综合运用多学科的知识与技能，才能解决问题，完成主题活动。这种以问题为中心对多方面知识和技能的选择与运用并呈现横向的、相互交叉的状态就是考察探究活动综合性特征的体现。

（三）考察探究活动的价值

1. 考察探究活动能够激发学生的好奇心和探究精神

为了能够培养适应终身发展和社会发展必备的品格和关键能力，落实立德树人的根本任务，并提升我国教育国际竞争力的《中国学生发展核心素养》下的文化基础、科学精神中强调学生能理解、掌握基本的科学原理和方法，能用科学的思维方式认识事物、解决问题、指导行为。具有好奇心和想象力，能大胆尝试积极探求有效的问题解决方法等。而考察探究活动本身就是鼓励学生发现问题并通过一系列的探究活动从而获取解决问题的方法并形成认知。整个过程体现了对学生好奇心的激发和探究精神的培养，是核心素养的有效落地。

2. 考察探究活动能够培养学生的创新精神和实践能力

创新精神和实践能力是当今社会科技发展最重要最核心的能力。从小培养学生的创新精神和实践能力至关重要。考察探究活动过程中，学生发现问题、搜集相关资料并进行批判性思维的分析，然后综合运用各方面的知识和技能，通过深入思考提出具有可操作的预设方案，在实践中不断调整改进方案，最终获得创造性的想法和解决方法并创造性地展示自己的研究成果。这些具体的、内到思维外到实践的过程均是对学生创新精神和实践能力的锻炼与培养。长此以往，将从小培养学生的创新精神和实践能力，培养未来极具竞争力的国际化人才。

① 霍益萍，张人红．研究性学习的特点和课程定位［J］．课程·教材·教法，2000（11）：8-10.

② 张华．小学综合实践活动［M］．重庆：西南大学出版社，2020：59.

3. 探究活动具有发展学生团队合作和沟通交流能力的作用

团队合作有利于取长补短实现力量的最优化，每个人包括学生都生活在集体中，需要团队的合作并在团队中具备交流沟通能力。而团队合作以及沟通交流的能力需要从小培养，考察探究活动正是这一重要能力培养的载体。考察探究活动通常以小组的形式开展，在整个探究活动的开展过程中，学生既要明确分工，各司其职，也需要彼此之间的相互配合，小组成员之间的分工合作与交流，共同致力于活动的圆满完成。因此，小组成员之间必须形成关爱、尊重、理解等情感关系，发展组建小组、小组活动和交流思想这三种基本的社交能力，才能真正有效地解决研究问题。同时，考察探究活动的场所及主题也不仅仅局限在本校本地，也会与不同学校、地域的学生进行交流，从而可有力促进学生的交往能力。

案例链接

"对白色污染的认识"活动方案[①]

适用年级：小学五年级

学校名称：宝山区第三中心小学

一、活动主题

"世界地球日"的团队主题活动的准备讨论会上，队员们从保护绿化、增加森林面积、挽救濒危野生动物、维持生态环境等方面发表了看法，但发现目前一种被称为"白色污染"的现象对环境的危害越来越大，且平时生活中确实发现这种现象的存在。这方面信息与学生的生活关系密切，学生是有能力进行这方面的信息收集的。教师建议大家着手寻找有关"白色污染"方面的信息资料，确定了开展"对白色污染的认识"的研究性学习活动。

二、活动目标

（1）情感目标：体会到白色污染对环境的危害，激发学生热爱环境、保护地球家园的情感，萌发建设美丽家园的愿望，并在学生过程中培养合作精神与发展意识，养成良好的个性。

（2）能力目标：通过上网查阅资料、查阅书籍等形式，学会统计并整理信息，提交书面报告；在社会实践调查中，提高学生语言交流能力和动手实践能力，发展运用综合知识和创新能力。

（3）知识目标：通过上网查阅资料，外出调查访问等形式，全面了解白色污染的危害以及我国的现状。

三、活动过程

（一）准备阶段

为了较好地发挥每个队员在活动中的积极性，教师要求队员们自愿组合成以4~5人为单位的活动小组。可是，谁来号召呢？教师建议大家自我推荐，结果一下从座位上站起来12个人。接着，教师提出中队其他队员可以自愿选择召集人。结果，有一个小组有8个人，两个小组有7个人，四个小组有5个人，两个小组有2个人，最后一个小组里只有召集人自己。显然，这样的组合不利于活动的开展。于是，教师又提出希望7人小组的成员中各出来2个人到两人小组（以自愿的方式），8人小组中出来3个人到那个独立的召集人那儿。这样，小组分好了。接下来是选组长，临时召集人几乎都担任了组长，只有一

① 孙龙存．小学综合实践活动案例解读［M］．南京：南京大学出版社，2018：130-137.

个小组进行了重新选举，即原先只有1个人的召集人，后来他担任了副组长，理由是他的胆子没有另一个同学大。

（二）信息搜集

选好小组后，教师建议大家可以制定一个活动步骤。结果很多小组都决定利用星期日分头去图书馆等处寻找。可是，第一次行动，大家收获甚微。星期一，各小队带去学校的资料少得可怜。这可怎么办呢？教师了解到中队中有些队员的家长是单位干部，便启发队员思考能否取得家长的帮助。这下马上有队员提出他父亲的办公室里有订阅报纸，他可以让他父亲从厂里借一些回来。这个想法得到了大家的赞同。这时一位“小网虫”提出，查阅书报速度太慢，如果能上网查阅，不仅速度快而且信息量大。经过征询，几位家中有电脑的队员主动承担了这项光荣而艰巨的任务。

两天过去了，不少队员有了收获，可也有几位队员两手空空。他们说：“我们不知道社会上存在‘白色污染’的现状及生活中人们对‘白色污染’的认识。”“那么，你们可以通过怎样的方式去收集这方面的信息呢?”经老师这么一问，队员小陈说：“可以搞社会调查呀!”“那怎么搞呢?”队员小王又提出了疑问。小陈说：“我们可以到商场、新村的小摊、饭店去采访。”“对呀，你们如果有条件的还可以拍一些照片。”教师也补充了一句。大家觉得这样做挺好的。于是，下午一放学，这几位队员就伙同小队成员开始了行动。

第三天，有两个小队拿出了社会调查的资料，一个小队带来了他们从新村的小河边、花园里拍摄到的照片。

（三）信息整理

1. 资料的收集与展示

星期一，队员们带来了一大堆资料，光报纸就有十几种，还有大量的信息是从网上下载的。下午的活动课上各组进行汇报，台上的队员介绍了四条信息后大家觉得听得很累，因为这些资料太散了，那么，队员们手头的这些信息应该怎么办?

2. 资料的分类与汇总

教师建议大家看看这些信息大概可以分成几类，要求先把每一条信息的主要内容用几个字概括一下，然后观察这些信息有何特点，相互间有何联系。经过教师的启发，队员们把这个小队的信息分成了四大类，即：什么是“白色污染”“白色污染的形成原因”“白色污染的危害”“国内外治理白色污染的现状与对策”。对照这样的分类，其他小队也纷纷进行了整理归类。根据信息交流的要求，各小组参加交流的时间不得超过5分钟，这可如何是好？队员小杨提出可否把搜集的信息进一步整理，即把关键的内容摘录下来。经过大家的讨论，这个建议被采纳了。于是，各小队都派出了语文概括能力最强的队员担任此任务。

3. 教师指导设计摘录卡片

第二天，教师发现他们的摘录都不规范，即没有标明出处、时间、摘录人。于是，在教师的指导下队员们设计了一张摘录卡片，重新整理这个任务就落到了另外几个队员的身上。第二天，经过重新整理过的信息看上去果然有了条理性。

（四）信息交流

1. 信息交流前的准备工作

该准备信息交流了，各小队长负责文字交流，其余的如调查访问的情况及照片介绍，则由当时负责的队员事先准备好文字说明，并上台交流。这个要求对大部分五年级的队员来说应该不成问题，可对队员小王来说却成了难题。平时不声不响的他只要老师一点到他的名字他就紧张，更别提上台交流了。小王手里的照片是很有说服力的，经不住队员们的再三央求，他勉强同意了。接受了任务后的小王整天心事重重的，原来他担心自己讲不好给小队丢脸。于是老师详细地问了他拍照的经过以及他对照片上的内容的看法，并让他按照前面所讲述的内容写成文字。小王回到家认真地完成了文字说明，第二天还主动交给老师过目。

2. 信息交流中思想的碰撞

该进行交流了，按要求上台交流的队员必须交代清楚信息摘录的日期、出处及摘录人的姓名。明确要求后，各小队的代表上台了。先进行交流的内容是“什么是白色污染”。交流的队员话音刚落，队员小袁提出了疑问：“那些没有被抛弃的塑料制品算不算?”队员小唐也提出了疑问。

“当然不算，因为只有当那些塑料制品被抛弃后对环境造成危害了，人们才称它们是‘白色污染’。”台上的队员胸有成竹地回答。

“请问白色的铅画纸算不算?”

“不能算，因为铅画纸是用木材等原料制成的，它用完了以后在大自然中会自己腐烂。”台上台下气氛热烈。

“很多饮料瓶是白色的，像可乐罐等是用铜、铁等制成的，它们是不是‘白色污染’?”

台上的队员迟疑了一下回答：“也算的。”老师见队员们没有异议，就给大家进行了纠正：“像可乐罐等大都是铝制品或铁皮制品，从概念上讲它们与塑料是毫无关系的。因此，这不是‘白色污染’。”台上的队员见大家不再提问，就请出了第二个小组。

3. 小组分别上台汇报

第二个小队参加交流的队员是小丁和小林，他们进行交流的内容是“白色污染”形成的原因。他们从大量的资料中得出结论：“白色污染”的形成与人们大量地使用塑料制品而又管理不当有关。大家对他们搜集的一条多年以前的信息提出了它的价值问题。小丁辩解说，他们之所以把多年以前的信息拿到现在来交流，是因为当时社会上的“白色污染”现象至今依然存在，他们认为用这条信息来和今天的情况做比较是有价值的。小丁说得好像有道理，但大家还是不太同意。这时教师告诉大家，用来说明问题的信息必须具有一定的时效性，因为现在的社会进步非常快，可以说是日新月异，每天都会有大量的信息产生。即便是大家前一阶段搜集的信息，过了这些天也可能已经过时了。因此，在搜集信息的时候，大家一定要注意信息来源的及时性、可靠性。另外，教师还提醒大家，在回答队员提问的时候要用搜集到的可靠信息，不可随意地用“我认为”“我觉得”等字眼来解释。这样不够确切，因为信息资料的搜集是进行深入研究的依据，所以必须保证它的准确性。

队员小王说他们去问过那些小摊贩对“白色污染”的看法，得到的回答是大家都在用，为什么他们不用。小王得出结论：“白色污染”的形成与人们的偷懒行为及外来人员对“白色污染”的认识不足有关。他还叙述了拍照受阻，后又经过讨论决定假装购物巧妙过关的经过，迎来了大家善意的笑声。小王的介绍很成功，因为老师和队员们都向他投去了赞许的目光，大家看到小王又脸红了，不同的是这次他的脸上挂着微笑。

4.“白色污染”的治理办法讨论

“白色污染”对社会的影响很大，到底有没有什么对付它的办法呢？以小葛为队长的第四小队派队员小何上台交流。可大家仔细听后发现他交流的内容有些混乱，开始介绍的是关于国内外治理“白色污染”的现状与对策，但后面却夹杂着一些“白色污染”的危害和形成原因。对于大家的意见，小葛代表他们小队表示接受。其实，这个小队出现的问题在前几个小队都存在。

5. 居民对白色污染的认识

为了对小队的信息进行补充，队员小张拿出了关于居民对“白色污染”的认识的调查视频。小张调查了同一幢楼的两位居民。这两位居民很支持该次活动，所以小张没有碰到任何困难。下面的队员对这份调查提出了疑问，“只调查了两位居民，有没有代表性呢?”小张承认他做的只是同一幢楼的小范围的调查。“一幢楼里不可能只住两户居民，而且你所调查的居民只能代表同一层次的人。这些人对‘白色污染’是有所认识的，但是，你有没有想过去调查一些老年人或外来人呢?”显然，队员们对小张的调查持怀疑态度。

这时，队员小李拿着一张统计图走上讲台，给大家展示了他们小队采访一幢楼房十几位居民对“白色污染”的认识情况。结果表明，文化层次较高的居民对“白色污染”认识较多，学历层次较低的居民对“白色污染”知道甚少，而老年人和文化层次再低一些的人，他们对“白色污染”几乎不了解。由此他们得出结论，要治理“白色污染”还得从做好居民的宣传教育工作做起。

为了让信息资料具有说服力，可以通过社会调查采集信息。同样为了让调查结果更有说服力，必须扩大调查范围。因为，调查的范围越大，获取的结果越准确。

6. 白色污染的危害

“白色污染”到底有哪些危害呢？小秦的小队最后做了交流。从他们交流的信息看，发现信息量还不够大，因为其他队员分别从“白色污染”对动植物生长的影响，“白色污染”对视觉、对河道产生的影响进行了补充。同样小秦小队的成员也给大家展示了一组照片，用以说明“白色污染”对城市造成的危害。从照片资料大家看到，在河道上飘浮的废弃塑料袋、一次性饭盒及被扔在花坛里、草坪上的“白色污染物”已严重影响了城市的环境卫生。

信息交流会进行了将近40分钟，队员们热情高涨，都感到收获很大。大家掌握了搜集信息的途径，知道了搜集信息必须注意的事项，懂得了整理信息的方法以及碰到困难的解决方法。

（五）交流展示

1. 学生的体会

在张老师的指导下，我们进行了对“白色污染”的认识课题研究活动。我们分别通过上网、留意新闻、剪报、采访、拍照、摄像等途径进行了信息的搜集与整理。通过大量的信息搜集，我们对“白色污染”这一污染环境的现象有了较为全面的了解。

我们认识到“白色污染”就如一个无形的杀手，正默默地向生活在地球上的人们发出威胁。我们在网上查到的资料表明：一个巨大的垃圾处理场中有47.8%的“白色污染”物，这些污染物具有降解慢的特性，降解期长达200年，多惊人的数字啊!

作为一个小公民，我们迫切地希望我们生活的环境能够天蓝、水清、地绿，希望有关部门能够花大力气加强对市民的环保意识的教育宣传，尤其是对禁止使用“白色污染物”做出具体的规定，使大家都对“白色污染”的危害有清醒的认识，教育市民能够恢复以往的传统，从告别塑料袋、拿起布袋子做起，使我们的地球永葆年轻。

2. 家长的体会

21世纪的中国需要有21世纪的人才，如何培养21世纪的人才，不光是国家研究的问题，也是我们每一位家长特别关心的问题。

如何培养我们的孩子呢？家长的做法有很多种：买各种各样的参考书，让孩子去看去做，熟能生巧，成绩自然会提高；去找一个好的学校；请一个家庭教师；或者到外面参加补习班，等等。但家长花了这么多的心血，收效如何呢？答案恐怕是各种各样的，有的进步不大，有的文化知识有所提高，但孩子的素质又有多少提高呢？让我们的孩子天真活泼，学习轻松，使其身心健康地发展，是我们每一位家长的心愿。

宝山区第三中心小学的师生们在这方面给我们家长提出的问题进行了回答，他们进行的“对‘白色污染’的认识”探究性课题使我们家长对学生素质教育问题有了新的认识，在如何引导和培养学生成为社会的有用之才方面起到了积极的作用。

3. 教师的体会

（1）探究使我们转变教学的理念。许多同学和家长相当重视语文、数学、英语三门课程的学习，而现实使得学生意识到人的能力的重要性，因为一个人最终要走向社会，而社会上存在着的种种问题不是仅用在课堂上学到的一些基础知识就能解决的。有许多问题是要走进社会才能发现的，而探究型课程正是教师增进能力、走向社会的桥梁。

（2）探究使学生的个性张扬。尽管学校设置了探究型活动课，然而更多的实践研究是需要同学到课外去进行的。例如，要对某一现象进行深入的了解，同学们还得去图书馆、书店、网络上查找资料或进行调查访问。由于学习时间紧张，因此要完成这些任务就必须挤出时间来进行，这样就培养了学生合理安排及使用时间的能力。大量地利用课余时间开展探究活动，这与以往的教育活动有很大的区别。因为这是一个开放的活动，在这个过程中，学生可以较自由地根据自己的能力选择活动的方式，这从某种程度上讲非常有利于学生个性的培养。而且，在小组学习的过程中，学生间的互动对他们的个性培养也起到了一定的促进作用，他们总是想方设法通过自己的努力把事情做得更好。

（3）探究使学生具备了耐挫能力。实地调查的学习形式不光是组织内部需要合作，还需要同社会各个层面的人进行交流。在探究的过程中学生经历了失败，甚至被人误解和批评。记得有一次，一位学生来到了一家饭店，想拍摄下其中一位营业员正用一次性饭盒给顾客盛饭的镜头时，被饭店的老板抢下了手机，他们认为学生的这一举动损害了他们的声誉，尽管学生据理力争，但还是无济于事。这一经历使学生也积累了一些经验。俗话说“吃一堑，长一智”，在以后的取样、采访中大家就会想出各种招数做好充分的准备。

（4）探究使师生关系、生生关系更融洽。在整个探究的过程中，老师的角色已有了变化，教师不再充当知识的传播者，而是与学生共同参与活动的合作者。由于老师深入学生的活动，老师对学生加深了了解，也使学生增加了对老师的亲近感。师生合作的过程是一个师生间互相学习的过程，老师对工作认真负责的态度影响了学生，而学生对高科技信息手段的运用也使老师收获不少。由于探究性活动是一种全新的活动，所以老师在活动中的指导作用还是很重要的，但这种指导不是命令式的，而是一种建议，一种商量，应该说这样的合作是相当愉快的。

探究性活动要求学生以小组的形式开展，这就要求学生之间能各尽所能，通力合作，这对一贯以“我”为中心的学生来说是一种特别的教育。通过活动他们对集体这个概念有了感性的认识，他们知道每一个人的努力都与小组的荣誉有关。因此，大家只要一有空就会凑在一起商量、讨论，俨然一种搞研究的“学者”样子。

（5）探究使学生增强了社会责任感。无论是哪一种内容的探究性活动，学生都必须从校园走向社会，他们从对课本知识的学习转变到对社会现象的关注，这不仅是一种学习观念的转变，更是一种社会责任感的培养。学生通过社会调查访问，对生活中发生的事情多了一份关心，多了一份思考，这将有助于培养他们一种高度的社会责任感，为他们将来热心服务社会打下一个坚实的基础。

二、社会服务活动

（一）概念及分类

社会服务活动指学生在教师的指导下，走出教室，参与社会活动，以自己的劳动满足社会组织或他人的需要。学生在满足社会组织或他人需要的过程中，获得自身的发展，促进相关知识技能的学习，提升实践能力，成为履职尽责、敢于担当的人。新大纲中的社会服务来源于过去作为综合实践活动课程板块之一的“社区服务与社会实践”，两者有较大不同：“社区服务与社会实践”本身是两个概念，包含两个相对独立的“社区服务”和“社会实践”。而“社会服务”则是一个独立的整体的概念。一方面，作为一个教育学概念，它注重活动本身对学生的道德学习价值和知识学习价值，另一方面，它并非只把服务贬低为一种手段，而是同样强调服务活动对他人和社会的贡献和意义，即服务本身也是目的，实际上正是在认真对待这种贡献和意义的过程中，社会服务对学习的价值才能得到扩展和深化①。社会服务活动可以简单分为公益活动、志愿服务和勤工俭学三大类。

1. 公益活动

公益活动是指一定的组织或个人向社会捐赠财物、时间、精力和知识等活动。公益活动几乎都是由单位、学校等各个场所组织的，义务植树、义务大扫除、献血、捐款/捐物、爱心助学、关爱失独等都是很常见的公益活动。但是，这些也是一份爱心，一份帮助别人的希望。就小学生的年龄和认知而言，一般小学生的公益活动由学校组织参加，且符合其年龄、智力相适应的公益活动，如常见的义务植树、大扫除、捐零花钱或图书、爱心助学、关爱失独老人等公益活动，体现助人为乐的高贵品质和关心公益事业、勇于承担社会责任、为社会无私奉献的精神风貌，学生通过参与公益活动可以满足自己的劳动需要、获得社会服务荣誉感，并有利于未来成为履职尽责、敢于担当的人。

2. 志愿服务

志愿服务是指任何人志愿贡献个人的时间及精力，在不为获取任何物质报酬的情况下，为改善社会、促进社会进步而提供的服务，体现奉献、友爱、互助、进步的精神，彰显志愿性、无偿性、公益性、组织性的特征。志愿服务的范围主要包括扶贫开发、社区建设、环境保护、大型赛会、应急救助、海外服务等。小学生的志愿服务活动一般指利用自己的时间、技能、资源、善心，为邻居、社区无偿提供援助。例如，为所生活的社区清扫垃圾、清理小广告，为社区内年迈的老爷爷老奶奶做些力所能及的事情等。小学生通过参与志愿服务活动，有机会为社会出力，亲身体验社会的人和事，加深对社会的认识，同时也丰富自己的生活体验，传递爱心也传播文明②。

① 张华. 小学综合实践活动［M］. 重庆：西南大学出版社，2020：64.

② 潘洪建，杨金珍. 小学综合实践活动指导［M］. 镇江：江苏大学出版社，2018：133-134.

3．勤工俭学

勤工俭学是指一边求学读书，一边工作劳动。勤工俭学是学校实施劳动教育活动的主要形式之一。参加勤工俭学的学生大部分是为了缓解家庭的经济压力，自觉找兼职维持生活。同时，勤工俭学也可增加自己的社会经验，丰富阅历。一般小学里开展勤工俭学活动，主要目的不是为了帮助缓解家庭经济压力，而是让学生早日接触社会并认识社会，锻炼意志，体验自立。此外，勤工俭学也有助于培养学生热爱劳动、勤俭节约等高尚品质。例如，学校可组织小学生在假日去卖气球、卖花，还可动员学生收集废纸、矿泉水瓶等可回收物，积攒起来卖，将自己劳动挣来的钱捐赠给贫困学生或者购买植物等物品美化班级等。通过这些类似的活动培养学生的集体意识和奉献精神。

（二）社会服务活动的特点

1．社会服务具有服务性

顾名思义，社会服务最主要的、直接的特点就是服务性，是学生无偿服务社会服务学校服务班集体的活动，不以获取报酬为目的的公益活动。学校组织学生开展活动，密切学校与社会的联系，让学生利用所学的知识和技能从事力所能及的服务工作，从而无偿为特定的社会群体和个人提供服务。在服务过程中，培养学生的服务意识而且把所学知识应用于服务之中，强化、活化学科知识，从而为未来职业做好准备。

2．社会服务具有实践性

社会服务以学生现实生活和社会实践为基础开发课程资源，而不是在学科知识的逻辑体系中架构课程。以公益活动、志愿服务、勤工俭学等为主要活动形式帮助学生走出校园、步入社会。在真实的生活情境中要求学生发现和解决问题，强调学生的亲身经历，发展自己的实践能力和创新能力，为社会提供有效、真实的服务。社会服务的实践性这一特征，不仅可以使学生在实践中将所学知识和技能得以活化，而且有利于培养学生的实践智慧，对学生良好品德的养成也有非常积极的作用。

3．社会服务活动具有体验性

注重学生的体验，它是一种有目的、有计划、有组织的社会服务活动，目的是加强学校与社会的联系，通过提供服务活动让学生融入真实的生活体验中，一方面实现课本知识的现实应用，一方面培养学生的服务意识，将学习变成一种有意义的服务活动，帮助学生构建一个完整的真实的意义世界。社会服务活动打破了传统教育将学生局限在学校这一单一且固定的场所，剥夺了学生从实际体验中获得知识的途径。

4．社会服务活动具有社会性

社会服务活动的场所是社会，是走出学校迈向社会的一种活动，将教育教学的领域从学校延伸至社区和社会领域，为学生开辟了一个广阔的学习与生活领域。社会服务的社会性主要体现为：①活动空间的拓展。学生的学习环境从封闭的课堂、学校环境扩展到开放、更富有社会意义的社区和社会大环境。②社会参与。学生在教师的指导下，主动参与社会服务，为社区和社会公共事务的管理提供宝贵意见，进而影响社区和社会的公共政策，发挥作为社区和社会一员的作用。③政治参与意识的培养。通过组织学生参观、模拟政府机构的办事程序，学习政治参与的知识，形成政治参与意识，培养学生作为公民未来的参政能力。总之，社会服务可以促进学生的社会化，培养学生的社会责任感。

（三）社会服务活动的价值

1．社会服务活动转变了学生的学习方式，拓宽学生的学习领域

我国一直倡导并要求学生转变学习方式，强调学生是学习的主体，学生的学习应该是积极主

动的，同时还要打破学校壁垒，实现从学校单一场所走向社区、走向社会，强调知识的学习途径是开阔且多元的。学习内容要和生活实际紧密联系，并且指向未来的生活。而综合实践活动课程中的社会服务活动正符合当前学生学习方式的转变，并且拓展了学生的学习领域。首先，社会服务活动具有实践性，这种实践性是对传统学习方式的改变。与其他学科教学最大的不同就是综合实践社会服务课程中知识的学习是鲜活的，是在服务社会的实践过程中将课堂知识和技能进行灵活运用并产生服务作用。整个过程基于学生主体，是一种主动参与式的学习。其次，社会服务活动将学生学习的场所从学校课堂推向了社会，将学校和社会联合起来，使学生的学习资源领域拓展到社区和社会，改变原来仅靠课堂资源的现状。而且，社会服务活动的开设场所在校外在社会中，使学生面对的是生活世界，使书本知识即间接经验通过实践的途径内化为学生内部知识，使得教学更贴近真实的生活世界。

2. 社会服务活动有利于增强学生生命体验，促进道德提升

在推动学生走向社会的过程中，增强了学生的生命体验。学生受认知和年龄限制，学习体验更多来自学校来自知识的学习。而社会服务活动通过拓展学习领域将学生从学校内送出更为丰富宽广的社会，极大增强了学生的生命体验。学生在融入社会的过程中，书本生硬枯燥的知识得到活用且社会所习得的知识技能有所增加，这些知识技能关乎学生生活，与学生的生命活动息息相关，通过社会服务活动学生的生命经验得到增长，生命体验得到升华。除此以外，社会服务活动还促进了学生道德的提升。素质教育强调德智体美劳五育并举，德育为先。但是德育的提升不能光靠理论知识教育，更需要在服务社会中得到锻炼提升。而社会服务活动给学生道德品质的形成和提升提供了平台和机会，通过义务植树、捐零花钱或图书、关爱失独老人等公益活动，有利于小学生形成勇于承担社会责任、为社会无私奉献的精神风貌；通过与社会上不同人群的接触与交流，了解他们的个性特征、职业情况、生活习惯，学会理解与尊重他人。正是社会服务活动，加深了学生对社会的了解，在了解社会的基础上关心社会现状，从而形成社会责任感。

3. 社会服务活动有利于学生形成服务意识，培养责任担当

在老师的指导下，学生走出教室，参与社会活动，以自己的劳动满足社会组织和他人的需要，可以培养学生的服务意识和责任担当意识。因此，学生如果能更多地、正确地、有组织地参与一些社会服务活动，能够在潜移默化之中形成服务他人的意识，提高道德修养。此外，社会服务活动也是培养学生责任担当的有效方式，责任担当是当前小学生发展的重要核心素养之一，要求学生树立对自己负责、对他人负责、对社会负责的责任意识，而该意识在综合实践课程中更直接指向社会服务，由社会服务活动来体现和落实。

三、设计制作活动

（一）概念及分类

设计制作指学生运用各种工具、工艺（包括信息技术）进行设计，并动手操作，将自己的创意、方案付诸现实，转化为物品或作品的过程，如动漫制作、编程、陶艺创作等。注重提高学生的技术意识、工程思维、动手操作能力等。在活动过程中，鼓励学生手脑并用，灵活掌握、融会贯通各类知识和技巧，提高学生的技术操作水平、知识迁移水平，体验工匠精神等。设计制作的关键要素包括：创意设计；选择活动材料或工具；动手制作；交流展示物品或作品，反思与改进①。设计制作中的制作活动涵盖了“信息技术教育”和“劳动技术教育”，制作不仅仅要求学生通过简单的工具或者材料做出一定的作品，更注重对学生想象力、创造力、动手能力等高阶思维

① 中华人民共和国教育部．中小学综合实践活动课程指导纲要［M］．北京：北京师范大学出版社，2017.

能力的培养与锻炼。依据其活动内容可以主要分为文化类、技术类和家政类。

1. 文化类

文化类的设计制作活动主要以我国传统的文化、民间艺术等为主题（比如手工纸艺、陶艺、木艺等），引导学生通过调查、查阅、欣赏制作与主题相关的作品，并在制作活动的过程中学习、欣赏、感知文化的魅力，体会我国文化的独特魅力，并在此基础上进行一定的自主创新设计。

2. 技术类

技术类设计制作活动通过调查、比较、试验等活动，认识各种常用材料及其不同用途，体会材料世界对技术、对人类的意义。收集和观察生活中的自然材料，讨论和分析材料的特性，能用不同的标准对材料进行分类。具体内容包括：①知道常见的简单工具的名称及用途，会根据不同的材料、不同的目的选择工具，会使用一些常用量具。②认识一些简单图样，并根据图样进行简单的作品设计，发展想象力和创造力。③进行简易作品的制作，并做必要调试，培养严谨、负责的科学态度。④通过观赏、讨论、测试等活动对作品进行简单评价，形成初步的技术作品鉴赏能力。 ⑤初步了解现代新兴科技的原理和技术操作，领悟技术的神奇魅力和给人类生活所带来的变化。⑥通过简单的作品的设计、制作及评价活动，了解简易手工制作的一般过程，掌握相应的制作方法，体验劳动的可贵和创造的愉悦[①]。

3. 家政类

家政类的活动范围广阔，与学生的日常息息相关，比如学习简单的菜肴制作并做简单的评价，体验家政生活所带来的快乐；学会使用家用电器，增强安全意识等。随着当前劳动课从原来的综合实践活动课程中脱离并纳入中小学独立课程，要求学生能做简单的菜肴，从事简单的家政类工作，家政类的活动也将越来越重要。

（二）设计制作活动的特点

1. 设计制作活动具有创造性

创造性是设计制作活动最基本的性质特点，设计制作活动本身就是学生将头脑中的创意和想法转化为现实中物品或作品的过程。在整个过程中，鼓励学生头脑并用，激发创造性灵感。与传统学科课程或活动方式不同，设计制作活动始终围绕学生的创意和想法，学生个体的想法和创意是活动的灵魂，且设计制作没有标准或固定的答案，其评价也不是机械的量化标准。无论是基于信息技术的编程、动漫制作、机器人设计还是基于传统文化技能的陶艺、木艺手工制作等活动，都需要学生发挥自己丰富的想象能力和极大的创新创造能力，设计出独一无二极具代表性的作品。因此，设计制作的明显特征就是创造性，是激发学生创造力的活动。

2. 设计制作活动具有实操性

设计制作活动是将学生头脑中的创意和想法通过技术操作、劳动实践等方式转化为现实中物品或作品的过程，因此除了创造性这一基本特点，还具有实操性。所谓实操性，强调在真实客观的世界中以学生的动手操作和个人实践为基础，开展体验学习和动手实践操作，强调学生通过技术操作、劳动实践获得直接经验和操作体验，并将已学到的间接经验、理论知识应用于实际操作与问题解决的过程之中。此外，设计制作也是对“做中学”和“学中做”教育理念的实践与结合[②]。在设计制作物品、作品时，学生一方面需要借助各种工具、器械进行创意物化，由此在制作的过程中也是学习新知的过程；另一方面，设计制作需要学生全身心参与投入，摆脱传统教学只学习理论难以付诸实践，导致手脑分离的局面，在学习中就投入各种工作的使用。最终实现理论与实践的紧密结合，贯彻落实知识的实际运用，促进知识的迁移。

①② 中华人民共和国教育部. 中小学综合实践活动课程指导纲要［M］. 北京：北京师范大学出版社，2017.

3. 设计制作活动具有跨学科性

首先，设计制作来源于原综合实践活动课程的“信息技术教育”和“劳动与技术教育”两个内容模块，是由它们转变融合而形成的；其次，设计制作中的“设计”，需要学生基于信息技术的支持，比如动漫制作等，除了信息技术支持，还融合了绘画、美学等多方面的知识和技能。而设计制作中的“制作”，则需要学生具备一定的劳动技术能力，如涉及制造建筑模型，需要学生了解一定的房屋结构、材料性质，具备初步的识读图纸能力及审美能力，这都体现了科学、艺术、技术、道德等多方面的融合，具有极强的跨学科性。除此以外，综合实践课本身就是一门多学科融合的课程，设计制作活动鼓励学生综合运用多种知识和技能，将所学的知识运用于解决与自己生活息息相关的问题。在创意设计、操作实践的过程中，学生能感受到对多门学科知识的综合运用，以及知识、技能与生活实际的联结，促使彼此隔离的知识、技能在活动过程中互相融合，从而有助于学生对各类知识和技巧的融会贯通，提高知识迁移水平，促进学生的全面发展。

（三）设计制作活动的价值

1. 设计制作活动有利于深度学习的开展

深度学习是新时代对学生学习提出的更好的要求，要求学生主动学习、深入地学习，而不是被动浅显地接受学习。曾有研究表明，教师的“教”和学生的“学”如果没有学生自身的深入参与，两者之间并不会直接产生联系。所以要达到深度的学习，学生必须深入理解所要学习的内容，而深入理解不能停留在“学”，必须深入到“做”。只有在做的过程中才能加深对知识的深入掌握，将理论或者想法落到实践中，达到知识的运用，从而达到对知识深度的掌握。设计制作的基本特征之一就是实操性，指向学生的深度参与实践。设计作为一种“热情的目的性行为”，设计制作的重要核心步骤就是动手制作，学生需要进行现场工作，进行一系列的动手操作，包括折叠、裁剪、切割、测量、烧铸、制模、作图、激光雕刻等手工制作，以及建模、编程、3D打印等数字制作等。这一系列的过程就是学生脑、手、心灵等全身心投入参与的过程，即学生深度学习的过程，这使得学生的学习本身超越了浅层意义上的“获得”，走向了更为深度的学习。

2. 设计制作活动有助于学生创新能力的培养

创新能力是21世纪最重要的能力，也是我国推行素质教育最为核心重要的能力。传统课程因课程性质、场地等的约束，对于学生创新能力的培养难以突显。而设计制作直接指向学生创新能力的培养。首先，设计制作活动的本身性质具备创新性，是在活动教学中围绕学生的创新思维和能力培养开展的；其次，在课程设置上为学生创造空间和平台，为学生创造性能力的形成提供平台和时间；最后，在设计制作的过程中，教师会借助活动的开展进行相关知识和技能的教授，这些知识和技能将跃升学生创新的理念和方法。

3. 设计制作活动还有助于劳动素养的养成

设计制作是借助信息技术类、劳动技术类活动的开展，达到将自己的创意、方案付诸现实并转化为物品或作品的过程。这个过程涉及两大核心要素：一是创新的意识；二是劳动结果的呈现。因此，设计制作类活动有助于学生劳动素养的形成。具体而言：一方面，学生在动手制作的过程中，会经历形式丰富的劳动活动并无形中理解劳动的意义获得劳动的体验，由此形成较强的劳动意识，包括参与劳动、尊重他人劳动成果等；另一方面，学生通过信息技术的学习、劳动工具的使用，可以掌握一定的劳动知识和技能，这些知识和技能是书本上难以直接学习的，为今后学生的劳动乃至职业选择起到一定的积极作用。

案例链接

“设计我的小天地”活动方案

一、主题的提出

许村镇的支柱产业是布艺，在这里，每天都有成千上万的各式各样的布匹销往我国各地。布的种类和花式繁多，也因布艺业的发展使人们的生活质量不断地提高。教师经过调查发现：班级的56名学生中，有30多户人家从事生产、销售各类布产品或相关行业，说明大部分学生对于“布”已经非常熟悉了。通常情况下，人们只把布当作一种商品，而不是装饰品，孩子们更是如此，他们认为“布”只与成人的生意有关。根据这一现状，教师设计了这个活动，让孩子们用自己的双手创造出丰富多彩的布艺品，来美化我们的生活。

“设计师”这个称号对于学生们来讲并不陌生，但是他们一般不会把它和自己相联系。大部分的人认为，设计房子、衣服、室内装饰等都是设计师的事，其实在生活中，每个人都是自己和家庭环境的设计者。本案例设计了两个主题，分别是设计生活用品和设计“我的小天地”。主要是通过对生活用品和生活环境的设计，培养学生善于发现生活中存在的问题，并创造性地解决问题的能力，激发学生的创造潜能，培养学生独立生活的能力和对美好生活的追求。

二、活动目标

（1）通过活动使学生认识到，我们的生活环境是需要自己精心设计的，并认识到环境设计的重要性。

（2）通过对生活用品和生活环境的设计，培养学生善于发现生活中存在的问题，并创造性地解决问题的能力，激发学生的创造潜能，促进学生的观察、动手、动脑、创造和审美能力的发展。

（3）通过活动扩展学生的学习空间，激发主动学习的兴趣，培养学生主动参与家庭劳动及学校活动的思想，使他们主动创造生活、享受生活、热爱生活。

三、活动设计

本活动主要是让学生尝试设计一件生活用品，在获得初步的实践体验的基础上，进一步扩展到设计生活环境，引导学生进入一个较大的设计空间。在这个空间里，由于设计的素材更多，设计的自主性更大，设计的要求也更有挑战性，学生的创造潜能也将得到充分发挥。这个活动主要分为三个环节：第一个环节是引入指导，激发创造的欲望。通过一系列的看、说、议、评等过程，打开他们的思路，在一个轻松愉快的环境中开展设计的第一步。第二个环节是课外探索，自主创新阶段。通过课堂上的引导，学生根据自身不同的家庭环境、个性思想、审美情趣设计自己的小天地，也可适当地求助于家人或参考其他资料，体现不同的设计风格。第三个环节是课堂评比，取长补短。通过各自讲解自己的设计思路及作品的特点，听取他人意见，真正反映他们自己的思想。再把这种创新行为推广到课外，体现学以致用的学习理念。

四、活动重难点

活动重点：通过创作设计物品或环境，培养学生一种主动参与的思想，并使其作品有不同的个性。

活动难点：探讨如何根据不同的环境创造适合的物品，并具有美感，使其有开拓创新的思想。

五、活动过程

（一）活动准备

①各种现代家庭内部设计图和一些布艺宣传图片（在实物投影仪上使用或者制作成课件）。

②前一节课设计的各种生活用品及自己在生活中感到实用的小用具。

③要求学生准备各种不同种类和质地的窗帘、沙发布。准备画图用的美术纸及各种画图工具。

（二）活动过程

1. 展示评比

①展示前一节课设计的小物品。比如自己设计的小靠垫、玩具箱、小书架等，请学生上台展示并介绍自己的作品。

（这一环节能给学生一个展示自己作品的机会，激发学生参与的热情。）

②学生评比。这个物品有什么优点或不足；这个物品的创意好在哪里；认为值得学习的是什么；有些不足之处以及应该如何改进……（用学生自己的眼光来判断，更能体现自身的品位，发挥个人的想象，使作品更有创意。）

2. 参照对比

①出示几幅具有现代风格的儿童卧室设计图。设问：这样的环境给人怎样的感受？要求学生仔细观察后讨论。

②学生发言：这样的环境整洁舒畅，色彩淡雅，富有童趣，特别是物品的设计精美。

③出示一幅摆放凌乱的卧室图。设问：你认为在这样的环境里生活会是怎样的心情？有何改进的好办法？

④讨论：对这样的环境你有何改进的方案或可以应用哪些我们同学们设计的物品？

（通过两幅图不同效果的比较，激起学生发言的积极性，提高他们的审美情趣，促使其有改进的欲望，同时也有改进的方向。）

3. 引导创意

①出示几幅各色布艺的宣传图片。让学生拿出自己带来的各种布，提问：能把这些布做成这样的物品吗？能把前面那个房间装扮得更美吗？

（当学生发现自己的布原来可以做成那么美的作品时，参与的欲望和动手的积极性一下就提高了，特别是有些学生用的是自家的产品，那种自豪感油然而生。）

②议一议：怎样才能做出更实用更漂亮的物品呢？

③小组讨论汇报：参考现有的产品、查资料、请教厂里的设计师……

④出示室内装饰效果图。学生边观察，边讨论哪些可以为我们所用。（通过一步一步的引导，同学之间的讨论，激发学生的创造欲望，发挥其创造潜能。小组合作可以培养学生之间互相协作的思想。）

4. 初步创意

①讨论：我们手中的布还可以做成什么样的物品？

②小组汇报：除窗帘和沙发外，可做床罩、床单、桌布、各种电器的外套等大物品，还能做杯垫、鞋套、墙上的杂物袋、布贴画……

③引导：我们要把生活的环境装扮得很美，只利用布产品是不够的，还应利用哪些小物品？我们应该如何去做呢？

（通过前面图片的启发引导，学生对美化生活环境有了初步的了解。经教师一点拨，思路就打开了，激发了学生的创造兴趣。）

④小组研究结果，发现有许多物品可以用来装饰我们的生活环境，如花瓶、鲜花、小挂件、水果、各种画等，甚至书也是一种新式的既实用又有价值的装饰品。

（兴趣是最好的老师。学生的思路和积极性被调动起来后，教师发现了他们内心丰富的色彩。）

5. 研究创意

①讨论：怎样才能把我们生活的环境变成“我的小天地”？分小组研究或找同伴合作。

②研究结果汇报：写一则设计方案，画一幅设计图，用各种物品制作一些装饰品来点缀。

③制作的形式：同桌合作、小组合作、好朋友合作或个人。

（多合作讨论可以为发展学生的创新思维能力注入催化剂。在小组讨论中活跃了学生的思维，激发了学生参与活动的积极性。这种不同形式的合作和制作方式，为学生的求同求异思维发展提供了一条有效的途径，使学生的创新思维能力得到一定的发展。）

6. 课外制作

①根据自己的家庭状况、个人的喜好、制作水平等来完成设计，可听取朋友或家人意见，以达到自己认为满意的程度。

（这个活动扩展到课外是为了进一步发挥个人之长，体现不同的情趣和个性，以便取得与课内不同的效果。）

②画一画：用我们学过的图例来表示房间中的物品，设计自己的学习生活空间。

③写一写：写一份“我的小天地”的设计方案，其中包括摆放哪些物品、物品摆放的位置、自己还要制作些什么物品等。

④做一做：根据个人需要，用布或其他材料制作一些小物品。（注重学生的个性发展是开展活动的又一个目的。根据学生不同的兴趣、爱好、能力，采用不同的制作方式更能体现不同的个性需要。）

7. 成果展示

①用实物投影仪展示设计图或实物，请学生讲一讲自己的设计意图及设计效果。

②议一议：你认为这个设计最好或不足之处在哪里？

③评一评：从设计形状、材料、颜色、布局等总体来看，评出“智慧奖、环保奖、奇思妙想奖、创新奖、精美奖、能说会道奖……”（对劳动成果的肯定是对劳动者的最好奖赏。虽然学生的作品有些是幼稚的、简单的，有的甚至是可笑的，但在这个过程中，他们曾经激动过、思考过、做过，他们学到的远远超过作品本身。）

8. 活动扩展

①试一试，布置好我们的教室，大家评价一下是否合理并有创意。

②做一做，帮助低年级学生布置他们的教室及黑板报。分组进行并且评比。

③把自己的房间或家中的一个房间布置好，并让家长给予适当的评价。

④评一评，对经常自己整理房间或有创新的学生给予奖励，评出“小小设计师”和“生活小帮手”的称号。

设计者：浙江嘉兴海宁市许村镇中心小学　费玲妹

四、职业体验活动

（一）概念及分类

职业是人的一生中非常重要的部分，每个人都离不开与各种职业的联系，教育的重要目的也是培养具备一定职业能力的符合社会发展需要的人才。有学者指出，小学职业体验教育是职业认识的早期教育，通过职业体验活动使学生了解真实的职业世界，将学校学习与社会、个人发展建立联系；职业体验是职业价值观教育，使学生了解不同职业的社会价值，培养劳动观与职业价值观，渗透社会主义核心价值观教育；职业体验是学生自我认知教育，在对不同职业的亲身体验活动中确认个人兴趣能力，启发职业理想，尝试生涯定向，选择教育职业路径[①]。由此可见职业体验活动的重要性。在原综合实践活动课程内容中鲜有涉及职业体验活动，也并未将此视为重要内容，但在《指导纲要》中将职业体验划分为综合实践课程四大重要领域之一，并明确指出职业体验是指学生在实际工作岗位上或模拟情境中见习、实习，体认职业角色的过程，它注重让学生获得对职业生活的真切理解，发现自己的专长，培养职业兴趣，形成正确的劳动观念和人生志向，提升生涯规划能力。包括军训、党团队教育活动、博物馆参观等形式。具体而言，职业体验可以划分为以下四大类型。

1. 校园式

校园是学生主要的学习场所，也是学生进行职业体验的重要场所。相比较于其他职业体验，校园式的职业体验活动更方便组织实施，同时也更安全。难点在于校园如何充分挖掘有限的自身资源，因地制宜为学生尤其是小学生提供适宜的岗位，从而保障学生能够在不出校园就认识职业，体验不同的职业。一般而言，校园可以充分挖掘的职业体验资源包括餐厅、图书馆、安全保卫、绿化美化校园等。除此以外，校园还可以通过举办类似画展、文艺会演等丰富多彩的活动为学生提供更多职业体验的机会。

2. 家庭式

家庭是学生主要的生活场所，家庭成员的职业对学生具有潜移默化的影响，影响学生的职业选择取向。在家庭式职业体验中，学生可以通过日常与家长的接触对家庭成员的职业进行详细的调查，了解家庭成员之间不同的职业特点、工作内容，体会家人工作的辛劳。同时，家庭式职业体验还可以通过家庭岗位角色扮演，比如小厨师、小清洁工、小理财员等。

3. 场馆式

场馆式职业体验目前主要局限在一些发达城市，比如上海星期八小镇、杭州Do都城等，这些城市随着对儿童职业体验的重视纷纷建立了儿童职业体验馆。学生们在职业体验馆内，通过模拟和体验成人的角色来了解和接触社会生活。这些体验馆注重“寓教于乐”，并以“角色扮演”这种生动的、情境式的模拟体验广受学生和家长的好评。除了这些较全面的职业体验馆，不少儿童乐园场所也在其区域增设了职业体验，比如一些乐园中除了较为普遍的迎合少儿喜欢的游戏活动，同样增设了职业体验活动，包括体验各类职业诸如警察、消防员的服装。这些都有利于儿童加深对职业的体验。

4. 实岗式

实岗式职业体验不同于以上的职业体验模拟，是在学校统一组织、专业指导老师的带领下，走进社会、公司、工厂、企业等客观真实的场所，进行实地观摩，直接参与，亲身体验的职业活动。在这种实岗式活动中，学生能够接触更多的岗位，认识更多的职业，丰富自己的职业认知并

① 王红丽．试论中小学职业体验课程的内在价值与课程化设计：以朝阳区中小学职业体验课程为例［C］．北京教育科学研究院学术年会，北京教育科学研究院，2015.

在体验中树立职业志向，具有模拟体验所无法替代的重要作用。当前已经有不少教育者呼吁职业院校凭借自身的专业优势、平台优势和技术技能教育的师资资源，积极探索与中小学的合作，通过开展职业启蒙教育活动，带领学生走进职业院校平台，学习一定的职业知识和技能，感受社会分工的不同。以职业技术学院积极发挥职业教育的影响，助力中小学校培养、拓展学生的职业启蒙和素养[①]，对学生慢慢形成自己的职业生涯规划是非常有帮助的。

（二）职业体验活动的特点

1．职业体验活动具有体验性

顾名思义，职业体验活动是非常重视学生体验的，这种体验不仅仅是一种过程，也是一种结果。不管是校园式体验、家庭式体验、场馆式体验还是实岗式体验，都侧重学生对职业的亲身参与，让学生在实践中接触各式各样不同的职业，并在参与课程活动的过程中体验到不同的职业分工、职业内容，从而形成不同的职业认知和情感，为以后的职业发展打下良好的基础。

2．职业体验活动具有一定的专业性

虽然职业体验是一种短暂的体验，但是整个体验的过程强调专业性。学生的职业体验活动是在教师或者专业人员的指导和帮助下进行的一种亲身体验的职业角色，通过知识的学习、技能的培训等获得对于职业的专业客观认知，为今后的职业生涯建立初步的情感并打下基础。

3．职业体验具有发展性

职业体验的发展性是依据教育对象的发展性，即人或者学生在身心发展的不同阶段，根据不同学生年纪、学段而制定不同的活动主题。学生在不同的学年段，其认知水平、能力结构、行为能力都存在差异，以小学、初中、高中三个典型的整体学段为基准，形成了不同的学段主题。所以职业体验课程的设置一定要具备发展性，考虑学生的身心发展。

4．职业体验活动具有前瞻性

职业体验的前瞻性是指选择和开展职业体验活动要有助于培养学生适合未来社会对人发展要求的品质、技能。要让学生了解社会职业活动形式的发展趋势，了解先进的职业活动形式，形成发展意识和创新意识[②]。

（三）职业体验活动的价值

1．职业体验活动能够培养学生未来的职业兴趣，启蒙职业理想

杜威在《民主主义与教育》中指出：人们之所以不肯承认教育的职业性方面，是因为教育保存了过去的贵族思想教育具有职业价值。在我国这类情况同样出现，由于受高考等根深蒂固的理念的影响，职业教育在我国国民教育系统中的重要地位受到忽视，教育的职业功能被排除在教育系统之外。教育培养的人才与社会实际需要相脱节，导致学生埋头苦读、应试教育都为了追求少部分被视为的“好”工作，对一些技术职业工作弃之不理。而职业体验活动能较早地让学生体验各种类型的工作，培养职业兴趣，逐渐意识到也许并非每个人都适合某类工作，每个工作都是有其自身魅力的。在职业体验中，启蒙职业理想，找到适合自己的职业方向，从而避免面对职业选择时迷茫、随大流。

2．职业体验活动有助于提高学生的多元智力，培养健全的人格

多元智力理论认为每个人都有多种智能，包括语言能力、逻辑能力、空间能力、运用能力、观察能力、人际交往能力等，并且每个人的能力都不相同，都能得到不同程度的提升，并非仅仅

① 沈有禄．职业学校联合中小学开展劳动和职业启蒙教育：天时、地利、人和［J］．中国职业技术教育，2019（7）：2-5.

② 陈焕章．中小学引入职业活动的探究性研究［D］．上海：华东师范大学，2003.

是一种局限在学校单一场所的某一种学习能力。职业体验将学生融入在真实的、具有趣味性的、安全的、可操作的职业活动中，让学生不再局限于学校学习这一单一类型的能力提升中，帮助学生在职业体验过程中获得其他多元智力的提升。同时，模拟或真实的职业体验对于培养学生良好的习惯、树立正确的劳动认知等全面发展具有积极促进作用。因此，职业体验有利于培养学生健全的人格，帮助学生从枯燥的知识中走向多元智力提升，促进学生全面发展。

3．职业体验活动引导学生探究学习意义，激发学生的主动意识

对于职业生活的实际情况，学生尤其是小学生很难从书本知识或者日常生学习活中获得直接认知和感受，即使有，也是一种较为被动感知的，是在无意识状态下获得的。而职业体验这一活动方式，则是通过有意识的安排，让学生通过职业的模拟或者真实情境的体验从知识、技能到情感、态度、价值观层面的充分参与。在参与过程中，学生从多个角度了解、参与职业并建立内部评价，并有意识地联系自己的兴趣爱好、能力特长、性格气质等情况进行未来职业的探索与构建。这是一种积极主动的职业规划意识，是非常宝贵的意识。这种积极主动的态度将推动学生建立自我价值感，将自己与社会进行联系，形成社会责任感和使命感。

拓展阅读

职业体验活动的育人价值[①]

职业体验活动是学生与社会之间最好的衔接，培养新时代合格的社会主义接班人和高素质的建设者要求我们必须高度重视体验式学习，让学生在此过程中逐步感知职业、探索职业，最终达到职业设计的目的。那应该怎样准确把握职业体验活动在整个教育体系中的地位呢？

1．职业体验是中小学综合实践活动四大方式之一

《指导纲要》明确规定：综合实践活动是国家义务教育和普通高中课程方案规定的必修课程，自小学一年级至高中三年级全面实施；确定综合实践活动课程目标主要导向为培养学生综合素质，着力发展学生核心素养，特别是社会责任感、创新精神和实践能力。其主要的活动方式包括考察探究、社会服务、设计制作和职业体验四大类。其中，职业生涯是在2001年《基础教育课程改革纲要（试行）》（教基〔2001〕17号）规定的综合实践活动课程内容基础上新增的，之前的主要内容包括信息技术教育、研究性学习、社区服务与社会实践以及劳动与技术教育。可见新时代对职业体验的重视是当今社会发展的必然需要。

2．职业体验是落实中小学劳动教育的重要途径

2020年3月，《中共中央 国务院关于全面加强新时代大中小学劳动教育的意见》（以下简称《意见》）明确提出，劳动教育是中国特色社会主义教育制度的重要内容，从教育制度创新的高度肯定了劳动教育的地位。同时指出，劳动教育是国民教育体系的重要内容，能够以劳树德、以劳增智、以劳强体，以劳育美。对于劳动教育的内容，《意见》明确指出初中要注重围绕增加劳动知识、技能，使学生初步养成职业意识；普通高中要注重围绕丰富职业体验，开展服务性劳动、参加生产劳动。可见，要在中小学落实劳动教育，职业体验是非常重要的一条途径。通过职业体验，学生可以现场感受劳动者的艰

① 肖慧．职业体验活动的育人价值［J］．教育科学论坛，2020（19）：1.

辛，增强对劳动人民的情感，增加自己的劳动知识和技能，懂得珍惜劳动成果，形成正确的劳动价值观和良好的劳动品质。

所以，在小学阶段要通过现场参观或专题讲座、与行业专家对话等职业体验活动，提升学生的自我认识与社交能力。

五、四个课程领域之间的关系

考察探究、社会服务、设计制作和职业体验四大课程领域之间既相互区别又相互联系。

（一）四大课程领域之间的联系体现在课程目标上

以小学学段目标为例，小学综合实践课程具体目标中，第一个价值体认目标“希望通过亲历、参与少先队活动、场馆活动和主题教育活动，参观爱国主义教育基地等，获得有积极意义的价值体验。理解并遵守公共空间的基本行为规范，初步形成集体思想、组织观念，培养对中国共产党的朴素感情，为自己是中国人感到自豪。”该活动目标指向职业体验课程领域，同时又包含了社会服务课程领域，尤其是班级团队活动等非指定领域；在责任担当课程目标中，让学生“围绕日常生活开展服务活动，能处理生活中的基本事务，初步养成自理能力、自立精神、热爱生活的态度，具有积极参与学校和社区生活的意愿”。该活动目标虽更侧重社会服务课程领域，但也与职业体验领域有紧密联系；而问题解决目标中明确提出：“能对个人感兴趣的领域开展广泛的实践探索，提出具有一定新意和深度的问题，综合运用知识分析问题，用科学方法开展研究，增强解决实际问题的能力。能及时对研究过程及研究结果进行审视、反思并优化调整，建构基于证据的、具有说服力的解释，形成比较规范的研究报告或其他形式的研究成果。”该要求直指考察探究，但又不完全属于考察研究领域，也同时体现在其他活动中，特别是设计制作活动；此外，创意物化目标中的“积极参与动手操作实践，熟练掌握多种操作技能，综合运用技能解决生活中的复杂问题。增强创意设计、动手操作、技术应用和物化能力。形成在实践操作中学习的意识，提高综合解决问题的能力”虽然侧重设计制作课程领域，但同时贯穿在其他活动中。由此可见，四大课程领域在共同致力于活动目标更好地达成，彼此之间存在着复杂的联系。

（二）四大课程领域又保持着显著的区别与独立

这种区别直接体现在事实与价值方面，具体而言“考察探究”与“设计制作”更倾向于事实，即基于事实的探索制作以培养学生的求知心。所以考察探究和设计制作两类活动可以大致概括为事实类综合实践活动课程。这两者的独特意义集中表现在通过野外考察、社会调查、研学旅行等多种方式综合运用各学科领域的知识开展研究性学习，可以形成理性思维、批判质疑和勇于探究的精神，从而进行问题解决和意义获得的学习活动；而运用各种工具、工艺（包括信息技术）进行设计，并动手操作，将自己的创意、方案付诸现实，转化为物品或作品的过程，更注重对学生想象力、创造力、动手能力等高阶思维能力的培养与锻炼。这些从事实出发的活动尊重小学生的好奇心和探究精神。而“社会服务”和“职业体验”则更多地从价值出发，目的更倾向于培养学生的社会责任感、公民素养以及人际交往合作。所以，“社会服务”和“职业体验”这两类可以简单概括为价值类综合实践活动课程。此类活动的教育目的着眼于培养负责任的公民，课程也导向伦理和道德价值。在形式上，鼓励学生走出校园单一的场所进入更广阔的社会进行服务和职业锻炼，使教育真正成为社会、生活的重要资源。

第二节　小学综合实践活动内容的选择与组织

一、活动内容选择与组织的原则

《指导纲要》指出：学校和教师要根据综合实践活动课程的目标，并基于学生发展的实际需求，设计活动主题和具体内容，并选择相应的活动方式。学校和教师要根据综合活动课程的目标，并基于学生发展的实际需求，确立自主性、实践性、开放性、整合性、连续性五大基本原则。

1．自主性

综合实践活动课程在主题开发与活动内容选择时，要重视学生自身发展的需求，尊重学生的兴趣爱好，尊重学生的自主选择。为学生个性发展开辟广阔的空间。在组织实施过程中，教师要善于引导学生围绕活动主题，从特定的角度切入，选择具体的活动内容并自行设定活动目标任务，提升自主规划和管理能力。同时，要善于捕捉和利用课程实施过程中生成的有价值的问题，指导学生深入活动主题，不断完善活动内容。

2．实践性

综合实践活动课程强调学生亲身经历各项活动，在“动手做”“实验”“探究”“设计”“创作”“反思”的过程中进行“体验”“体悟”“体认”，在全身心参与的活动中，发现、分析和解决问题，体验和感受生活，发展实践创新能力。在组织实施综合实践活动时要特别关注学生活动时的感受和参与活动的过程。此外，实践性还体现在教学上，要充分关注学生参与活动的充分程度、丰富程度、深刻程度。

3．开放性

综合实践活动课程面向学生的整个生活世界，具体活动内容具有开放性，不拘泥于固定的内容，学生可以从自然、社会和自身生活三大维度开展内容活动内容选择与组织形式。所以，教师要基于学生已有经验和兴趣专长，打破学科界限，选择综合性活动内容，鼓励学生跨领域、跨学科学习，为学生自主活动留出余地。要引导学生把自己成长的环境作为学习场所，在与家庭、学校、社区的持续互动中，不断拓展活动时空和活动内容，使自己的个性特长、实践能力、服务精神和社会责任感不断获得发展。

4．整合性

综合实践活动课程的内容组织，要结合学生发展的年龄特点和个性特征，以促进学生的综合素质发展为核心，均衡考虑学生与自然的关系、学生与他人和社会的关系、学生与自我的关系这三个方面的内容。对活动主题的探究和体验，要体现个人、社会、自然的内在联系，强化科技、艺术、道德等方面的内在整合。

5．连续性

综合实践活动课程的内容设计应基于学生可持续发展的要求，设计长短期相结合的主题活动，使活动内容具有递进性。要促使活动内容由简单走向复杂，使活动主题向纵深发展，不断丰富活动内容、拓展活动范围，促进学生综合素质的持续发展。要处理好学期之间、学年之间、学段之间活动内容的有机衔接与联系，构建科学合理的活动主题序列。

二、活动内容选择与组织的维度①

综合实践活动课程的内容范围是学生整个的生活世界，包括人与自然、人与社会、人与自我三大方面，它鼓励学生从日常生活、社会生活以及大自然中发现并提出具有教育意义的活动主题。基于此，在内容与组织方面也形成了综合实践活动课程的三大维度，即自然维度、社会维度和自我维度。

1. 自然维度

人本身就是自然的一部分，我们生活在大自然中，学生置身于天地间，体验并研究大自然中花鸟虫鱼、山川湖泊、昼夜耕地、四季轮换等大自然种种事物与现象。所以自然维度也就成了综合实践课程内容与组织的重要维度之一。在感受并体验大自然规律的过程中，具备主观能动性的学生同样面对着与自然息息相关的各种问题，比如水资源保护问题、资源枯竭问题、森林绿化问题、全球气候变暖问题等，这些都是综合实践课程自然维度下可以选择和探究的主题。在此内容选择与组织活动下，学校需要引导学生多多观察、关注当地的、与学生生活密切相关又容易引发学生兴趣和思考的自然现象，将此转化为综合实践课程活动主题，然后通过考察探究、社会服务、设计制作以及职业体验四大活动类型，运用所学到的学科知识和相关技能进行自然维度下的探索研究。这样不仅可以更好地开展和实施综合实践课程，而且在活动中让学生走进自然、理解自然、欣赏自然，潜移默化地培养学生热爱和保护自然的情感与态度。

2. 社会维度

人是大自然的一部分。同样，人也是社会的基本组成部分。因此，学生与社会之间的关系也是综合实践活动课程重要内容和组织维度之一。在内容选择和组织上，教师应引导学生在体验、参与社区活动、社会生活和职业世界以及与真实的社会接触中发现的问题，并有意识地将其转化为活动主题，然后通过考察探究、社会服务、设计制作、职业体验等形式进行课程组织实施，通过学生自己具备的学科知识和技术工具去解决问题、掌握社会规范。社会维度的内容选择和组织形式有利于增加学生对自己所处社会的认识，提高自己的社会实践能力，为自己将来走向社会打下初步基础，同时发展学生解决问题的能力和培养学生的社会责任感。

3. 自我维度

自我本身就是一个生活世界，自我是独特的。学生正确看待和处理自我的关系是人与自然、社会良好关系的基础，所以除自然维度、社会维度以外，自我维度也是综合实践课程内容组织的重要维度。由于学生尤其是小学生正处在一个自我意识形成与不断加强的阶段，对他人、对自己的认知和态度都比较敏感，在开展自我维度的综合实践活动课程时，教师需要引导学生对自己有清晰的认知，在选择活动主题时注意选择那些与自我有关的主题，比如“我的身体”“我的小秘密”“我的兴趣”等主题，通过畅想、交流、体验等活动方式对自己的能力、个性特征、兴趣爱好、理想价值等进行反省。自我维度综合活动课程的开展能够让学生将自己的身体与心理、理智与情感、潜能与个性、需求与特长等变成探究对象，尤其发展自我理解、自我概念和自我能力，让自己度过美好、快乐和富有创造性的一生。

值得注意的是，综合实践活动课程的自然维度、社会维度和自我维度三大内容组织维度之间彼此并不是相互割裂的，三大维度的划分具有相对性，每一个维度中必然也涉及其他维度。只有在课程内容选择和组织时既注重三个维度的平衡又关注彼此之间的融合，才能实现综合实践活动课程的完整性。

① 黑岚．小学综合实践活动课程的设计、实施与评价［M］．北京：清华大学出版社，2020：47-48.

第三节　小学综合实践活动课程资源的开发与利用

一、小学综合实践活动课程资源概述

（一）课程资源的概念

什么是课程资源？目前国内学术界相关课程资源的研究中，课程资源的概念是多样的。有学者认为课程资源是指教育过程中所占用、使用和消耗的人力、物力和财力的总和。有学者认为课程资源是课程设计、实施和评价整个课程编制过程中可利用的一切人力、物力以及自然资源的总和。包括教材以及学校、家庭和社会中所有有助于提高学生素质的各种资源。还有一些学者认为：课程资源是指形成课程因素来源与必要且直接的实施条件；课程资源是指富有教育价值的、能够转化为学校课程或服务于学校课程的各种条件的总和。

综合上述观点，我们认为，课程资源的概念有广义和狭义之分。广义上，课程资源是有利于满足课程活动的各种因素，包括课程活动所需要的知识经验、环境、设备和条件等资源，教材是课程资源的核心和重要组成部分。狭义上，仅指课程内容的直接来源。一般情况下我们所说的课程资源是指广义的课程资源。小学综合实践活动课程资源，也就是有利于满足小学综合实践活动课程的各种因素。由于小学综合实践活动课程的综合性、活动性等特征，在实施过程中课程资源的广泛利用是必然的，课程资源的开发就显得特别重要。

（二）课程资源的分类

课程资源十分庞杂，为了便于分析与研究，人们要对其进行分类，由于角度不同，课程资源类型的划分也不相同。为了更好地理解和认识课程资源，以利于更好地利用和开发，我们首先必须进一步了解课程资源的类别，掌握不同类别的课程资源的内在特点。

1. 根据课程资源的功能特点，可以划分为素材性资源和条件性资源两大类

素材性资源是课程的素材或来源，它是构成课程的因素，能内化为学生身心发展的素质，如知识、技能、经验、活动方式、情感态度和价值观等。条件性资源不构成课程的要素，只是为课程运作提供保障，决定着课程的实施范围和实施水平，间接制约课程的实际效果，如资金、时间、场地、媒介、设备、设施和环境等都属于条件性资源。

2. 根据来源的不同，可以划分为校内课程资源和校外课程资源

凡是学校范围之内的都是校内资源，包括校内的各种场所和设施，如图书馆、实验室、专用教室、信息中心等；校内人文资源如教师群体、师生关系、班级组织、学生团体、校纪校风等；还有与教育教学密切相关的各种活动，如实验实习、文艺演出、社团活动、体育比赛等。

超出学校范围的就是校外资源，主要包括家庭、社区乃至整个社会中各种可用于教育教学活动的设施和条件以及丰富的自然资源，社区的图书馆、科技馆、博物馆、纪念馆、工厂、农村、部队以及科研院所等都是宝贵的课程资源。学生家庭的图书、报刊、电脑、平板等也是不可忽视的课程资源。校内课程资源是实现课程目标，促进学生全面发展的，最基本、最便利的资源，课程资源的开发与利用首先要着眼于校内课程资源。校外课程资源可以弥补校内课程资源的不足，能为教师转变教育教学方式，但是没有校内课程资源的充分开发与利用，校外课程资源的开发与利用就成为奢谈。

3. 根据课程资源的性质差异，可以划分为自然课程资源和社会课程资源

我国幅员辽阔，山川秀美，物产多样，可以开发与利用的自然课程资源极为丰富。比如：生

物领域的动植物、微生物；地质地理领域的地形、地貌和地势；气象领域的天气、气候、季节；艺术领域的自然景观；生态领域的生物链等。

人们可以开发与利用的社会课程资源同样也是丰富多样，一些公共设施如图书馆、博物馆等无疑是重要的课程资源；道路的线条美、雕塑的造型美等也是课程资源；人类活动如经济活动、司法活动、军事活动、科技活动等也可以成为课程资源；价值观念、风俗习惯与教育教学活动有着直接的关系，也是不可或缺的课程资源。自然资源与社会资源有着明显的不同，前者的突出特点是“天然性”和“自发性”；后者则带有“人工性”和“自觉性”的特点。但是，它们都可以经过不同的开发，转变为可以利用的课程资源，服务于教育教学活动。

4. 根据呈现方式的不同，课程资源可分为文字资源、实物资源、活动资源和信息化资源

文字资源主要指书籍，书籍以文字形式记录着人类活动的信息，记录着人类的思想，蕴涵着人类智慧，保存着人类文化，延续着人类的文明，直到今天依然是最重要的课程资源。

实物资源具有多种形式，第一类是自然物质，如花草树木、动植物、矿石等；第二类是人类创造出来的物质，如生产工具、机械设备、服饰等；第三类是为教育教学活动专门制作的物品，如标本、教学仪器等。实物形式的课程资源具有直观、形象、具体的特点，是最常用的课程资源。

活动资源的内容非常广泛，包括教师的言语活动和体态语言、班级集体和学生社团的活动、各种集会和文艺演出、社会调查和实践活动以及师生交往等。充分开发与利用活动课程资源，活动资源有利于打破单一的课堂教学模式，使学生在掌握知识的过程中增进社会适应和社会交往能力，培养参与度，养成健全的人格。

以计算机网络为代表的信息化资源具有信息容量大、智能化、虚拟化、网络化的特点，起着延伸感官、扩大教育教学规模和提高教育教学效果的作用，是其他课程资源无法替代的。随着教育现代化进程的不断推进，信息化课程资源的开发与利用已势在必行，它将是最富有开发与利用前景的资源类型。

二、小学综合实践活动课程资源的开发

（一）课程资源开发的价值

课程资源具有丰富性、开放性，尤其是在小学综合实践活动课程中，课程资源开发具有多重价值。

1. 课程资源开发有利于学生的发展

学生发展将受益于大量丰富而具有开放性的课程资源；开发和利用课程资源，会加强课程内容与学生生活，以及现代社会和科技发展的联系，有利于学生对课程内容的理解，有利于学生的发展。课程资源开发有助于课程实施活动中真正的“儿童参与”，儿童可以运用各种课程资源参加各种活动，尽早地参与到与自己有关的社区发展的调查规划和建设之中，参与到学校的建设中；就可以去感知和体验人与环境的关系、个人与他人的关系以及个人与社会的关系；可以增强自己的角色意识，理解经济可持续发展、环境可持续发展和社会可持续发展的深刻内涵，让他们从小就学会用合理的方式利用当地资源，提高谋生能力；有助于转变学生的学习方式，实现学生角色的转换，在课程资源开发的过程当中，学生逐渐成为自主学习者、知识探究者、合作学习者和社会建设的积极参与者。

2. 课程资源的开发可促进教师专业成长

课程资源的开发对教师提出了新的专业能力要求，即课程开发的专业素养和能力。在课程开

发过程中，教师会面临新的教学观念、材料和策略的挑战，充当研究者的角色，研究学校、学生和材料，要研究课程理论、课程开发方法等，还要根据具体的教学目标开发与选择课程资源，充分挖掘各种资源的潜力和深层次价值。要站在整个课程结构的高度，成为课程资源的引导者、开发者。同时，也有助于教师知识结构的更新。可以说，教师进行课程资源开发的过程，也是教师自身专业发展的过程。

3. 课程资源的开发，有助于改变学校课程过于注重书本知识传授的倾向

传统的课程过分强调基础知识、基本技能的掌握，割裂了各个学科的关联性和综合性，限制了知识与生产生活的结合。课程资源的开发使综合实践活动的信息容量增大，进一步强化知识的实际应用，更有助于学生对知识的深刻理解与综合运用。

（二）小学综合实践活动课程资源开发的途径

《基础教育课程改革纲要（试行）》要求：积极开发并合理利用校内外各种课程资源。学校应充分发挥图书馆、实验室及各类教学设施和实践基地的作用；广泛利用校外的图书馆、博物馆、展览馆、科技馆、工厂、农村等各种社会资源以及丰富的自然资源；积极利用并开发信息化课程资源。随着新课改的逐步深入，只有充分重视开发课程资源，丰富课程内容，才能有效地发挥教师的潜能。课程资源开发的基本途径包括以下几个方面。

1. 开展社会调查

开展当代社会调查，不断地跟踪和预测社会需要的发展动向，以便确定有效参与社会生活和把握社会机遇应具备的知识、技能和素质。

2. 审查学生活动，总结和反思教学经验

审查学生在日常活动中以及为实现自己目标的过程中能够从中获益的各种课程资源，包括知识与技能、生活经验与教学经验、教与学的方式和方法、情感态度与价值观等方面的各种课程素材。

3. 开发实施条件

开发和利用课程实施的各种条件，包括图书馆、实验室和各种活动场馆、专用教室等的合理建设。由于各个学校在办学条件、师资水平、生源质量等方面存在着很大的差异，因此学校层面的课程资源开发与利用要根据本地区、本学校的实际情况，因地制宜地对本校课程资源进行开发与利用。

结合校本课程的建设进行课程资源的开发与利用是当前学校层面课程资源开发与利用最值得关注的途径。

4. 研究学生情况

研究一般青少年以及特定受教育学生的情况，以了解他们已经具备或尚需具备哪些知识、技能和素质，确定制订课程教学计划的基础。

5. 鉴别和利用校外资源

鉴别和利用校外资源，包括自然与人文环境，各种机构、各种生产和服务行业的专门人才等资源，使之成为学生学习和发展的财富。主要有以下两种方式：

①以利用为主，即利用现成的资源直接服务于教育，如图书馆、科技馆等；

②以挖掘为主，即挖掘出课程资源所隐含的教育价值，如社区内的人生价值取向、道德风尚、典型人物思想观念等，要善于将其转化为教育因素，运用于教育过程。

6. 建立课程资源管理数据库

建立课程资源管理数据库，拓宽校内外课程资源及其研究成果的分享渠道，实现资源共享，提高使用效率。

案例链接

深圳市南油小学：以资源整合为先导建构综合实践活动课程①

深圳南油小学秉承“以活动促发展”的理念，坚持学生、教师、家长共建综合实践课程，注重学生通过实践增强探究和创新意识，学习科学方法，发展综合素质。

一、建立资源系统，整体设计课程

综合实践活动课程开设之初，由于课程本身自主性强、实践性突出、开放程度高，加上没有具体的学习内容，要完成和实现课程目标困难重重，需要系统资源支持，包括环境资源（学校、家庭、社区和社会）、人力资源（专家、行业工作者、家长、教师、学生）、素材资源（主题活动资源包）和网络资源（互动平台、活动专题网站、网络写作）等。课程资源开发就成了综合实践活动课程实施的核心问题。而在课程资源中，人力资源却是重中之重。南油小学实施了以下三个步骤。

第一步：成立了以陈校长为组长的综合实践活动指导小组，成员包括大学教授、学科教研员、教师代表、学生代表、家长代表、社区居民代表。

第二步：设计了《南油小学家长参与学校教育教学及管理资源调查表》，对全校学生家长进行问卷调查，了解校内资源、家庭资源、社区资源，然后对学校现实条件进行分析。对学校教育资源、途径、方式进行重新审视，为创设问题情境、整体设计研究型课程奠定了基础。

第三步：对综合实践活动课程进行整体设计。一方面，注重人与自然、人与社会、人与自我三个维度的整合；另一方面，根据不同年级设计螺旋式课程组织方式。

基于学校“活动育人，绿色发展”的办学哲学，学校综合实践活动领导小组根据人本化、校本化、社区化、生活化的原则，决定采取大主题、长周期、重过程的策略，设计全校性的主题；各年级教师、家长委员会成员、学生代表根据学生的需要、动机、兴趣、直接经验和拥有的资源状况，从学生真实的生活世界中选取具有一定综合性、实践性、现实性的问题、事件、现象来设计课程目标、内容，确定具体活动主题。目前，南油小学综合实践活动所涉及的问题探究领域主要有自然探究、社会研究、生活学习三个方面的六大系列，即环境教育系列、生命教育系列、爱心行动系列、艺术教育系列、国际理解教育系列、休闲教育系列。

南油小学综合实践活动从一年级起就开始实施，随着年级的升高，研究内容的深度和广度也在加大。从各班确定的活动主题来看，普遍注重引导学生关注生活、关注现实，从现实生活中发现问题，提出活动主题，开发和利用广泛存在的课程资源。这些资源的重要价值在于为学生的发展提供了多种机会和途径。

二、鼓励自主探究，强化过程指导

综合实践活动作为一个特殊的课程领域，预先的规划设计非常必要。但随着活动的不断展开，新的目标不断产生，新的主题不断生成，学生的认识和体验不断加深，思维的火花不断迸发，新的课程资源便动态生成。要保障课程顺利实施，就要为学生营造实践情境，要通过引导，让学生自己发现问题、提出问题、解决问题。因此，教师要与学生一道参与并指导综合实践活动，其指导任务贯穿学生综合实践活动的全过程，包括对学生活动主题、项目或课题确定的指导，活动过程中的指导、总结和交流阶段的指导。同时，教师还是联结领导、家长、学生、行业工作者的纽带。

① 张巧云．深圳市南油小学：以资源整合为先导建构综合实践活动课程［J］．基础教育课程，2010（05）：26-28.

1. 课程准备阶段

充分发挥专家的引导作用。起初，综合实践活动这门实践性课程摆在南油小学教师们面前时，大家顾虑重重：主题怎么确定？时间怎么保证？安全如何保障？陈显平校长决定亲自担任综合实践活动指导小组组长；童玲副校长带头任教这门课程；学校召开行政会议，专题讨论课程计划；校长聘请深圳大学李臣之教授给全体教师做“如何开展综合实践活动”“有效开发综合实践活动课程资源”等专题报告，从专业角度进行方法引导。渐渐地，教师们的课程意识越来越鲜明，实施策略越来越有创意。经验丰富的年级组长纷纷召集家长委员会共同出谋划策，寻找可以利用的资源。家长们有的提出可以辅导学生组织活动或者开办讲座，有的愿意提供活动资金或车辆，有的可以提供实践场地，还有的愿意帮助学生编辑印刷文集等。有了家长的支持或参与，许多问题都得到了解决。

当各班初步确定活动主题后，学校又请来南山区综合实践活动学科教研员刘道溶老师，就如何确定适切的主题进行针对性的指导。老师们根据刘道溶老师提出的“选题要从问题出发，活动目标要具体”等意见，有针对性地修改、调整了其中一些选题。

例如，将四（1）班的“小手拉大手海洋环保调查与行动”改为“我为海豚寻找家”，将五（4）班的“垃圾分类调查”改为“校园垃圾箱的处理”。有了明确的主题，各班开始制订活动方案。制订方案时，突出学生主体，注重学科联动，利用优质资源，保证了活动效果。

例：南油小学一年级（2）班主题综合实践活动方案

主题：神奇的蝌蚪

青蛙是生活在学校植物园池塘里的小动物，每年到了繁殖期间，都会有许多小蝌蚪在池塘里游来游去，吸引了许多小学生观看。为了满足孩子们的好奇心，探索青蛙与蝌蚪的秘密，教师把学校植物园里的小池塘作为孩子们探访蝌蚪与青蛙秘密的基地，与学生们一起探访我们身边既熟悉又陌生的朋友——小蝌蚪一家。

家长资源与环境准备：

（1）利用家长资源，请家长协助收集各种关于蝌蚪、青蛙的资料和图片。组织亲子游戏：“小蝌蚪找妈妈”。

（2）利用社区资源，联系社会实践的场所（如四海公园、饲养基地等）进行观察。

（3）通过教室黑板报布置一些与蝌蚪和青蛙有关的图片及学生绘制的画和制作的手工艺品。

各科活动内容：

①品德与社会：《学校植物园观察》《了解青蛙的生活习性》，为学校的小池塘制作提示牌：爱护青蛙，不要捉蝌蚪。用红领巾广播电视台宣传保护青蛙。

②美术：观看美术片《小蝌蚪找妈妈》，绘画。

③语文：故事《小蝌蚪找妈妈》，看图讲述《青蛙的生长过程》，儿歌《小青蛙》。

④数学：《数青蛙》《10以内的加减法》。

⑤音乐：舞蹈《青蛙》。

⑥体育：游戏“青蛙捉害虫”“青蛙跳比赛”。

⑦英语：英文短剧《找妈妈》。

2. 活动实施阶段

让学生自主体验、合作探究、自我管理。在活动实施过程中，教师是核心组织者；家长是义务工作者；学生则始终处于主体地位：自己发现问题，自己设计方案，自己收集资料，自己解决问题。

例如，六（3）班同学开展的综合实践活动——“走进低碳生活”，同学们根据主题拟定了三个子课题：一是什么是低碳生活，二是为什么要提倡低碳生活，三是如何进行低碳生活。方案制订好后，同学们根据自己的兴趣爱好进行分组分工，并推选出小组长，由小组长带领大家开展活动。各小组结合自己感兴趣的子课题展开调研探究。司马驰骏带领他们小组从各学科教材中寻找契合点，如《品德与社会》中的《超载的地球》,《语文》中的《一个小村庄的故事》等，用于阐明低碳生活的重要性；张慧组织小组成员参与学校创建国际生态化校园的系列活动，以学校环境评审委员会委员的身份开展调查，从而为怎样进行低碳生活提供事实依据；陈沁瑶小组从观察社会生活入手，就人们的饮食、交通工具、生活习惯等进行调查。在合作探究过程中，小组的成员们经常在一起交流，并且选择好汇报形式，由小组长根据成果展示需要进行再次分工，如谁来导演，谁做课件，谁负责报告，谁负责主辩等。这样一来，课堂就成了孩子们自己的天地，每个人都对课堂充满了期待。成果发布会那天，一位老人的发言朴素感人：“我是六（3）班王祺同学的爷爷，已经60多岁了。今天六（3）班的这个活动，也给我上了堂走进低碳生活的课。如果我们从大人到孩子，从城市到农村，都大力普及这样的教育，将会有意想不到的效果。”

三、实施多元评价，形成课程文化

在综合实践活动这门特殊的课程中，学生与教师、家长共同作为课程的开发者、创造者和实施主体，依赖自己的智慧和创意，在交互过程中共同构建课程的内容，设计实施的方案，完成课程的评价。因此，评价主体、评价方式、评价标准都是多元的。评价重点放在学生的发展层次和发展水平上。教师、家长以学生已有的发展基础为标准，学生通过活动反思、成果交流等方式对自己和合作伙伴在学习过程中的体验、情感态度、价值观、综合能力等分别给予评价。为此，学校要求同学们为每一次的综合实践活动制作一本活动手册，记录大家的研究经历、心路历程、成长足迹，记录活动过程、活动方式、评价情况。渐渐地，学生又学会了成果表达的另一种方式——制作综合实践活动手册。后来，同学们把这种合作探究的学习方式移植到其他学科、社团活动甚至时事生活中，开展专题研究性学习，撰写专题研习报告。学生的自主学习能力不断增强，综合素质不断提高。正如三（1）班学生谢怡轩的妈妈所言：“通过综合实践活动，孩子们学会了运用已有知识解决问题的办法，懂得了知识的获取是多途径的，表达方式也是多元的。在活动中多人协作，取长补短，增强了友谊，是最大的收获。”

综合实践活动课程的构建，不仅改变了学生的学习方式，还改变了教师的教学方式。正如孙连春老师所说的：“综合实践活动是师生共同成长的过程。”

三、小学综合实践活动课程资源的利用

在新的课程与教学理念下，对课程资源及教育价值的充分利用需要有更为深远的眼界。在小学综合实践活动课程实施过程中，对课程资源的利用是极其重要的环节，课程资源的利用，不仅影响到课程目标的确定，也决定了课程内容的选择、课程实施的方式。在具体利用过程中，教师要秉持以下主要理念。

（一）教材不是唯一的课程资源

教材一直是我国学校教育的主要课程资源，以至于人们常常误以为教材就是唯一的课程资源，一提到开发和利用课程资源，就想到要订购教材，或者编写教材。但是从时代发展的要求来看，尽管教材直到现在依然是重要的课程资源，但它不是唯一的课程资源，而且其相对作用呈减弱的趋势。而在小学综合实践活动课程实施过程中，课程资源更要打破教材作为唯一课程资源的局限，合理构建课程资源的结构和功能，体现综合实践活动课程的特点，体现时代发展的多样化需求。

小学综合实践活动课程中，围绕综合实践活动中考察探究、社会服务、设计制作、职业体验等主题，充分利用家庭、社会和学校中存在的丰富资源，促进课程目标的实现。引导学生利用已有的知识与经验，主动地探索知识的发生与发展，以利于培养学生的创新精神和实践能力、收集和处理信息的能力、获取新知识的能力、分析和解决问题的能力以及交流与合作的能力，同时也应有利于教师创造性地开展教学活动。从学生的兴趣与经验出发，及时体现社会、经济、科技的发展，尝试以多样、有趣、富有探索性的素材展示教育内容，并且能够提出观察、实验、操作、调查、讨论的建议。现代信息技术的飞速发展和网络技术的广泛应用给学校教育带来了新的发展机遇，也使学校教育面临严峻的挑战。综合实践活动课程资源结构的重点在学校，学校成为课程资源开发的重要力量，网络资源异军突起。

（二）教师自身是重要的课程资源

教师是课程实施的先决条件，是学校中最重要和宝贵的课程资源。学校的场地、媒介、设施、设备、图书等资源，其价值具有相对的潜在性和被动性，价值能否发挥？发挥的程度如何？取决于使用者的意识和水平。教师作为这些资源的主要利用者，如果在教育教学中不加利用，其价值为零；利用不充分，其价值发挥就会极其有限；如利用不当，则还可能会有负面影响。优秀的教师不仅可以将教学生活化、活动化、灵活化，使自身的资源价值充分体现，甚至可以在自身以外的课程资源极其紧缺的情况下，“无中生有”“化腐朽为神奇”，实现课程资源价值的超水平发挥。

教师不仅决定课程资源的鉴别、开发、积累和利用，而且教师自身就是一种重要的资源。教师应该是课程的创造者。教师要以研究者的身份关注自己的教学实践，以批判反思的眼光进行课堂研究。因此，教师在某种意义上是作为课程创编者而发挥作用的。教师自身的生活体验、教师的文化素养和人格修养，都是重要的课程资源，潜移默化且深刻地影响着课程的实施和发展。在教育不断变革的今天，在小学综合实践活动课程的实施过程中，教师要指导学生开展相应的活动，要迎接信息时代迅速成长起来的学生，要适应多元社会中教育现代化的要求，教师就不仅仅是课程资源的旁观者和消费者，还应该是主动积极的开发者和利用者。

（三）合理有效利用学生经验

学生既是课程资源的消费者，又是课程资源的开发者。学生的经验是重要的课程资源。综合实践活动课程主张从知识向生活回归，这就要求课程必须从学生的经验出发，学生的经验是学生学习的起点和基础。首先是学生自身发展的要求。建构主义认为，学习在本质上是学习者主动建构心理表征的过程，是主体以已有的经验为基础，通过与外部世界的相互作用而主动建构新的理解、新的心理表征的过程。学生已经掌握的知识、技能水平、生活经历和体验是应该开发的课程资源，也是后续学习的基础条件和必要准备。其次，是活动顺利进行的需要。学生的经验是新的学习的起点，是学习之所以发生的中间环节，也是课程得以顺利实施的条件和中介。课程实施总是根据学生的认知能力和经验水平而进行的，脱离学生的认知能力和经验水平这一媒介，就不可能有成功的教学，可以说学生的经验是极其重要、不容忽视的课程资源。学生的兴趣是一种资源，兴趣是学习的动力。要想使学生获得成功，就要想办法将学生的兴趣与教学结合起来。要使学生乐有所获，老师便要善于寓教于乐，充分调动学生多方面的兴趣，激励学生自主探究，从而达到事半功倍的效果。

（四）充分挖掘家长资源的优势

目前，许多学校在综合实践活动的开展和管理方面遇到了一些挑战，其中最显著的问题是缺乏专业的指导教师。目前的综合实践活动指导教师一般由其他学科教师兼任。由于日常工作负担较大，没有相应的激励机制，兼职教师的积极性普遍不高。再加上综合实践活动对指导教师的要求很高，指导教师不仅要具备高度的责任感和教育素养，还要具备广博深厚的文化素养。因而，尽管有些指导教师希望全身心地推动综合实践活动，但也会感到实力不足。综合实践活动在实际操作中通常有两种形式，一种是作为课外活动，一种是课内学科课程的辅助和调整。在这个操作过程中，综合实践活动一直充当着学科课程的配角，失去了原本应有的生气和活力。其实，家长资源非常丰富，比如有的家长是工艺美术师，有的家长是粮食种植能手，有的家长是食品制作者。如果能让他们成为综合实践活动的兼职指导教师，那么综合实践活动的效果也必定会得到提高。可见，学校管理者必须注重开发校外教育资源，整合各种家长资源，拓展综合实践活动的空间，使综合实践活动真正符合师生的生活与经验、适应社会与现实的需求，进而促进学生更好地发展的课程。

拓展阅读

家长资源开发利用的方法①

1. 让家长了解综合实践活动

虽然大部分家长渴望孩子综合素质得到提高，希望孩子能学到知识、提高技能、培养能力，主观上支持和拥护学校的教育，愿意参与学校的一些活动。但客观上也有些家长由于不了解综合实践活动这门课程（如某些家长认为让孩子到大街、社区进行的“学雷锋”活动是浪费时间），结果无形中成为综合实践活动开展的“阻碍”。因此，开发利用家长资源的前提是让家长了解综合实践活动这门课程。

如何让家长了解综合实践活动这门课程呢？学校可以通过家长开放日开设综合实践活动的展示课，让家长近距离地接触老师的课堂教学，走进综合实践活动。还可以利用学校网站、家长会等途径对家长进行相关的普及性培训，使家长深入了解、感受这门课程的理念与目标，切实成为综合实践活动课程的支持者与拥护者。

2. 请家长参与综合实践活动

国家设置综合实践活动这门课程，主要是希望学生通过自主、合作、探究、亲身体验的实践学习，积累和丰富直接经验，培养创新精神、实践能力以及终身学习的能力等。作为学生家长，仅仅了解综合实践活动这门课程是远远不够的，还必须参与其中。

① 张卫星. 综合实践活动中家长资源的开发利用［J］. 教学与管理，2012（32）：24.

例如，在开展综合实践活动前常常需要学生准备不少材料，有时要上网查询、去图书馆查阅资料，有时要自费买些物品。因此，在开展综合实践活动前有必要请家长一起参与制订活动计划，使家长及时了解活动中需要的材料，积极帮助孩子准备。

又如，在开展综合实践活动过程中，有些家长会发现一些问题，教师可以与家长一起积极设计、改进学生的活动，一起解决这些问题。综合实践活动非常重视过程评价，在这方面，家长的评价更加及时、准确、有效。

再如，在综合实践活动结束后，可以通过学校网站、家长会、家长开放日等，将学生的作品予以展示，让家长们分享孩子的活动成果。此时，家长们会逐步意识到，综合实践活动对于一个孩子的健康、全面发展是多么的重要，以后就会更主动地投入其中，从而形成良性循环。

3. 聘请部分家长作为指导老师

综合实践活动涉及自然、科学、社会、人文等各个领域，指导老师即使知识再渊博也不可能做到事事通、样样精。而学生家长身处不同的岗位，他们所积累的专业知识、经验技能不同，在很多方面是教师不能企及的。因此，教师要充分尊重家长，鼓励家长参与到综合实践活动中，让他们切实体会到这门课的意义，那时他们就会和老师一起开发课程，并主动申请担任兼职指导老师。

要聘请到合适的家长担任指导老师，切实做好指导工作，首先要做好以下几件事：①做好家长资源的调查统计工作，了解家庭基本成员的工作单位、生活状况、特长爱好，是否愿意参与这门课程的教学、是否愿意让学生共享其才能等。②分析调查结果，建立家长资源库。③进行培训，使之做到有效指导。因为聘请到的家长虽然知识和生活经验丰富、能力强，但是他们不熟悉综合实践活动课程，更不了解如何指导学生开展活动，所以还需要对他们进行适当的培训指导。

总之，新课程改革会因综合实践活动这门课而变得更加美好，综合实践活动课也会因家长的参与而变得更加精彩。

思考·探究

1. 请谈谈考察探究活动的价值。
2. 请简述考察探究、社会服务、设计制作和职业体验四大活动领域之间的关系。
3. 请结合实际谈谈活动内容选择与组织的维度。
4. 请简述课程资源开发的主要途径。
5. 某老师准备开展一次“中秋月圆”的小学六年级综合实践活动，在课程设计和实施过程中，你认为他能开发和利用的资源有哪些？

第二篇

设计篇

第四章

小学综合实践活动设计的一般过程

学习目标

1. 知道综合实践活动课程设计准备阶段需要注意的关键内容，在设计前做好周密的准备工作。
2. 了解综合实践活动主题选择的基本原则和主要来源，科学确定活动主题和活动方案。
3. 了解小学综合实践活动课程设计的一般过程，学会撰写、修改和完善活动方案。

小学综合实践活动设计的一般过程可分为活动设计的准备、确立活动主题、制订活动方案三个阶段。首先，准备阶段的主要内容包括了解和研究学生，调查和整合课程资源以及教师自我提升三个方面。其次，确立活动主题阶段需要明确选题的基本原则，并能从“我与自己”“我与社会”“我与自然”三个维度确立课程主题来源。最后，在制订活动方案阶段需要充分而详细地掌握活动方案的基本结构、要求和应注意的问题。

第一节　小学综合实践活动设计的准备

要准备综合实践活动设计，首先要了解和研究学生的情况，然后进行调查和整合课程资源，同时还要进行教师自我提升。这些准备工作是综合实践活动设计的基础，也是成功的前提条件。

一、了解和研究学生

综合实践活动课程是一门实践性课程，通过教师的引导，学生能够自主进行综合性学习活动。这种课程以学生的经验为基础，与学生的生活和社会实际紧密相关，旨在促使学生综合运用所学知识。其价值体现在以下几个方面：首先是对学生的生存方式的关注、满足其成长和社会发展的需求；其次是学生的学习方式需要发生改变，发展终身学习的愿望、创新精神和综合实践能力；此外它还专注于学生生活领域，须紧密结合学生与生活、学生与社会之间的联系。一方面，学生在综合实践活动课程中扮演着主体角色，而其生活经验、知识基础和能力水平等因素影响着活动的水平和深度；另一方面，学生参与活动的方式会受到他们的兴趣爱好、个性特点和学习风格等的影响。设计小学综合实践活动时，需要重视准备工作，其中了解学生的情况是不可忽视的内容。在进行综合实践活动设计之前，教师应该对学生进行以下几个方面的了解和研究。

（一）了解学生的兴趣、需要和个性特点

设计综合实践活动时应考虑学生的兴趣爱好和发展需求。学生的发展是教育的核心目标，也是课程设计的基本指导原则。只有明确学生的需求和缺失，才能利用综合实践活动的设计来推动学生的成长。个性是一个人在特定的社会环境和教育影响下塑造的一种相对稳定的特征。了解每个学生的个性特点对教师来说非常重要，因为这能为实施分组探究和相互促进的设计提供坚实的基础。

（二）了解学生已有的生活与实践经验

综合实践活动课程是一种课程形态，它要求学生综合运用所学的知识。这门实践课程以学生的经验和生活为中心。学生的学习不仅仅是将知识从一个地方转移到另一个地方的简单行为，而是通过将知识与个人的日常直觉经验结合，主动参与建构新知识的过程。在开始综合实践活动的设计之前，教师需要借助与其他学科教师交谈、与学生家长交谈、观察学生在校行为以及引导学生主动回忆个人经验等方法，以了解学生已经具备的生活经验。了解学生以前参与的综合实践活动的选题、开展情况、活动方式、学生状态以及经验教训等，可为本次活动的设计提供参考和借鉴意义。

（三）了解学生的知识基础和知识结构

在教学活动策划之前，老师可以进行以下工作：①研究学生所使用的对应学科教材，并深入分析各个年级、各个学科的知识要点和知识层次；②测试学生的知识掌握情况，确定学生掌握的知

识范围及其内部化程度，并确定学生能够应用或熟练运用哪些基础知识；③和不同学科的老师交流，了解各学科的教学进展和学生的学习情况；④了解学生的知识储备和知识组织方式，将为设计学生“最近发展区”的综合实践活动课程提供支持，同时为综合运用和自主建构过程打下基础。

（四）了解学生的学习方式和特点

学习方式涵盖学生在教学活动中的参与方式，包括学生的行为参与、情感参与以及认知参与，是学习、认知和情感共同参与的综合体现。教师应当认识并了解学生在学习方式上的多样性、差异性和选择性，以便在综合实践活动中，帮助学生根据自己的学习方式进行灵活运用，并使他们能够充分发挥所学知识。综合实践活动在新的历史条件下显现出独特的时代意义和特点，更加强调培养学生的创新能力和实践能力，特别强调研究性学习在课程构成和实施过程中的独特作用。有研究指出，学生在被动听教师讲课时的学习效果最差，而积极参与其中的学习活动时，学习效果最佳。教师设计活动内容时，应充分考虑学生的学情，以实现学生之间多向的互动和合作学习。通过让学生亲身经历学习的具体过程，提高其学习质量。

拓展阅读

了解和研究学生的途径

了解学生的兴趣爱好和发展需要是开展综合实践活动的关键。可采用以下方式了解和研究学生。

（1）沟通与交流：与学生进行面对面的交流，倾听他们的想法、需求和期望。通过课堂讨论、小组活动等方式，鼓励学生分享自己的兴趣爱好。

（2）观察与记录：在课堂和课外活动中观察学生的行为和兴趣表现，记录他们的表现和反馈。这可以帮助教师发现学生的潜在兴趣和优势。

（3）问卷调查：设计一份关于学生兴趣爱好和发展需求的问卷，让学生填写。这可以帮助教师收集更全面的信息，以制定更符合学生需求的实践活动。

（4）家庭联系：与学生的家长保持联系，了解学生在家庭中的兴趣爱好和发展需求。家长可以提供宝贵的见解和建议，帮助教师更好地了解学生。

（5）学生自评：鼓励学生进行自我评估，了解自己的兴趣、优点和不足。这有助于学生更加清晰地认识自己，也能帮助教师为他们设计合适的实践活动。

（6）创造多样化的实践活动：组织丰富多样的实践活动，涵盖各个领域和主题。让学生在参与过程中发现自己感兴趣的领域，从而更好地满足他们的发展需求。

（7）反馈与调整：在实践活动进行过程中，及时收集学生的反馈意见，根据他们的需求和兴趣进行调整。这将有助于实践活动更加贴合学生的发展需求。

通过上述方法，教师可以更好地了解学生的兴趣爱好和发展需要，从而为他们设计更有针对性、更具吸引力的综合实践活动。

二、调查和整合课程资源

课程资源是指形成课程的要素来源及必要而直接的实施条件，调查和整合课程资源是构建课堂教学内容和实施教学活动的基本条件。

综合实践活动课程的实施需要从学生的真实生活和发展需求出发，进行探索实践。要打破传统课程材料和课堂的限制，让学生置身于一个多彩而不断变化的现实世界中。要提高综合实践活动的课程资源，教师需要将眼光投向生活和社会实践等不同领域，以获取有趣且有意义的现象，加以利用，让综合实践活动更加丰富多样，增添生命力。综合实践活动是一门集创新、联想、实践的新型课程，没有现成的教材和法则可以依赖，它的课程资源涵盖了学生生活、教师和社会等多方面的资源。为了提高综合实践活动的实效，需要整合、拓展和延伸多种课程资源，充分发挥资源的整体效能，有效扩大综合实践活动课程的应用范围。

（一）地方资源

利用地方资源优势是开发综合实践活动课程的最佳策略，因为地方资源是学生日常生活中接触到的，学生对此更感兴趣也更了解，因此更适合用于课程开展。综合实践活动课程通常充分利用当地特有的资源，如自然环境、文化背景、社会状况和经济条件，让学生亲身参与其中获得学习和成长的机会。通过学生参观当地的自然景区、自然保护区、森林、湖泊等，可以让他们领略到自然环境的美丽和重要性，并增长环保知识，培养他们对保护生态和环境的意识。学校可以组织学生参观历史遗迹、博物馆、艺术馆等文化资源，让学生了解所在地的历史、文化和艺术，从而提高他们的文化素养。利用社会资源，可以邀请社区工作人员、企事业单位、政府部门等组织的专业人员，为学生提供社会职业介绍、行业现状、法律法规等方面的帮助，以增进学生对社会现实的认识、培养他们的社会责任感和职业素养。通过参观当地的企业、工厂、农业基地等，学生可以了解到当地的经济发展情况以及产业特点，从而培养他们的经济意识和创新精神。这样的举措充分利用经济资源，为学生提供了实地观察和学习的机会。组织学生参观科技馆、实验室、企业研发中心等科技资源，让学生深入了解科技发展的最新动态，培养其科学精神和创新能力。利用这些地方资源，综合实践活动课程可以给学生创建一个丰富多样的学习环境，帮助他们在参与中培养观察、思考、实践和创造的能力，从而全面提高综合素质。

（二）校内资源

综合实践活动课程中，校内资源发挥着至关重要的作用。为了满足学生不断增长的学习需求，可以通过充分发掘和利用校内资源，并不断优化资源配置，更新教学设施来实现。学生在教师的指导下能够在教室和实验室这两个地方进行实验和研究等实践活动，这些场所提供了一个方便的实践操作环境。学生能够在图书馆和阅览室找到大量的书籍和期刊等资料，这些资源可以帮助他们搜集与实践活动相关的资料，并增加他们的知识储备。学校的文化和社团活动以各种方式培养学生的集体合作能力、组织协调能力和社会责任感，包括组织各类文艺演出、科技竞赛、体育比赛和志愿者活动等。教师扮演着学校内部非常重要的角色，他们是专业知识和教学经验丰富的人员，能够带领学生参与实际操作，提升学生的实践能力和综合素质。通过网络资源，学生可以充分利用信息技术的平台，进行在线学习、讨论和分享，从而开阔视野，提高信息素养。在教育和实践活动中，合作与交流以及资源共享，为学生提供更多的实践和学习机会。

（三）家长资源

家长资源可以为综合实践活动提供有力的补充，因为他们拥有不同的职业背景、多样化的兴趣爱好和丰富的人生经历，使得综合实践活动的内容变得更加丰富。家长资源可以很好地支持学生的兴趣和需求，在家里鼓励他们自主学习、实践和探索，培养他们独立学习的能力和创新思维。家庭可以通过共享资源，包括环境、物品和工具，为学生提供丰富的实践操作机会，例如在家中进行科学实验、手工制作和种植等活动。学校可以安排家长参与的实践活动，如亲子活动、家长讲座等，以增进家长对学生学习和生活情况的了解，共同促进学生的成长。最终，家长可以对学生的实践活动做出评价和回馈，帮助教师了解学生的学习情况和需求，进而推动教师改进教学课程，提高教育质量。

了解学生家庭成员、工作单位、生活情况以及兴趣爱好，并探究其参与学校活动和与学生分享才能的意愿，是调查家长资源的首要任务；其次，分析调查结果，建立家长资源数据库；最后，进行培训，使家长做到有效指导。

三、教师自我学习与提升

综合实践活动课相对于其他课堂教学而言，更注重培养学生自主、探究和合作的学习方式，以促进学生个性的发展。在整个学习活动中，教师扮演着学生学习的组织者和引导者的角色。在这种学习环境中，课堂不再注重教师的表演和展示能力，而更注重教师的指导、引领和组织能力。要想适应这种转变，教师需要在以下几个方面进行提升。

（一）有关理论知识和课程设计能力

在设计小学综合实践活动时，首先需要学习相关的综合实践活动课程理论知识。主要包括：了解综合实践活动课程的目的，理解综合实践活动课程的意义，掌握综合实践活动课程的教学原则、教学方法等知识。这为较好地进行小学综合实践活动设计提供了理论保障。

解决新课程意识的问题，学习并掌握综合实践活动课程的性质、特点，了解活动总体规划以及与方案设计相关的要求和知识、技能，这是设计的关键。如果在这方面没有准备好，设计将失去方向。秉承着亲力亲为的原则，教师应提前着手进行方案设计的示范准备，并且汲取已有的成功的设计经验，以此为基础进行创新和特色的培养。

（二）有关课程指导能力

综合实践活动课程的教师需要充当学生活动的组织者、参与者和促进者。教师在进行综合实践活动时，应该全程参与指导，了解并掌握各个阶段所需要进行指导的关键环节和方法。综合实践活动课程要求指导教师具备整合不同学科知识的能力，同时需要观察和研究学生的能力，以及指导学生规划、设计和实施活动的能力，还需要具备开发和利用课程资源的能力等。综合实践活动课程的内容是开放和广阔的，如果教师兴趣广泛、涉及面广，就能够胜任多个主题的活动设计和指导。

（三）有关资源开发

调查课程资源，教师要亲力亲为，更有效的方法是师生合作调查，教师要指导学生进行资料的搜集。在活动设计阶段，可以根据学生的实际情况和相关课程资源，通过结合实例来进行基础训练，以帮助学生掌握利用工具书和视听媒体、做笔记、进行访谈，以及整理和分类资料等技能。可以借助索引、文摘、百科全书等工具书，并结合实际训练学生的能力。教师对收集到的原始资料进行整理、归纳、分析和概括，寻找其中的规律，并应用这些规律来设计，以实现预期效果。

第二节 确立活动主题

恰当并有价值的选题是综合实践活动设计的核心环节。综合实践活动强调根据学生的真实生活和发展需求，以生活情境中的问题为切入点，在问题发生、探索和解决的过程中进行各项活动。

一、选题的基本原则

在选取小学综合实践活动选题时，需要遵循以下基本原则，以确保活动的有效性、安全性和吸引力。

（一）教育性原则

综合实践活动应具有明确的教育目标，以提高学生的综合素质、实践能力和创新能力为主要目标。选题应该有一定的教育价值，有助于学生在知识、技能、情感、价值观等方面的培养。在综合实践活动中，教师应该担任导师、协调者和推动者的角色，引导学生进行探索、实践和创新，关注学生的个性差异，给予适时的引导和帮助。应该注重对学生的过程性评价和形成性评价，关注他们在活动中的表现和进步，及时给予反馈和建议，以帮助他们提高自我认知和自我发展的能力。

（二）自主性原则

尊重学生的兴趣和爱好，并为他们提供广阔的发挥空间，是指在综合实践活动中要充分尊重学生的自主性。让他们自行决定学习目标、学习内容及学习方式，并自主决定成果展示的方式。活动的主题应充分考虑儿童的身心发展，保持新颖、富有启发、有趣和实践性，让学生们感到自由、平等和放松，并且具备一定的挑战和可接受程度。同时也体现教育的核心理念。

在尊重学生的兴趣和爱好的基础上，选择活动的主题必须与学生的实际情况相匹配。要解决学生的实际问题，首先要考虑学生的年龄差异，因为不同年龄的学生思维发展水平不同。小学低、中年级的学生更注重具体形象思维，因此在选择活动主题时需要选择生动、具体的主题。而小学高年级的学生的逻辑思维已有一定的发展，能够思考各种自然现象和生活实际，并表达自己的观点和看法，所以此时可以选择一些综合性较强的主题。接下来要考虑的是经验和知识。学习是一个逐步建立知识体系的过程，因此即使综合实践活动不像学科课程那样着重于基础知识和基本技能的掌握，但它仍然需要必要的知识和经验为前提。在选择主题的时候，应该考虑到学生的知识和经验水平，并选择适合他们能力的主题。学生如若知识经验欠缺，应顾虑到补充办法。

（三）综合性原则

综合性原则强调课程设计和实施过程中重视培养学生的综合素质和能力，而不仅仅注重单一的知识和技能。该原则强调课程内容的跨学科性、过程性和实践性，目的是鼓励学生在真实的生活情境中进行全面深入的学习和探索。综合实践活动的综合性原则可以从以下几个方面来理解：①综合实践活动具备跨学科性，注重各学科之间的联系和交叉，激励学生从多个学科的角度进行问题的分析和解决。跨学科的学习方法能够帮助学生拓宽视野，增强其解决问题的能力。②综合实践活动强调学生的主动思考和实践能力，使学生在学习过程中能够体验和参与其中。这一准则对学生的创新能力、批判性思维和问题解决能力的培养是有益的。③综合实践活动最终的评价要综合考虑，需要采用多种评价方法，注重学生在知识、技能、态度和价值观等各个方面的全面发展。综合性评价对学生的学习兴趣和学习效果有促进作用。理解综合实践活动的综合性原则，需要注重跨学科性、过程性和综合性评价等方面，以培养具有综合素质和创新能力的未来人才。

（四）生活化原则

小学生所选课题应与他们身边的事物和生活中发生的事件有关，而不是与他们的生活和事件毫不相关。只有关注学生的生活，给予他们更多机会去参与、体验甚至创造，让他们享受探索的快乐、活动的乐趣、服务的充实，才能使他们具备和加强社会责任感。主题活动需根据《指导纲要》的基本要求，将综合实践活动的内容和方式明确化。因此，主题活动必须具有综合实践活动的本质特点，即回归日常生活、基于实际情况、注重创新思维、展现开放态度。教师应该根据综合实践活动课程的理念和目标，充分考虑学生的真实生活和发展需求来选择选题，使学生有机会结合主题进行各种实践活动，培养他们发现、分析和解决问题的能力，感受和体验生活，并提升他们的实践创新能力。

（五）创新性原则

在选择课程主题时，应该根据学生自身的成长需求，精选那些对学生综合素质发展有价值且有意义的内容的同时注重创新。在选题过程中，教师要引导学生从日常学习生活、社会生活或与大自然的接触中发现、提出未解决的问题，并且采用区别于他人的探究方法和活动方式。当然，小学生选题时可能更多选择别人已选过的或做过的主题，但是注意选题时应有自己的特点，有新的视角，力求对自己或对他人已有认识或方法有新的突破。

二、小学综合实践活动主题的来源

综合实践活动主题有很多，按组织线索，可以从“我与自己”“我与社会”“我与自然”三个维度确立课程主题。

儿童所面对的首要是他们自己的生活，学生在生活方面的选题主要是引导他们反思、了解和发展自己，以研究现实生活中的问题和困惑，分析问题的起因，并探索解决问题的方法，培养他们负责任的生活态度，让学生积极健康地成长，如日常活动、学习、交往、休闲等。学生应以自然为主题进行研究，以深入了解和探索自然，感受自然的美好，并对身边的自然资源、生态环境和能源利用等问题进行研究。社会领域的选题主要鼓励学生关注和研究当前热点社会问题，例如可以选择调查超市或者研究气候变化等话题。老师可以在确定主题的课堂上指导学生提出他们感兴趣的问题，或者提供多个参考主题供学生选择。因此，“从生活中收集问题，从学科教学中拓展问题，学生自主选择活动主题”成为小学综合实践活动主题选取的主要方式。

实际上，儿童的生活、自然和社会三者之间存在着密切的关联和不可分割的联系，在综合实践活动中，活动主题往往源于这三者之间的交叉地带。例如：反映儿童生活的主题“电玩与小学生零花钱的使用”，同时也是一个社会经济的问题；反映社会问题的小区社会治安、交通安全、环境保护、文化建设等方面的主题，往往与小学生自身的生活密切相关，这些主题更是与儿童生活、社会、自然三个领域都存在密切的联系。

拓展阅读

小学综合实践活动的主题来源

小学综合实践活动的主题来源有很多，以下是一些建议：

（1）学校课程：从学校现有的课程中选取主题，如数学、科学、语言、历史、地理、艺术等，使学生能够将所学知识应用于实际问题中。

（2）学生兴趣：根据学生的兴趣和喜好，设计他们感兴趣的实践活动，如手工制作、运动、音乐、绘画等。

（3）当地文化：结合当地的历史、地理、风土人情等，开展具有地方特色的实践活动，使学生更好地了解自己的家乡。

（4）社会热点：关注社会热点问题，如环境保护、健康生活、公益活动等，引导学生关注社会，培养社会责任感。

（5）节日庆典：结合传统节日和庆典，开展相关实践活动，如中秋节制作月饼、春节剪纸等。

（6）家庭生活：从家庭生活中选取主题，如饮食文化、家务劳动、亲情沟通等，使学生学会自理和关爱家人。

（7）自然环境：充分利用自然资源，开展与自然环境相关的实践活动，如观察动植物、野外求生、户外运动等。

（8）科技创新：鼓励学生发挥创新精神，开展科技创新实践活动，如编程、机器人制作、3D打印等。

（9）社区服务：组织学生参加社区服务活动，如敬老院探访、义务劳动、公益宣传等，培养学生服务社会的意识。

综合实践活动的主题来源丰富多样，教师可以根据实际情况和需求，灵活选取和设计合适的主题。

第三节　制订活动方案

教师在开展主题综合实践活动之前，需要规划一个简明扼要的活动方案，确保包含基本要素和重点要求。综合实践活动课程设计方案是对特定主题活动的目标、内容、方式、步骤、教师指导重点、实施要点和评价建议等进行详细设定，形成一个具体的总方案，以便实施综合实践活动。教师设计综合实践活动课程“主题活动”的方案，目的是通过预设增强教师指导的计划性，以更好、更有效地生成课程，并确保每个活动环节和每节课都能得以规范、有效地实施。按照“预设、生成、动态、适应”的原则设计和完善方案。

一、活动方案的基本结构及要求

一般来说，一个主题活动的教学设计方案应包含以下基本要素：活动基本信息、活动背景、设计思路、活动目标、活动方式及方法、活动准备、活动过程、活动总结交流及评价、活动拓展等。

（一）活动基本信息

1. 主题活动名称

主题是某个活动的名字，要求高度概括活动的内容，既能传递综合实践活动某一活动或项目的主要信息，又能吸引读者。综合实践活动主题的题目应该明确、具体、准确，确切地反映活动主题的内容、范围以及研究的深度，尤其关键词的选用要准确适当，切不可含糊不清。

主题表述要求具体反映活动的基本类型，例如“学习兴趣调查”。综合实践活动的主题表述应明确直接，清楚地阐明活动研究的问题和内容。要求在确定标题时要改变正常的语序，用短语形式来表达，如“小学生压岁钱使用的探究”。此外，需要在文字表达中与学生生活接近，在语言方式上既不要过于口语化，又不要过于生硬和书面化。

2. 活动设计者与指导者

活动设计者是负责主题活动的主要策划者，可以是个别教师，也可以是一支教师团队。将设计者的身份标明可以明确责任，同时也能明确知识产权或开发版权，这是对教师创造性劳动的一种保护措施。由于开发成果可以进行共享，有时候实施者和开发者不是同一人，标明设计者可以有助于实施者与开发者之间的沟通。

指导教师团队是负责实施活动任务的教师团队。根据主题活动的要求，教师可能需要与一个教师团队合作来共同实施，因为许多主题活动的指导任务超出了单个教师的能力范围。明确教师指导团队，有助于团队的形成和成员明确任务，有助于活动的顺利执行。

3. 活动时间与地点

活动的时长是指从活动开始到活动结束所经过的时间。活动的时长可以分为两个部分，一个是整个活动的总时长，另一个是针对具体活动环节安排的大概的课时数量。当前的教学管理体制要求在设计课程时需要考虑到总时长，以及具体的课外活动时长和课内活动时长。这种时长的设计有利于学校的管理和对活动进行整体规划。另外在方案中，也需要对活动地点的确定和变换进行规划和记录。

（二）活动背景

活动背景是为了给整个活动的设计提供背景依据，对活动的发起、目的和意义进行阐述。活动设计应该包含综合实践活动的背景介绍、选择活动主题的原因，以及对主题活动的必要性进行详细说明和分析。通过对学生学情的分析，可以得出活动开展对学生的发展具有价值和意义。撰写活动背景时，必须清楚地提出活动的主题，以表现出与时俱进的特点，同时针对性强，对问题进行分析，语言简洁明了，逻辑严密。例如，案例“自我保护我能行”的活动背景，首先根据小学生安全教育问题的现状，说明安全自护问题的重要性和紧迫性，即回答为什么要选择这样一个主题；进而简要分析此主题活动的内在意义和价值，即培养学生的安全意识，提高自救自护能力，把安全教育解决在事故发生之前，并在安全探究活动中成长，懂得如何认识生命、欣赏生命、尊重生命、珍惜生命。

（三）设计思路

设计思路是指对活动的整体设计、实施和优化过程进行思考和规划。活动策划者会简要介绍活动设计的思路和策略，展示活动进行中所采用的方法与手段，以及活动所要达到的最终效果。撰写设计思路时，要明确目标，分析现实状况，并展示创新思维，确保结构清晰且逻辑严谨，具有操作性、简洁明了，并具有一定的适应性。

（四）活动目标

明确活动目标是指主题活动中学生通过活动所能达到的能力，它是综合实践活动设计的一个关键部分。活动目标应该明确，通过活动的开展，学生应该在知识与技能、过程与方法、情感态度与价值观引起一些变化、期望和要求。此外，还可包括促进学生自主学习能力，培养学生自主学习意识的措施，如设定自主学习目标，鼓励学生主动参与和探索。促使学生在多个学科之间学习并发展他们的综合素养和能力，从而拓宽他们的知识视野，并达到跨学科学习的目标。通过设置多维度的活动目标，可以有效提升学生的综合素质，进而为他们未来的发展打下坚实的基础。

主题活动的目标是将学校综合实践课程的总目标具体分解、细化并转化为可操作的步骤，通过计划和实施，实现学校综合实践课程的总目标。可以用综合目标的方式或按照主题活动的主要任务分项来进行陈述。确定活动主题后，对活动计划实施的各个阶段、具体活动以及不同类型的活动都有明确的目标制定要求。

1. 各阶段目标的表述

各阶段目标是学生在参加某个阶段的活动时需要达到的要求，比如选题阶段和实施阶段的活动目标。综合实践活动是师生双方在活动中逐步建构生成的课程，通过各个阶段的展开和学生体验与认识的深化，活动的目标也会不断生成。因此，不同的活动阶段必须考虑设定不同的目标。

2. 一次具体活动目标的表述

一次具体活动目标是指学生参加一次特定活动时应达到的要求。一个具体的活动是主题活动最基本的组成部分，它可以是课堂内的一次教学活动，也可以是一次课外的实践活动。一次具体活动的目标是将主题活动的总目标和阶段性目标分解和细化，以使设计更具体、更有针对性、更易操作。

（五）活动方式与方法

综合实践活动强调多种活动方式和方法的使用。按照组织形式来看，活动方式可以分为个人、小组和班级集体等不同规模的活动；而从内容形式来看，又包括实验、研讨、参观、考察等多种不同的活动形式。对于活动方法的分类包括观察、问卷、访谈、科学实验、合作学习以及案例分析法等。选择活动方式和方法时，需要保持较高的开放度和时代性，打破学科范畴的限制，进行综合性的设计。运用多种学习方式来设计不同的活动实施方式，从而发挥每种方式在教育中的作用，实现综合实践活动的整合功能。

（六）活动准备

综合实践活动的开展需要教师和学生在活动开始前进行充分且细致的准备。这包括了在物质、心理、组织以及时空等方面的准备。物质准备工作涵盖了资料信息、活动材料、设备场地等方面。心理准备需要创造一个适宜的环境，激发学生对于主题活动的浓厚兴趣和积极参与的态度等。组织准备是指对活动的具体安排和准备工作，包括内部活动分组的安排、明确各分组的工作职责，以及积极与校外相关人员进行联系和沟通，争取社会力量的支持等。时空准备是指在计划活动进行前，需要确保具体事项如时间、地点等已经准备就绪，并提前通知相关人员。当然，相关的知识和经验的准备对于活动的开展也是非常重要的。

方案中的活动准备是指开展活动所需的资源准备。所需资源包括文献、档案、课外读物、音频、视频资料等，还包括超文本式资源的准备，如学校现有场地的利用、校外实践基地、社区、名胜古迹等的开发，以及人力资源的利用和学校内部教师以及校外热心参与活动人员的准备。在进行活动时，必须事先对所需物资材料和经费进行分类分项估算，明确需要多少，并据此做准备。如条件允许，尽量和本校课程资源结合起来考虑，坚持低成本、本土化原则。

（七）活动过程

活动过程是综合实践活动设计中最为重要的内容。活动过程包括活动实施的阶段（环节）、学生活动内容、活动方式及教师指导等内容。

1. 活动阶段（环节）的划分

将活动划分为几个相互联系、各有侧重的阶段（环节）。一般情况下，一次主题活动分为4~6个大的活动阶段比较适宜，不宜过多。

2. 阶段目标、活动内容与活动方式的确定

根据活动规模和活动周期的大小，大的活动可以根据活动目标确定阶段性目标、活动内容和活动方式。

3. 活动过程指导

教师在活动中应根据学生提出的问题提供相应的指导，以促进活动的顺利进行。教师指导可以包括对学生的合作学习、人际交往以及资源利用方面的指导；对学生活动的各种方法的指导；对学生活动动机与热情的进一步激发，以维持活动的持续发展，促进活动的深化；指导学生搜集活动资料和记录活动过程，以供活动总结和评价时参考和利用；针对学生活动中遇到的困难和生成的新问题给予必要的引导与帮助等。

（八）活动总结交流及评价

综合实践活动总结交流包含对活动结果的展示与汇报，以及对活动感受的总结与交流。在总结过程中，每组应履行以下职责。

1. 信息整理和分类

各组整理归类本组成员通过不同渠道收集的资料，包括文字资料、图片资料、访谈记录整理和录音录像资料。

2. 归纳活动成果

每个小组都要总结归纳他们的活动成果，可以通过调查报告、研究报告、研究论文、心得体会、活动感想、活动日记、活动资料整理与摘抄、访谈实录等不同的形式来展示。

3. 分享交流

成果介绍是交流活动成果的常用方式。在一般情况下，小组成员会向全班同学汇报他们小组的活动成果，详细介绍活动的过程、收获以及自己的体会，并回答同学们提出的问题或质疑，还会展开一场讨论。这是对学生活动成果的审查，也是对其他同学的促进。

4. 成果展示

成果展示范围可以包括班级内展示，也可以覆盖整个学校，甚至走出校门，到社区展示成果。总之，一切从实际出发，从需要出发。学生活动结果的展示交流和活动感受的总结交流有很多种方式和内容。交流中可以使用各种类型的材料：文本材料，如调查报告、活动记录、活动日志、活动论文等；影像资料，如照片、录音、录像等；作品资料，如诗歌、绘画、乐曲等；实物资料，如制作的标本、模型等。

综合实践活动的评价是活动过程中不可或缺的一部分，它是实现活动目标的有效手段和保障措施，贯穿于整个活动过程。评价可以分为学生自评、同学评价、小组评价和教师评价，如果有其他人参加活动，则需要考虑他们的评价意见。综合实践活动中的评价主要是对学生评价，

用于评估他们在活动中获得的知识技能和实现活动目标的情况。各学校和教师应设计与实施综合实践活动评价，旨在促进学生综合素质持续发展。评价应遵循定向、引导、客观和公正等原则。

（九）活动拓展

根据活动的过程和要求，可以在活动结束阶段设计一些扩展活动，进一步增强活动效果，使活动达到更高水平或涉及更多领域，同时为下一个主题活动的展开打下基础，从而充分展示综合实践活动课程的开放性和整合性的特点。

案例链接

“家乡的粉条”活动方案①

活动基本信息					
课题	家乡的粉条				
学科	综合实践活动	学段	高段	年级	五年级

活动设计参与人员			
	姓名	单位	联系方式
设计者	张雪明	平谷区南独乐河中心小学	
实施者	张雪明	平谷区南独乐河中心小学	
指导者	张云霞	平谷区教育研修中心	
课件制作者	张雪明	平谷区南独乐河中心小学	
其他参与者			

指导思想与理论依据

《北京市基础教育课程改革实验工程实施方案》中指出，教育改革首先是课程改革，学校要全面推进素质教育，就必须抓好课程整体的优化，特别是在科学实施全国课程的前提下，合理利用社会资源、学校资源，开发与实施适合学生需要和发展的、体现学校特色的校本课程。学校在执行国家和地方课程的同时，根据当地社会、经济发展的具体情况，结合本校的传统和优势、学生的兴趣和需要，利用学校周边独特的教育资源开发或选用适合本校的课程。根据上述理念的支持，本次校本课程设计围绕《我热恋的故乡》下“家乡的粉条”这一主题活动进行设计。

① 黑岚．小学综合实践活动课程的设计、实施与评价［M］．北京：清华大学出版社，2020：39.

续表

活动背景分析

教学内容分析：“家乡的粉条”这一活动主题，是基于校本课程《我热恋的故乡》板块下的一个主题活动。包括：①粉条的前世：初探身世；伴随成长；收获红薯。②粉条的今生：探秘红薯粉；红薯粉推介会。南独乐河中心小学地处农村，每年家家户户都会在地里种红薯，秋后收获之时还有一部分家庭漏红薯粉，初冬漏粉这一壮观景象已成为孩子们常见的现象，研究起来非常便利。再有，粉条是我们生活中经常食用的一种食品，而手工粉条这一绿色环保的食品，随着现在人们生活水平的提高、对食品安全意识的提高越来越受欢迎，具有研究价值。漏粉这一传统技术蕴含很多科学知识，体现工匠精神，学生在这些方面认识体验得还不够，所以，开展这样的主题活动对帮助学生提升问题解决的能力、发展核心素养有重要的意义。

学生情况分析：农村的孩子羡慕城里人的生活，对身边的劳动人民没有产生深刻的崇敬之情，对家乡的传统食品没有给予关注，没有由此产生对家乡的热爱之情。在问题解决方面学校五年级的学生能够初步制订调查计划，运用访谈、观察等方法进行实践活动，但是，对于访谈这一常用的基本调查方法，设计切实可行的访谈提纲还需要教师的详细指导。在展示汇报活动中真实地表达自己的活动感受和收获还存在着一定的困难。学生在实践研究中的责任担当还不够，遇事有推卸和拖沓的现象。

教学方式：考察探究、设计制作、职业体验。

重点与难点分析：学生在亲身参与粉条的制作过程中，初步感受制作粉条是一项技术活，是劳动人民智慧的结晶，为手艺人的工匠精神感到自豪，产生服务家乡的意识是本次活动的重点。根据学生的实际情况，难点是学生要围绕粉条的制作、发展设计好访谈问题，做有效的采访，解决实际研究的问题。

活动目标

活动目标：

（1）通过亲身参与制作粉条的过程，体会劳动人民劳作的辛苦，由此产生热爱家乡的自豪感。

（2）学生能在情境中提出自己感兴趣的问题，转化成研究主题，制订适合的研究方案，小组合作解决研究问题，做好写实记录，整理好研究成果，初步进行多种形式的展示交流。

（3）在考察探究活动中，学生能初步运用访谈的方法主动采访老艺人，走进集市进行社会调查，了解红薯粉的销售情况等运用多种研究方法解决实际问题。

（4）学生通过课下实践体验“洗粉”的活动，经历职业体验，感受劳动人民的辛苦，进而形成尊重职业的观念。

教学过程

教学环节	时间（分钟）	教师活动	学生活动	设计意图
一、回顾研究主题，兴趣导入	3	谈话：同学们对“家乡的粉条”这一主题活动的参与热情很高，观看活动时的场景（PPT出示学生参与活动的照片），老师相信通过大家的努力调查和积极参与，大家一定会有很大收获，今天我们就来展示一下自己的劳动成果和活动体会	学生回忆参与活动的场景	通过回顾研究主题，明确各小组的研究任务。出示他们采访、调查、参与活动时的照片，提高学生的参与兴趣

续表

教学过程				
二、初步汇报，指导内容	8	1. 谈话：汇报前老师要温馨提示，出示汇报要求和倾听要求 （1）汇报要求： ①小组合作，显身手 ②各有分工，来汇报 ③声音洪亮，互交流 ④语言简洁，又流畅 （2）倾听要求： ①认真倾听，谈收获 ②找出不足，提建议 2. 教师指导学生回忆调查时遇到的问题及解决方法 ①在调查过程中你们用的是什么调查方法 ②整个过程中，你们遇到了什么困难？困难解决了吗？怎么解决的？发生了什么故事 ③你们的心情是怎么样的 3. 教师巡视指导 （1）汇报粉条价格的小组：同学们能够说出手工粉条的价格比机器粉条的价格高很多，售卖情况不是很好，农民伯伯制作粉条很不容易，如果能够给他们想到销售的方法就好了 指导策略：机器粉条比手工粉条的销售情况好很多，机器粉条销售情况好的原因是什么？农民伯伯的手工粉条有哪些优势？我们可以为农民伯伯做一次营销计划吗 （2）粉条制作调查：通过体验感受到制作粉条的不容易，以及制作粉条是一项技术活，制作粉条的每一个步骤都是有技巧的 指导策略：在调查采访和学习漏粉的步骤时，有没有发现技巧或者想到好的方法？发现这些技巧和方法后你们有什么感受和想法？亲手参与制作的时候你们是什么感受和心情 （3）粉条的种类：学生汇报时可以结合实物进行汇报，让同学们摸一摸、看一看不同种类的粉条。说说调查的时候是否遇到了困难，有什么感受 指导策略：如果学生想不到，或说不出来，教师指导的时候再向学生提出这几个问题 （4）采访手工艺人：了解手工艺人制作红薯粉的初衷，他们工作时的辛苦和安全问题 指导策略：想想手工艺人爷爷如果没有收徒弟，那么这项手工技术会不会在很多年以后就会失传呢？你们有什么样的想法？心情是怎么样的 （5）鉴别真假红薯粉：用“望”“闻”“煮”的方法来辨别真假红薯粉，用实验的方法验证后，你想对同学们说些什么呢 指导策略：通过上网调查和访问家长，你们知道了辨别红薯粉的方法，那么假的红薯粉对我们的身体有什么危害吗？你们的想法是怎么样的？想对大家说些什么	每个小组依次进行汇报，汇报完请同学们进行评价，提出优点、建议或不足 小组学生回想，讨论	指导、总结学生在调查过程中发现的问题，以及解决问题的方法和活动的感受，培养学生解决问题的意识和能力，逐步渗透在活动中的价值体认 意图：通过指导和交流，使学生能够更深入地思考和总结活动中的感受和体会，逐渐形成内心的价值体认

续表

教学过程				
三、深入修改、汇报展示	25	谈话：通过刚才小组成员的讨论，老师知道同学们都完善了原有的汇报内容，特别是添加了小组的感受，下面我们就到了正式汇报的环节，哪个小组愿意先来呢 谈话：刚才我们已经提出了汇报和倾听的要求，在汇报前我们再来看一看汇报后我们应该从哪些方面来评价汇报同学的表现吧	1. 出示汇报评价标准 2. 分组汇报，互动交流，互相评价	
四、活动小结	3	通过今天的活动，你们有哪些收获与体会？和同学们交流一下感受吧	师生交流活动感受	
五、活动延伸	1	小结：通过今天的活动，大家的感触颇深！老师也在同学们的汇报中学到了很多知识，收获了感动。同学们，农民伯伯亲手制作的粉条既好吃又营养，但是他们的销量出现了问题，我们能不能为农民伯伯销售粉条想想办法呢？老师提议下节课我们为农民伯伯的粉条销售做一次营销策划好不好		通过教师的引导，引起学生的共鸣，为下一阶段的活动延伸做好铺垫
板书设计		家乡的粉条 活动前→谈收获 活动中→露真情 活动后→讲感受		

活动评价

项目	自评	小组评	教师评	综合评价
1. 积极选择、确定主题和子主题				
2. 探究的主题比较稳定				
3. 对自己的主题一直感兴趣				
4. 认真完成小组分配给自己的工作				
5. 能够与同学合作，关心、帮助同学				
6. 积极参加课堂各项活动				
7. 善于发现问题，提出问题				
8. 积极想办法解决困难和问题				
9. 展示课上的表现				
10. 运用查阅资料、观察、种植、讨论、上网等多种方法学习和探究				
11. 建立了成长记录袋，并保存完好				

续表

教学过程				
12. 收集两篇以上相关资料（包括阅读笔记、观察记录等）				
13. 小论文、心得体会的完成情况				
签名				

说明：每一个项目都设有A—优、B—良、C—合格、D—必须努力四个等级。

二、活动方案设计应注意的问题

关于活动方案设计，前面已经讲述了基本结构和一般要求，此外还有以下几个值得注意的问题。

（一）从学生的心理需求出发，结合学生年龄特点，体现“最近发展区”的要求

心理学研究发现，每个儿童都有与同龄人一起活动的需求，都有徒手或使用工具折折弄弄的建设动机，都有对新鲜事物的好奇引起的探索欲望以及渴望自我表现的表演动机。关于儿童的心理需求，如果教师能设计符合他们喜好的综合实践活动，无疑具有更好的教育效果。如何设计适合不同年龄段儿童的活动项目，要考虑到他们的动机水平和知识水平不同。教师要研究不同年龄段的孩子的心理特点和认知水平，并根据他们的实际情况来设计活动。例如，小学学生的观察能力的发展具有一定的阶段性，低年级学生大都处于认识“空间联系”的阶段，中年级学生大部分进入“因果联系”阶段，到了高年级才进入“对象总体”阶段；儿童的注意随着年龄增长，有意注意不断代替无意注意；到高年级有意注意逐渐占据主导地位，与此同时，对抽象材料的注意逐步得到发展。

为了设计儿童活动项目，低年级活动应将制作、游戏和表演有机结合，并逐渐增加研究问题的难度。具体单个项目的活动时间也不宜过长。随着孩子们逐渐长大，逐步引入观察和思考的课程活动，可以引导他们通过参与活动来进行探究式学习。当然，这里只是提供一些考虑问题的方法，实际操作需要进行详细分析。通过对小学生这个群体的研究，并结合最新的理论发展，教师可以引导他们从现有的水平上迈向更高的水平，在认知、能力和情感方面实现进一步的发展。这种发展可以形成一种逐步提升的阶梯，使他们在多个方面实现跃升。

（二）活动设计要体现教育目的的精神，又要具有易操作、可达到的具体目标的特点

在综合实践活动中，应该遵循党的教育方针，全面推动学生的发展。在活动中，教师需要从德、智、体、美、劳全面考虑，找到适合的方式来促进学生的全面发展。尽管促进学生的全面发展是对综合实践活动整体的要求，但并不表示每一项具体活动都必须“全面”。如果在具体活动设计时过于全面，试图通过一个活动达到所有目标，那么实际上很难实现理想的设计，教育效果也不会如人所愿。需要克服活动设计主题必须大，活动周期必须长，并且确保每个活动都形成一个系列的偏向。当然，在有较强的软硬件条件下，也可能会获得较好的教育效果。对于小学生，尤其是中低年级的学生，教师应当鼓励他们遵循“课题要小、切入要巧、立意要高、开掘要深、效果要好”的“五要”原则。将培养目标分解，选择学生可望可及的“最近发展区”作为切入

点，在具体活动中提出具有挑战性和激励性的问题，采用多种形式和方法来开展活动。为了培养小学生的交际和沟通能力，可以创设不同的情境来组织学生进行采访、咨询，独立或与他人合作对特定对象进行调查。还可以组织专题会议，让学生汇报和交流他们的心得和体会。每一个活动的设计都需要明确具体的要求，并且让每一个活动参与者能够尽可能地获取到可以体验和感受的收获。

（三）活动设计要注意内容丰富多样，体现跨学科整合的特点

为了激发学生的兴趣和参与热情，小学综合实践活动设计需要涵盖丰富多样的活动内容，如科学、技术、工程、艺术、体育、语言、社会等多个领域。以下是一些具体建议。

（1）生活化主题：选取与学生生活密切相关的主题，如环保、健康、安全、礼仪等，让学生在解决实际问题的过程中更好地了解生活和社会。

（2）文化传承：设计一些与传统文化、民间艺术、家乡风情等有关的活动，让学生了解和传承优秀的民族文化。

（3）自然科学：选择与自然科学相关的主题，如植物观察、气象观测、动植物研究等，让学生在实际操作中培养科学素养。

（4）社会调查：组织学生进行社会调查，如交通状况、环境卫生、社区服务等，让学生了解社会现象，培养社会责任感。

（5）艺术创作：安排一些艺术创作活动，如画画、手工制作、表演等，让学生发挥创造力，培养审美能力。

（6）亲子活动：安排一些亲子活动，让家长参与学生的实践活动，增进亲子关系，促进家庭和谐。通过以上方法，小学综合实践活动设计将更加丰富多样，有助于激发学生的学习兴趣和热情，提高学生的综合素质。

在小学综合实践活动中，跨学科整合是一个重要的特点。为了实现这一目标，可以采用以下策略。

（1）主题活动设计：在设计活动时，可以选择具有多学科特点的主题，如环境保护、科技发展、传统文化等。让学生在研究这些主题的过程中，运用不同学科的知识和技能。

（2）项目式学习：采用项目式学习方法，让学生在实际操作中解决实际问题。在项目实施过程中，学生需要运用多学科知识，如数学、科学、语言、艺术等，从而实现跨学科整合。

（3）学科融合课程：开发一些融合不同学科的课程，如STEAM课程、跨学科阅读等。这些课程将科学、技术、工程、艺术和数学等多个学科知识结合在一起，让学生在实际操作中学习并运用多学科知识。

（4）学科互补：在设计活动时，注意不同学科之间的互补性，让学生在活动中体验到不同学科之间的联系。例如，在研究植物生长的活动中，可以结合生物、地理、物理、营养等多个学科的知识。

（5）教师协作：鼓励教师之间的协作和交流，共同设计跨学科实践活动。教师可以根据自己的专业背景和特长，为学生提供多学科的知识支持。

（6）家庭和社会资源：充分利用家庭和社会资源，为学生提供丰富的实践机会。例如，可以邀请家长、专家等人士参与活动，为学生提供多学科的知识和经验。

通过以上策略，小学综合实践活动可以更好地实现跨学科整合，帮助学生在学习过程中提高综合素质和创新能力。

（四）活动设计要注意过程和方法，注重体验与成长

综合实践活动是一种过程性学习，其目标不仅在于得出结论，还在于通过这个过程获得科学结论并掌握形成结论的方法。综合实践活动的设计应该注重活动的过程和方法的规划。这里所指的过程是指对问题进行研究和解决的过程，同时也是对问题和事物进行探索的程序或步骤。

杜威五步教学法是美国著名教育家约翰·杜威（John Dewey）提出的一种教育方法，在综合实践活动中，教师可以通过以下五个步骤运用杜威五步教学法。

1. 提出问题

在综合实践活动开始时，教师要引导学生提出问题或情境，这个问题或情境应具有现实意义，与学生的生活经验密切相关。教师可以鼓励学生积极参与，激发他们的好奇心和探索欲望。

2. 收集信息与经验

在学生明确要解决的问题或情境后，教师要引导学生收集与此相关的信息与经验。可以通过阅读书籍、观看视频、参观实地等方式获取信息。同时，也要鼓励学生从自己的生活经验中提炼相关经验，以形成对问题的全面认识。

3. 制订解决方案

在学生收集到足够的信息与经验后，教师要引导学生对问题进行分析和思考，制订出可操作的解决方案。在此过程中，教师应鼓励学生发挥自己的想象力和创造力，提出独特的解决方案。

4. 实施方案

在学生制订解决方案后，教师要引导学生将方案付诸实践。在这个过程中，学生需要分工合作，发挥各自的特长，共同解决问题。教师要关注学生的实践过程，给予适当的指导和支持。

5. 评价与反思

在实践活动结束后，教师要引导学生对整个过程进行评价和反思。学生要分析实践活动的成功与失败，总结经验教训，以便在以后的学习和生活中不断提高。同时，教师也要给予学生积极的反馈，鼓励他们继续努力。

通过以上步骤，杜威五步教学法在实践中得到广泛应用，旨在引导学生通过科学的解决问题过程获得经验并能够激发积极进取精神的体验。需要强调的是，不是只有成功的活动才能带来积极的体验。即使活动失败了，只要能够找到失败的原因，并从中吸取教训，增强获得成功的信心，那也是一种值得鼓励的积极体验。在这个过程中，学生获得经验教训，汲取成长的精神力量。

（五）活动设计要注意资源整合，家校合作

加强与家长的沟通与合作，使家长了解活动的目标、意义和内容，并鼓励他们积极参与，以共同帮助学生成长。学校可以充分利用教师、家长、社区等校内外资源，从而为学生创造良好的学习环境和活动条件。可以建立一个委员会，由家长代表组成，负责协调家校合作事宜，以加强家校沟通。家长被鼓励积极参与学校组织的综合实践活动，包括志愿者、校外导师等角色，以共同参与活动的策划和实施。家长资源的整合可以为学生提供大量的实践活动材料、场地、设备等，从而促进实践活动的顺利进行。建立家校沟通平台，比如利用微信群、QQ群等工具，可以帮助家长随时了解孩子的情况，提高家校沟通的效果。以上措施的实施，可以成功整合家庭和学校的资源，为学生提供更加丰富多样的综合实践活动环境，有助于促进学生的全面发展。

（六）活动设计要注意评价与反馈，持续改进

活动的设计需要建立有效的评价和反馈机制，以对学生在活动中的表现、成果和进步等方面进行评价，并及时进行调整，以提高活动效果。①在设计活动之初，明确活动目标和期望达

到的效果，根据目标设立具体的评价指标，如知识掌握程度、技能提高程度、团队合作能力等。②对学生实践活动的评价可以从不同角度进行，如自我评价、同伴评价、教师评价和家长评价等多种方法，可以更全面地了解学生在实践活动中的表现。③在对学生进行评价时，要特别关注他们在实践活动中的参与程度、态度以及解决问题的能力等方面。同时要注重对学生在实践活动中所取得的成果和收获进行结果性评价和分析。④在实践活动中，要及时给予学生反馈，帮助他们调整学习方法和策略。教师需根据学生的意见来修改教学计划和活动设计。⑤需对实践活动的整体成果进行持续监测，定期分析评价数据，以纠正发现的问题和不足之处。对于综合实践活动的效果，教师可以根据分析结果，改进活动设计、教学方法和评价体系，并且持续不断地进行改进。

思考·探究

1. 请结合实例说明在进行小学综合实践活动设计前如何了解和研究学生。
2. 请简述在进行小学综合实践活动设计前如何整合和拓展多种课程资源。
3. 请谈谈小学综合实践活动选题的基本原则。
4. 请谈谈撰写小学综合实践活动方案的注意事项。
5. 请根据所提供的材料，为城光小学三年级学生设计一个综合实践活动方案。

城光小学地处城乡结合地带，所在乡镇盛产银杏，也是传统的苗木之乡。校园里一年四季绿树成荫，苗木花草种类繁多，还有一些不知年岁的银杏树。学校附近有一个规模较大的苗木市场，还有一个县苗木研究所。苗木市场除了由一些本地人口经营外，还有一些外来人口，他们的子女也在城光小学就读，偶尔还有一些外国专家来苗木研究所交流。

第五章

小学综合实践活动设计的方法

学习目标

1. 了解小学综合实践活动四类活动领域主题设计的具体方法和策略。
2. 明确小学综合实践活动四类活动领域活动方案的基本要素及原则。
3. 掌握小学综合实践活动四类活动领域活动方案的撰写技巧及策略。

第一节　考察探究活动的设计

一、活动主题设计

考察探究活动的主题应该是具有普适性的，既要考虑到城乡资源的特点，又要和学生的实际生活密切相关，同时还需要反映社会发展和时代的特征。实践性是考察探究活动实施的基本要求，因此在确定主题时应强调实践性特征，以便学生能够通过多种方式和方法开展研究，尤其是采用实证研究的方法，如考察、调查、访问、实验等。同时，应尽量避免远离学生生活实际，只能通过网络或书刊搜集资料来完成的活动。概括来说，考察探究活动主题确立有以下几种渠道。

1. 通过教师指导确定活动主题

教师指导学生从个体、家庭、社会或自然生活中选取具有活力的活动主题、项目或课题。鼓励学生发问，倡导发散性的自由思考，并通过小组讨论和班级发言等互动方式，让他们相互启发，激发联想。

2. 通过考察参观确定活动主题

教师带领学生深入自然以及周边社区、公共场所、厂矿企业等进行实地考察和观察，指导学生积极收集多样信息，并通过筛选找出具有研究价值的问题。

3. 参考《指导纲要》中推荐的主题来选择确立活动主题

《指导纲要》在附录中列举了一些考察探究活动推荐主题（表5-1）。这些主题主要来自自然、社会和学生自身生活三个方面，旨在为学校和学生选择活动内容提供参考。此外，《指导纲要》还有关于研学旅行和相关专题教育的内容，供师生们进行选择。

为了确保活动的价值和可行性，学校和教师在确定考察探究活动的主题时，需要综合考虑校内外活动资源的特点，并结合学校师资情况、办学特色和整体规划等多个方面的因素。只有根据具体地域的特点进行选择，才能确保选取合适的活动主题。同时需要关注学生的兴趣，并利用学生的主动性，通过从学生的经验、知识结构、兴趣爱好及人力、物力、财力、时间等各个方面进行分析，来为学生提供自主选题的机会。

表5-1　考察探究活动推荐主题及其说明

学段	活动主题	简要说明
1~2年级	1. 神奇的影子	体验踩影子游戏、手影游戏的乐趣，了解影子在生活中的应用；创作、交流简单的手影游戏、故事、舞蹈，初步体验科学探究的乐趣
	2. 寻找生活中的标志	通过访问、观察、实地考察收集生活中的各种标志，如安全标志、交通标志、社会团体类标志、汽车标志等，理解其含义。提高收集、整理、分析和利用信息的能力，初步树立规则意识
	3. 学习习惯调查	了解和观察本班（年级）同学在读写姿势、文具的使用、阅读与写字等方面的习惯，讨论、总结不良学习习惯的表现、危害，研究和分析养成良好学习习惯的方法；开展主题班队会，增强对学习习惯重要性的了解和重视。持续开展学习习惯宣传与纠错活动，相互帮助，自觉养成良好的学习和行为习惯
	4. 我与蔬菜交朋友	通过访问、交流了解同学们对吃蔬菜的态度；到菜市场或菜田考察蔬菜的形状、种类，了解蔬菜的营养对学生成长的重要性；选择种植一种芽苗菜，体会种植的快乐与辛苦，增进对蔬菜的情感

续表

学段	活动主题	简要说明
3~6年级	1. 节约调查与行动	通过访问、调查、实地考察等多种方式，了解家庭（或学校、社区某些场所）的水（或电、粮食等资源、一次性生活用品等）的浪费情况，设计有针对性的节约方案；开展节约（合理用电、光盘行动、减少一次性用品使用）倡议与行动，并记录、分析效果，提高实践能力，增强节约资源意识
	2. 跟着节气去探究	结合“二十四节气”，观察身边的植物、动物、天气等物候变化；长期坚持，认真做好记录，并尝试编制当地的自然日历，理解农业生产与物候变化的关系。关注自然现象，探索自然变化，初步树立严谨求实、一丝不苟的科学态度
	3. 我也能发明	观察、分析、讨论日常生活中各种用品、物件使用过程中的问题；学习和运用发明创造的多种方法，针对发明创造对象进行功能改进或重新设计，并在实际生活中加以应用和检验，提高动手能力，培养创新精神
	4. 关爱身边的动植物	观察身边常见的动植物，如校园植物、家庭（社区）宠物、大自然中的各种昆虫、农田中的动植物等；选择其中一种或多种进行小实验、分析与研究，了解其自然特征（习性）并自觉加以保护，增强关注自然、热爱自然的情感，提高科学探索能力
	5. 生活垃圾的研究	收集资料、了解国内外垃圾分类和处理的有关内容，调查、了解身边各种生活垃圾的处理方法；分析针对现状问题可采取的措施，设计家庭（学校、社区）垃圾箱和垃圾有效分类回收的方案，增强环境保护意识
	6. 我们的传统节日	结合时令，选择端午节、中秋节、重阳节、春节等传统节日，利用收集资料、访问、实地考察等方法，了解节日的来历、习俗、故事等；参与体验该节日的1~2种习俗，并进行交流分享，增强对传统文化的探究意识和认同感
	7. 我是“非遗”小传人	了解非物质文化遗产的种类、特点、保护现状（如“二十四节气”等），访问本地非物质文化遗产传承人；讨论传承和保护非物质文化的方法、措施和建议，开展非物质文化遗产的传承活动。理解、认同家乡传统文化，并乐于传承
	8. 生活中的小窍门	通过资料收集、调查、实地考察等方式了解各种生活小窍门，通过动手实验加以验证，设计宣传方案。丰富生活经验，锻炼动手操作能力
	9. 零食（或饮料）与健康	调查、交流同学们吃（喝）零食（饮料）的现状；通过查阅资料、访谈了解其对健康的影响，了解科学选择零食（饮料）的方法；动手制作1~2种健康零食（饮料），并召开班级展示分享会，增强健康的饮食意识
	10. 我看家乡新变化	通过调查、访问、参观等多种方式，了解和感受家乡在经济、文化、建筑、交通、生活方式等方面的变化与发展，用摄影、绘画、手抄报、作文、故事等多种形式，展示家乡新变化。增进知家乡、爱家乡的情感，增进建设家乡和祖国的责任感、使命感
	11. 我是校园小主人	通过观察、访问、实地考察等方式，了解和分析校园的自然环境、规划布局、设施设备、文化景观、文化活动以及安全保障等方面的状况，提出校园建设和发展建议，增进知学校、爱学校的责任感
	12. 合理安排课余生活	通过调查和了解同学们在学校课间、家庭、假期等时间的生活安排情况（如学习培训、健身、业余爱好等）；分析合理安排课余生活的方法与要求，制订合理利用课余生活的计划，开展有意义的课余活动，体验并记录活动感受，养成健康的生活习惯，增强自我管理意识
	13. 家乡特产的调查与推介	通过资料收集、访问、实地考察等多种方式，了解和调查家乡的特产；设计与策划推介方案，增进热爱家乡、关心家乡、建设家乡的感情

续表

学段	活动主题	简要说明
3~6年级	14．学校和社会中遵守规则情况调查	收集信息，了解学校和社会中的各种规则，如校规校纪、交通规则、公共文明行为准则等，增强遵规守纪意识；观察同学和社会公民在遵守规则方面的实际表现；通过访谈或问卷调查了解人们遵守规则的情况；针对观察、调查中发现的实际问题，提出提高人们规则意识的建议
	15．带着问题去春游（秋游）	在春游（秋游）外出考察前，利用网络、书籍等多种途径，了解所去场所的基本情况、资源内容与特点，能够提出研究问题，设计考察方案；通过任务驱动的方式，有效地开展实践活动，获得研究结论。培养项目设计的意识和能力，积极参与校园生活，增强团队合作意识

二、活动方案设计

（一）活动目标

在进行考察探究活动方案设计时，关于考察探究活动的目标要求具体如下。

1．激发学生观察生活、发现和探索问题的兴趣

兴趣不仅是学习的起点，也是研究的源泉。考察探究活动应注重通过解决问题来激发学生与生俱来的好奇心和求知欲，让他们积极观察和思考身边的自然现象和社会现象，并初步培养学生良好的观察、质疑和探究的心理倾向。

2．引导学生初步掌握观察和发现的技巧，培养其提出问题和进行探究的能力

发现问题和提出问题是考察探究活动的首要步骤，而探究则是解决问题的关键所在。小学生的考察探究活动强调培养学生运用多种方法观察事物、发现问题的能力，并进一步培养他们独立自主进行问题探究的能力。具体来看，包括引导学生首先在面对特定情境中的事物时，要进行细致的观察并提出相关问题；为了解决所研究的问题，要形成简单的研究思路，并以个人的方式进行研究实践；掌握使用常见工具和设备收集信息和数据的能力，并能够利用信息和数据进行合理解释或回答问题；通过与同伴交流观察、思考和探究的过程以及心得体会，展示研究成果。

3．引导学生初步形成合作与共享的意识

小学生的考察探究活动重点应强调学生在学习中要愿意与同学互相协助、互相支持，并进行合理分工合作；克服依赖心理，养成认真完成分工的意识；培养人际交往的基本能力。

4．培养学生尊重科学和认真实践、积极钻研的态度

人们在科学探究的旅程中常常会面临许多困难和障碍。做科学研究，不仅需要丰富的知识，还需要刻苦、努力钻研的态度和严谨的科学精神。考察探究活动强调学生通过实践活动，使其初步建立起尊重客观规律的意识，并养成对事物认真思考的习惯；既能够敢于运用想象力，同时还具备认真实践、尝试和探究的能力；不怕艰难险败，不轻易放弃探索；可以进行初步的反省和自我评价；学会尊重他人的意见和观点。在研究问题的同时，教师应该养成坚持不懈的进取精神，保持严谨的科学态度，克服困难的意志品质，以及追求高尚的科学道德。

5．培养学生初步形成社会责任意识

每个人在社会中都应负担一定的社会责任，这是不可忽视的。小学生的年纪还小，正处于塑造世界观、人生观和价值观的关键阶段，这个阶段非常重要。考察探究活动的重点是让学生初步建立起正确的人与自然、人与社会关系的认识，关注个人行为对自然和社会环境的影响，并初步形成关注社会进步的意识。

对于不同的研究课题或项目，需要注意考察探究活动的目标的特点，要根据研究主题来确定

活动目标。考察探究活动着重于学生实际操作，强调学生的亲自体验。因此，在设计目标时要着重强调学生的亲身体验，鼓励学生积极主动参与活动，并通过“体验”“探究”“考察”“实践”等活动来发现和解决问题，增强学生对生活的体验与感受，培养学生的创新意识和实践能力。

下面以北京教育学院附属大兴实验小学“安全标志大调查”①活动目标为例加以说明。

1. 知识与技能目标

①能够调查小区内、公园里、超市中、街道上等地方的安全标志，知道生活中常见的安全标志的作用，能根据生活场景放置安全标志。

②能根据安全标志的特点进行分类，提高动手、分析、辨别能力和与人沟通的能力。

2. 过程与方法目标

①在寻找、询问的过程中，学习在生活中调查的方法。

②在给安全标志分类的过程中，学习分类的方法。

③在给场景放置安全标志的过程中，提高规则意识。

3. 情感、态度与价值观目标

①乐于参与走到社会寻找安全标志的活动，并在实践活动中积极地去寻找、询问、交流，发现安全标志的放置地点和安全标志的作用，进而乐于关注生活、热爱生活。

②在参与实践中，能够逐步增强安全意识、守规意识，愿意按照安全标志的提示去做。

该目标在设计时，充分考虑到参与、分类和调查等行为动作的使用，注重活动的实践性特点，强调引导学生通过互动交流来加强认知，在实际实践中提升能力。

（二）活动内容

1. 内容范围

活动内容是活动设计的核心，同时活动内容的设计也要以活动指导纲要及课程目标作为主要依据。考察探究活动主题的内容应该涵盖：

①学生可以通过观察周边的生活，发现并提出问题；

②根据个人经验和观察，提出假设并选择适当的方法和工具进行研究；

③通过使用各种渠道获取与问题相关的证据；

④以证据为基础，进行思考并提出合理的解释或观念；

⑤与同学或老师沟通交流，共同评价和探讨成果；

⑥反思研究过程并提出改进策略。

为了有效地融合综合实践活动四大指定领域，可以从自然、社会和自我三个维度出发，规定考察探究活动的内容范围。在考察探究活动的实施过程中，可以根据学生的年龄特征、学习内容逐步综合、深化和拓展。

（1）人与自然关系的领域。人与自然关系领域的问题是与学生所居住的社区中所涉及的自然现象或问题密切相关的。自然探究领域十分广泛，主要涉及与人的生存环境相关的自然现象的研究，该活动领域的核心是人的现实生活的自然环境，如水资源研究、植被研究、能源研究、环境生命科学研究等。

（2）人与社会关系的领域。各国中小学的课题研究中，人与社会关系领域的问题一直是核心内容，它包含了社会或者社区的历史变迁、社区文化、社会经济问题、社会政治问题、科学技术与社会等多个领域。社会研究领域是围绕社会现实生活来展开的，这些活动领域与有助于培养有

① 北京教育科学研究院基础教育教学研究中心．小学综合学科实践活动活动案例研究［M］．北京：北京师范大学出版社，2016：126.

社会责任感、有见识的公民。例如，考察探究活动“低碳生活”[①]（表5-2）根据不同年级设计了不同层次的活动内容。“低碳生活”中总主题是“低碳生活”，次主题分别是“变废为宝”“我的低碳足迹”“学校学生低碳生活情况调查研究”。第一层次的“变废为宝”注重对学生直观形象的训练，较适合小学低年段的学生学习，第二层次“我的低碳足迹”较适合小学中年段的学生学习，第三层次“学校学生低碳生活情况调查研究”较适合小学高年段的学生学习。

表5-2 考察探究活动——“低碳生活”

总主题	层次	次主题	说明
低碳生活	第一层次	变废为宝	学生通过观察、回收身边的废旧品，进行一些简易的手工纸艺活动，激发学生动手制作的兴趣。注重培养学生直观形象的训练，较适合小学低年段的学生学习
	第二层次	我的低碳足迹	学生通过访问、交流了解“低碳生活”，初步认识低碳生活，同时观察自己在生活中的习惯，发现身边的低碳行为，逐步理解低碳生活的深层含义，并加入节能的队伍中。注重对学生抽象思维能力的培养以及认识具体事物能力的培养，较适合小学中年段的学生学习
	第三层次	学校学生低碳生活情况调查研究	学生在老师的指导下，通过互联网收集相关资料，调查本校学生的低碳行动情况，并将某一方面的问题转化为研究小课题，分析其现状以及原因，同时设计分析学校节约用电、节约用水的方案。注重对学生分析推理能力的培养，较适合小学高年段的学生学习

（3）人与自我关系的领域。人与自己关系的领域涉及学生对自己的认知。通过自我反思和不断发展自己，学生可以逐步实现自我发展和完善，如青少年生理与心理的变化、人格的塑造、人际互动、情绪的控制等都是人与自我关系领域的主题。例如，综合实践活动“自然·社会·自我”中的“感受自我成长”的活动内容可设计为：A.我眼中的我，包括给我印象最深刻的事情、我的特长、我的性格；B.别人眼中的我，包括家长眼中的我、教师眼中的我、同学眼中的我；C.理想的我。

总之，无论学生选择研究的主题是关于自然、社会还是自我问题，在进行研究过程中都应该将这三个领域作为整体进行关注，以使这三者融为一体。开发和实施考察探究活动时，应以学生的实践为核心，达到上述三种关系的平衡与整合，最终使学生的个性得到全面发展。

2. 活动准备

（1）确定活动方向。学生在教师的指导下，在确定活动主题后，自主选择活动方向并进行活动准备。教师通过设计开放性问卷（表5-3），为学生创设问题情境，并自主选择适合的活动方向。

表5-3 “这是我想研究的”调查问卷

年级：	班级：	姓名：	性别：
你想了解有关岩石的哪些方面内容？			
你想自己独立研究还是与其他同学合作研究这些方面的内容？			

（2）通过对问卷进行分组，确定活动组织方式和内容并选定组长。

① 韦红旗．中小学综合实践活动活动递进式主题设计研究［D］．广西师范大学，2019.

（3）小组内成员进行商议，经过思考或共同协商，选择适合独立研究者或研究小组的指导教师，并制订相关的活动计划。教师可以在指导学生缩小选题范围、明确课题项目并制订详细的活动计划后，填写申报表（表5-4）。同时制作档案袋，学生们需要填写档案袋的封面内容，包括班级、姓名、活动名称、合作伙伴、指导教师、目录等，制订活动计划。

表5-4 “我们要有个计划”申报表

年级：	班级：	组长：	指导教师：
请试着写出你要开展的活动的题目			
你们研究的问题都有什么？			
你打算怎样开展这项活动？			
如果你们想合作完成这项活动，你们打算如何分工？			
在开展活动的过程中，你们小组需要哪些材料？			

3. 活动过程

整个考察探究活动可分为三个阶段，包含六个基本环节或关键要素。①

阶段一：课题的确立与启动阶段。此阶段的主要任务是学生从自己的生活世界中发现问题，形成相应的课题，并制订出不同详细程度的研究计划来指引后续的整个研究活动。具体包含两个关键要素，一是发现并提出问题。学生用怀疑与好奇的眼光，从自然、社会和个体生活中主动发现问题，并结合自身的兴趣以及教师的指导、同伴的协助，提炼并确定合适的课题。这个要素一般遵循先构思学生个人的研究问题，后集体交流各自的选题，最终实现研究问题的精致化，并确立小组合作团队等步骤。要注意的是，课题质量的高低会对后续的研究活动产生根本性的影响，而高质量的课题通常具有以下基本特征：对学生有吸引力、源自现实的生活世界、学生前期已有一定的相关经验、便于学生展开探究获得一手经验、对书本及成人不过度依赖、会衍生出许多相关问题、可从家长那里获得专业支持、能生成新的研究课题、有助于学生到校外寻找资料来源。二是提出假设、选择方法和研制工具。研究小组形成之后，就会制订初步的研究计划，在这个计划中，提出研究假设以及选择研究方法是最重要的环节。学生不能只满足于提出问题，应事先预想在实施过程中会出现什么难题，以及可能得到的解决方案是什么，由此形成自己的一个或多个假设。学生须在教师指导下了解常见的研究方法，并根据课题实施的需要来选择部分适用的研究方法。最后，为使学生在研究过程中及时、准确地搜集所需资料，必须在这个阶段设计好相应的现场观察表、访谈提纲、实验方案或社会调查表等。

阶段二：课题的实施阶段。此阶段的主要任务是进入现场，通过多方搜集资料来解决学生前期所提出的问题，分析所得资料并提出自己的观点，进而检验上述研究假设。具体包含两个关键要素，一是获取证据，学生须带着研究问题和假设走进现实的情境或现场，进行一系列的研究活动。这种现场主要是一种教室外甚至是学校外的现场，旨在使学生将学校和社会、教育与生活联结起来。在现场，学生所开展的研究活动包括观察、访谈、实验、调查、考察等，并通过这些方法搜集所需资料，以更好地理解、解决开始阶段预设的问题以及研究过程中生成的新问题。二是提出解释或观念，资料搜集完成后学生须对其进行适当的编码、归档或整理，并进行不同深度的反思与分析。分析时可利用不同的形式与工具，如文字描述、图表呈现、照片诠释、思维导图绘

① 高振宇．综合实践活动课程之“考察探究”：内涵、价值与实施［J］．基础教育课程，2017（23）：11-15.

制等，以使研究资料的呈现更加丰富和清晰。在此基础上，学生对研究资料进行解释，提出自己的看法与观点，进而对之前提出的假设进行验证，如果假设成立，则将假设视为研究的结论；如果假设不成立，则做出相应的调整或改变，并继续搜集相关的证据来进行佐证。

阶段三：课题的总结和展示阶段。本阶段的主要任务是将最终的研究发现汇总起来得出结论，并以多种方式予以呈现，而后进行系统反思、欣赏、展示和评价，以为未来的考察探究奠定更坚实的基础。具体包括两大关键要素，一是交流、评价探究成果，学生通过海报、板报、制作品、表演、绘画、视音频等多种方式呈现研究的主要结论和心得体会，并进行相互交流与讨论。学生可以将最终的研究成果以及研究过程中所积累的素材全部纳入小组档案袋之中，以供教师、家长、同伴做出多主体性的评价。评价时可根据事先设计好的评价表格，进行文字描述或打分，表格中所涉及的评价维度一般包括知识与技能、过程与方法、情感价值观和学习态度三大方面。二是反思和改进，对考察探究整个活动进行评价的最终目的不是为了班级或学校的荣誉，而是为了学生个体的发展。因此，无论每个小组呈现的研究成果为何，以及思考到何种深度，都应鼓励学生反思整个研究过程，诸如课题本身质量如何、计划完备与否、工具准备是否妥当齐全、小组合作是否顺利、研究方法的选择和运用是否适宜、方法实施过程中遭遇了哪些挑战、分析与解释资料是否全面、结论提出是否合理等。在反思这些问题的基础上，学生意识到自己研究的价值及局限所在，进而可提出改进研究的策略与方法，为未来的研究奠定基础。

根据考察探究活动计划，组织学生到考察现场开展考察活动。本阶段要特别注意以下方面：

（1）明确考察目的、要求、注意事项，确定各小组的工作任务。

（2）选择考察方式，如访谈、观察、操作，在教师的指导下进行考察活动。

（3）考察过程中的讨论、交流。学生可向外部人员、专业人员、领导提问，记录提问及答案。

（4）考察活动记录，包括问卷、照片、图片、草图、视频、音频、记录提纲等。

4. 活动成果展示与评价

（1）整理考察活动所收集的资料，包括有形的数据、图表、图片、实物、材料，以及无形的考察步骤、方式方法、经验体验、感受收获等。

（2）展示已经收集到的材料和访谈资料，如图片、物品、笔记、视频等。

（3）汇报考察活动的具体内容、使用的方法、得出的结果以及提出的建议等方面的信息。

活动成果的展示可以灵活多样，形式不限，全面展示所见所闻、体验和收获，甚至包括个人的困惑、问题、思考和启示等。

案例链接

“独特的中国汉字”活动方案[①]

一、主题内容设计

（一）基于学生实际情况和教学活动内容设计实践活动

结合五年级学生年龄、思维方式、接受能力、兴趣爱好以及对于汉字的起源、发展演变等历史方面的学习内容距离学生生活较远的实际情况，教师在设计实践活动时力求改变传统的课堂学习方式，大胆尝试通过开展丰富多彩的学科校内外综合实践活动的方式激发学生的兴趣点，促进学习目标的有效达成。

① 北京教育科学研究院基础教育教学研究中心．小学综合学科实践活动活动案例研究［M］．北京：北京师范大学出版社，2016：138.

（二）基于优质的博物馆资源设计实践活动

北京拥有丰富优质的博物馆资源，其中，国家典籍博物馆馆藏丰富，馆内一片片价值连城的龟甲兽骨、一个个清晰可见的殷商文字、一幅幅气韵非凡的书法墨宝、一段段精准无误的史学资料……典籍馆内鲜活生动的优质资源为传统课堂提供了补充，典籍馆成为本次实践活动校外资源开发利用方面的首选之地，结合场馆资源特点，教师设计了“走进国家典籍馆，感受汉字独特魅力”的校外实践活动，拓展了学习活动空间，丰富的资源也为活动顺利有效开展提供了有力保证。

“走进国家典籍馆，感受汉字独特魅力”校外实践活动以“给汉字建立小档案”的主要任务为驱动，在参观博物馆的实践活动中，学生以小组为单位，通过导学单引领学生参观学习活动，了解汉字的起源、发展演变和书法艺术等方面的基本情况。参观中，教师适时集中学生，结合展品通过交流讨论、合作探究等方式引导学生感受汉字传承历史、承载文明、表达审美、彰显智慧、蕴含思想等独特魅力和价值所在，从而深入理解、体会汉字中蕴含的中华文化的精髓和中华民族的智慧，增强学生对汉字文化的热爱之情和民族自豪感。

二、教学目标设计

（1）通过校内外实践活动，感受汉字的价值和独特魅力，进一步体会中华民族的智慧，增强热爱和尊重汉字文化之情以及传承汉字文化的意识，激发民族自豪感。

（2）通过参观典籍馆的展览和布置专题展等实践活动，逐步提高搜集、整理、运用信息的能力和小组合作的能力。

（3）通过参观典籍馆的实践活动，初步了解汉字发展的历史和构形特点，了解汉字的书法艺术，知道在这一领域内，我国书法名家辈出。

三、资源与实践条件设计

（一）教学资源

1. 校外场馆资源

组织学生走进国家典籍博物馆，参观甲骨文记忆展和历代经典书法展等。学生通过参观文物、模拟体验、互动游戏等多种方式，了解汉字的起源、创造、演变和书法艺术以及汉字与社会的关系等内容。

2. 校园文化资源

组织学生在校内设置的“品德与社会学科活动空间”布置专题展览：“文字——人类伟大的发明”并以此开展创意讲解、校园报道、寻找榜样等一系列校内实践活动。“笔墨留香”书法社团是学校精品社团，恰逢书法社团开展书法展，参展作品都是学校学生亲笔所书，也是本次活动能够利用的教学资源。

（二）实践条件

1. 学情分析

学生对汉字都很熟悉，天天写，天天用，非常认同汉字在生活中的使用价值，虽然对古老汉字背后深藏的内涵意蕴和汉字是中华民族智慧的结晶缺乏深刻的理解和理性的思考，但是愿意走进汉字的王国，探寻汉字的魅力。另外，学校重视学生的全面发展，经常组织开展社会实践活动，学生具备一定的实践活动能力。

2. 导学单

教师们精心设计了导学单“汉字小档案”，使校外实践活动更具导学性和实效性。

（三）课时安排

本活动共分为两个阶段：校外实践活动阶段、校内拓展活动阶段。

四、教学过程设计

（一）校外实践活动阶段

开展“走进国家典籍馆，感受汉字独特魅力”校外实践活动，学生在完成“汉字小档案”学习成果的过程中，进一步了解汉字的起源和发展演变及书法艺术等基本情况，感受汉字的独特魅力，体会汉字是中华民族智慧的结晶，增强对汉字的热爱、尊重和民族自豪感。

1. 做好“走进国家典籍馆，感受汉字独特魅力”校外实践活动的各项准备活动

（1）创设情境，进行实践活动总动员。

（2）自由结组，起好组名，明确分工，发布任务（例如，初步完成导学单“汉字小档案”；在国家典籍馆内搜集、归纳、整理好有关汉字的图片、文字等资料，为课后拓展阶段的校内实践活动做好准备）。

（3）做好实践活动所需的学习工具等物品准备，如笔、学习单、记录本、照相机、录音笔等。

（4）明确参观的注意事项。

2. 参观“甲骨文记忆”展览，了解汉字的起源

（1）了解“汉字的创造者”。

教师组织学生认真阅读“汉字的起源”展板资料，完成导学单“汉字小档案——创造者”，了解汉字的创造者，初步产生对古代劳动人民的热爱之情。

组织学生集中交流，引导提升。

教师提问：汉字到底是谁创造出来的？请你说出理由。

学生根据资料和导学单回答问题。

教师引导：通过汉字的数量和汉字的含义、用法等引导学生认识到汉字应该是广大劳动人民在漫长的岁月中慢慢地创造出来的，初步感受古代劳动人民的聪明智慧。

小结：汉字是以仓颉为代表的广大劳动人民智慧的结晶。仓颉非常了不起，是非常值得我们敬仰的，所以人们还修建了仓颉造字台来纪念他。

（2）研究“汉字的起源与创造”。

教师组织学生认真观察展柜中龟甲兽骨上的文字，并阅读“汉字的创造”展板，完成导学单“汉字的婴儿期——甲骨文”。初步了解甲骨文的外形特点，进一步感受古代先人的聪明智慧。

组织学生集中交流，引导提升。

教师提问：请大家认真阅读“汉字的创造”展板的字例信息，结合《说文解字》，探究祖先是怎样创造出汉字来的，谈谈你们的感想。

教师引导：以展板上“武”“河”“孝”等字为例，引导学生结合各个字的字形、本义和自己的生活经验研究造字的方法。体会造字的巧妙，感受中华民族的聪明智慧，增强民族自豪感。

小结：我们的祖先不但善于观察，抓住了大自然中事物的外部特征进行勾画，而且勤于思考，巧妙地创造了意蕴丰富的汉字，汉字蕴含了祖先对世界万物的看法、做人的道理、中华民族的传统美德等，小小的汉字彰显着中华民族的大智慧。

3. 参观“我们的文字”展览，了解汉字的发展演变

（1）了解“汉字的年龄”。

教师组织学生阅读“重现的文明”展板资料，完成导学单“汉字小档案——年龄”，初步感受汉字的古老。

组织学生集中交流，引导提升。

教师提问：据推测，汉字产生的年代应该比甲骨文早得多，谈谈你的感想。

教师引导：引导学生计算汉字的年龄，体会汉字的历史悠久与古老，增强民族自豪感。

小结：我们的汉字历史悠久，是世界上古老的文字之一。它传承着我们中华民族几千年的悠久历史和文明发展的历程。

（2）研究汉字的成长历程（发展演变）。

教师组织学生认真阅读“汉字的演变”展板资料，初步了解汉字的发展演变过程，完成导学单“汉字小档案——成长历程”。

组织学生集中交流，引导提升。

教师提问：结合汉字成长历程中每个阶段的外形变化，你发现汉字的发展演变有什么规律呢？谈谈你的感受。

教师引导：通过展板中“女”“朝”“马”“身”等字的演变，引导学生从字的形状、笔画等方面观察变化，在观察、思考中，不断寻找和发现汉字演变的规律，初步培养学生的观察能力和思维能力。

小结：汉字就是这样从图形变为笔画，从象形变为象征，从复杂变为简单的。小小的汉字从诞生到现在不断发展变化，这个发展演变的过程不是像我们看起来这样简单，这个演变发展过程无不凝聚着广大劳动人民的聪明智慧和创造力。

4. 参观“向经典致敬”经典书法展，感受书法艺术的独特魅力

教师组织学生欣赏展览中的历代经典书法作品（临摹），完成导学单“汉字小档案——艺术之美”，了解历代有所成就的书法家和经典书法作品，初步感受书法艺术的独特魅力。

组织学生集中交流，引导提升。

教师提问：结合历代经典书法作品，谈一谈你眼中的书法艺术有怎样的魅力？

教师引导：引导学生从字体、风格的不同方面进行欣赏和表达，感受书法艺术的独特魅力。理解书法不只是简单的书写，已成为表达中华民族审美的载体和审美的标准。

小结：书法很美，有的字体端庄秀丽，有的字体潇洒飘逸，很有意蕴……古往今来，我国书法名家辈出，创造了不同的字体，不同的字体有不同的美，相同的字体有不同的风格。

5. 总结

教师组织学生集中总结参观学习活动的感受，畅谈收获，评价实践活动的效果（见下表），布置拓展延伸的作业。

（二）校内拓展活动阶段

开展以“汉字——人类伟大的发明”为主题的校内拓展活动，通过组织学生整理资料、布置展览、创意讲解、校园报道等一系列活动，再次理解汉字的独特魅力，进一步增强对汉字文化的热爱、尊重之情和传承文化的意识，激发民族自豪感。同时提升收集、整理、运用信息的能力，小组分工协作的能力，语言表达以及书写能力。

“走进国家典籍馆，感受汉字独特魅力”实践活动情况评价表

评价项目	评价内容	自画像			伙伴眼中的我			老师眼中的我		
		良好	加油	优秀	良好	加油	优秀	良好	加油	优秀
活动态度	对本次实践活动兴趣浓厚									
	活动认真，一丝不苟									
	参与活动积极主动									
交流合作	能经常同小组成员交流									
	和合作伙伴愉快相处									
	表达条理清晰，声音洪亮									
文明参观	遵守场馆的各项要求									
	尊敬场馆中的工作人员									
活动效果	导学单填写认真、正确									
	搜集的资料翔实、典型									
	能独立完成小组任务									
我的收获与努力方向										

1. 布置展览

组织学生把从国家典籍馆和其他途径（上网、查阅书籍、调查访问等）收集的图文资料进行分类、筛选，完善“汉字小档案”，形成小报、简笔画、连环画、创意手工等不同形式的作品，收集学校“笔墨留香”书法社团学生的书法作品，在学校开放空间布置“汉字——人类伟大的发明”的展览。

2. 创意讲解

鼓励并引导学生以班级为单位编写相关讲解方案，物化学习成果，以不同的方式进行创意讲解展示，如诗朗诵《赞汉字》、快板《话说甲骨文》、情景剧《文明重现》、互动游戏《前世今生猜姓氏》、热点新闻系列报道《火热的汉字文化》、系列微课《汉字里的小秘密》等。

3. 学科联手，实践拓展

与语文、书法、综合实践等学科联手，开展“我是汉字文化小使者”的活动，从我做起，把热爱汉字文化之情落实到行为实践中，使写好汉字、用好汉字、传承汉字文化形成习惯。聘请书法社团的“小书法家”现场指导学生怎样进行赏析品评，用学生身边的榜样激发其对书法艺术的热爱之情。

4. 校园报道

组建“慧眼观察记者团”，招募“汉字报道小记者”，鼓励并引导小记者寻找、发现学校的“汉字文化小使者”“身边的小书法家”，就其事迹等进行相关的校园报道。

五、效果分析

1. 学生走进校外优质资源，促使着“想学”

当学生们听说要到国家典籍馆通过实践活动来完成“中国汉字”相关内容的学习时，

顿时一片欢呼雀跃。优质的场馆资源拓展了学习空间，是综合实践活动的法宝，吸引着学生“想学”。

2. 学生积极参与各项活动，享受着“乐学”

当学生们兴高采烈地参与着各项活动，仔细观察着甲骨文，认真填写着学习任务单，信心满满地展示着学习成果时，丰富多彩的校内外实践活动使他们感受到参与学习活动的喜悦，做到了“乐学”。

3. 学生掌握探究方法，达到了“会学”

当学生们按照活动中解密造字的方法分析出自己名字的造字本义而惊讶不已时，可以看出他们掌握了探究汉字的方法，“会学”了。

纵观整个实践活动，是学生从“想学→乐学→会学”的过程，也是学生从“了解汉字的基本信息→感悟汉字的博大精深→热爱汉字文化→升华民族自豪感”的过程，而这个提升的过程则是在校内外实践活动中的真实体验和在真实体验中的情感升华。

设计者：中国音乐学院附属北京实验学校　李丽

第二节　社会服务活动的设计

一、活动主题设计

（一）活动主题的内容

社会服务活动旨在让学生在真实环境中融入实践，并且活动的内容也具有开放性。依据社会服务活动的时空，主题的设计可以从以下三个方面入手。

1. 校内服务

学生每天在校园中度过大多数时间，教师可以利用这段宝贵的时间，在校园内举行各种服务活动来弘扬“奉献、互助、友爱、进步”的志愿服务精神，提高学生的思想道德修养。通过举办小型志愿者活动，让学生们参与清理课桌上的污垢，清理花坛中的垃圾等工作，以进一步维护和美化校园环境，增强他们的志愿服务意识，同时创造出一个美丽和谐的校园。通过小型志愿者活动，学生可以参与学校图书馆的图书整理工作，协助食堂烹饪，并在上学和放学时帮助门卫疏导校门口的交通流量，从而亲身体验为他人服务所带来的快乐。通过参与丰富多样的服务活动，学生能够增强意志力、提升社交能力，学习奉献和担当，并深刻理解志愿者的内在含义，成为一名光荣的小小志愿者。例如，某小学利用学生午餐时间开展“小小服务生”活动，每班安排两名学生参与，活动持续一周。为了确保所有人都能参与活动，每周轮换一次“小小服务生”的角色。每天中午，一名小服务员戴着厨师帽，穿着围裙和护袖，洗手后为同学们提供服务，包括盛饭和舀汤。饭后收拾餐具，擦桌子，扫地，两名同学之间认真协作。学期结束时，教师根据评分标准为全班学生的服务进行评分，并将评分结果公布在班级的服务栏上。同时，学期结束后还会对服务特别周到的学生进行奖励，颁发他们“优秀服务生”证书。通过参与活动，学生可以深刻体会到食堂服务人员付出的艰辛和不易，从而培养其对劳动者的尊重意识，学会感恩及回馈。

当然，学生还可以在校园内留心周围需要帮助的人，并且自发地为他们提供服务；学生应该掌握相关的志愿服务知识和技能，对他人富有爱心；通过与那些被他们帮助的人接触，学生能够更加懂得尊重和理解他人；同时，培养同学间团结合作的精神。例如：“与你同行”活动中，每天安排两名同性别的学生分组陪同身体残疾的学生上洗手间，午饭时陪同学生去餐厅，上下学时一起护送。这些活动都有助于学生学会关心帮助他人，让爱“住”进心中。

2. 社区服务

教师可以让学生通过进入社区实际情境，接触社会现实，参与各类社会活动等方式，来领悟社会的基本运行方式和人类的基本生活活动，积累社会生活经验；引导学生明白社会规范的重要性，同时能够使其自觉地遵守和维护社会规范与公德。通过社会服务活动可以增强学生的法律观念和民主思想；让学生更加了解社区的地理环境、人文景观、物产特色和民间风俗等特点，进而培养起亲切感和自豪感；使学生能够运用自己的知识去综合解决问题，从而掌握基本的服务社区的能力，并形成对于生活环境积极的情感和态度；能够培养学生合作和交往的能力，在团队中感受到归属感，同时增强自己的服务意识和责任感。

例如，照顾社区内的孤寡老人。学校可以将社区以及社区管理的老年公寓作为学生义工服务的地方，安排学生定期去空巢、失独老人的家里，提供帮助，做一些力所能及的事，如打扫卫生、为他们读报，或与家长一起和老人们一起包饺子等。为了保持长期合作，学校可以与社区达成协议，协议内容可参照图5-1。

3. 家庭服务

学生通过参与社会服务活动，能够将学习的范围扩展至社区和家庭，使得课堂教学不仅局限于教室内，而是融入生活的方方面面。家庭自我服务指的是个人作为主体对自己进行服务。它涵盖了生活自理、自立自律、自主学习、自主健体、自我防护和时间管理、自主消费、人际交往等多个方面的内容。家庭服务培养学生掌握自我服务技能，强调与他人融入、感受和体验生活，具备实践能力；强调学生必须积极参与学习、独立探索和自我发展，具有较强的发展性。

学生社会实践基地共建协议书

甲方：________________

乙方：________________

为引导青年学生在社会实践中为全面建设小康社会贡献力量，为地方发展建设和学生实践教育提供切实的服务和指导，甲方与乙方从校地合作、共同育人的角度出发，建立以开展科技创新、志愿服务等为主要内容的 ×× 小学学生社会实践基地，形成双向服务协作关系。为保证工作的长期有效，双方协议如下：

甲方组织学生利用周末、寒暑期或其他课余时间到乙方开展志愿服务等社会实践活动。

乙方协助甲方做好社会实践的前期准备工作，根据甲方社会实践活动主题协助安排活动日程、协调地方参与活动主题的有关人员，并帮助甲方做好在基地的安全预案。

为保障社会实践基地的正常运作，甲乙双方在平等协商的基础上，加强对学生参与社会实践的日常管理。乙方协助甲方做好学生的社会实践指导工作，协助甲方建立社会实践地方专家顾问组，聘请当地学有专长的人士作为学生社会实践基地的指导教师，为参与社会实践的学生提供有关指导。

甲方协助乙方做好管理咨询、技能培训工作。甲方组织学生积极参加乙地有关的发展建设研究。

甲方与乙方将本着互惠互利、双方服务、共同受益的原则执行本协议，不断加强双方的友好往来和协作关系。未尽事宜，将根据上述原则商定。

为加强协作，双方定期互通信息，总结交流经验，确保共建基地沿着正确的方向健康发展。

本协议一式两份，双方各执一份。

本协议由甲乙双方法定代表人或其授权代表签署并加盖公章后生效，并对双方都具有约束力，应严格履行。如有违约，违约方愿承担违约责任，并赔偿损失，支付违约费用。合同期满失效。合同期满后双方如愿意继续合作，必须重新订立合同。

甲方：（章）　　　　　　　　　　乙方：

年　月　日　　　　　　　　　　年　月　日

图5-1 社会服务实践基地共建协议书

学生的年级不同，家庭服务的要求也不同：小学年级较低的学生需要学会自我照顾，比如自己穿衣和叠被子，还要尽力帮助父母完成一些力所能及的家务。小学中年级的学生应该在自我服务的基础上，掌握一些基本的劳动技能，学习如何做家务。小学高年级的学生应学会当家，管理自己的生活。通过参加各种锻炼活动，可以学习和掌握安全生活的常识，从而在面临危险时能够自救和求救，并且养成对自己生命负责任的态度。懂得个人的权益和责任，学习运用法律来维护自身权益。在日常生活中培养良好的生活习惯和积极乐观的心态，有意愿用自己的努力去创造美好的生活。家庭服务活动的推荐主题可参考表5-5。

表5-5　家庭服务活动推荐主题

年级	活动主题	活动内容
低年级	学会整理书包	了解学习、生活中有关的卫生知识，学习在生活、学习中简单的自理方法，培养自理能力
	学习整理房间	
中年级	生活自理我能行	学习自己洗头、洗澡、洗衣服和做力所能及的家务，培养自理能力。培养学生关注自然和保护环境的意识
	家务劳动我能行	
高年级	今天我当家	学习做简单的饭菜，培养学生科学膳食，培养学生的自理能力，同时初步培养学生的家庭责任感
	整理家庭藏书	

“主题”就像一根无形的引导线，不断指引学生自觉地完成各种任务，在完成任务的过程中，学生所获得的成果远远超出了主题所限定的范围。如果主题更贴近日常生活、学生的经验和社会现实，学生们就会更容易操作，并有更多的积极性。《指导纲要》中列举了小学社会服务活动的系列主题（表5-6），供学校自行选择使用。

表5-6　社会服务活动推荐主题及其说明（小学）

学段	活动主题	简要说明
1~2年级	1. 生活自理我能行	清洁个人生活用品：会洗袜子、红领巾，会刷鞋，会清洗水杯、脸盆等。学习用品分类整理：按学习需要准备学习用品，归类收纳学习用品，及时整理书包。清洁居室卫生：用完的物品放回原处，扫地，垃圾分类入箱，整理床铺，衣服分类摆放等。从力所能及的自我服务劳动做起，学会料理自己的生活，养成自己的事情自己做的好习惯
	2. 争当集体劳动小能手	集体服务劳动包括班级劳动、校园劳动、家务劳动、公益活动、社区服务等。例如：搞好（班级）公共卫生，整理红领巾队务、阵地，会扫地、拖地、擦黑板、摆放桌椅等；帮助老师、家长等做力所能及的事；给校园花草树木浇水等。养成自己的事自己做、他人的事帮着做、公益（集体）的事争着做的劳动习惯和优良品质
3~6年级	1. 家务劳动我能行	帮助家长做力所能及的家务劳动（择菜、洗菜、洗水果、整理饭桌、洗碗筷等），学会简单的手工缝纫技术，学会一般衣物的洗涤（包括机洗）、晾晒和折叠方法；知道家庭安全用电、用火、用燃气等的方法，初步学会家庭触电、火灾的预防、急救与逃生。养成良好的劳动习惯，端正劳动态度，提高家庭责任感

续表

学段	活动主题	简要说明
3~6年级	2. 我是校园志愿者	通过考察、访问了解校园志愿服务需求，了解不同岗位的职责和要求；学习开展服务的方法，了解相关注意事项；开展持续、有效、多样的校园志愿服务活动。利用班级、少先队活动等多种形式进行校园志愿活动的展示交流。积极参与校园志愿活动，具有团队合作意识，热心志愿服务活动
	3. 学习身边的小雷锋	寻访身边的“小雷锋”，总结分析他们的事迹；根据自身情况，设计自己（小组）的学雷锋行动计划，并开展实际行动，初步树立热心公益劳动、乐于助人的道德品质
	4. 红领巾爱心义卖行动	收集闲置的书籍、学习用品、玩具、手工艺品等物品；策划与组织爱心义卖活动，并在教师的建议下合理使用义卖收入；提高爱心助人、团结合作的思想和意识，增强活动策划与设计能力，初步树立“循环经济”“绿色生活”的环保意识
	5. 社区公益服务我参与	在社区或村委会参与如卫生打扫、环境维护、小广告清理等各种力所能及的便民利民性质的社区公益劳动；在班级交流分享参与过程与感悟体验，增强服务他人、社会的意识
	6. 我做环保宣传员	调查和发现身边存在的环境问题，分析可以采取的措施和解决办法，开展环境保护宣传活动，体验绿色生活方式，树立保护环境、节约资源的观念和生态意识
	7. 我是尊老敬老好少年	积极主动与身边的老年人沟通和交流，了解老年人的实际生活困难和需求；为身边的老年人做一些力所能及的事，并长期坚持。初步树立尊老敬老、主动为老年人提供服务的意识，增强社会责任感

（二）活动主题选择的基本要求

1. 主题应密切联系社会生活

教师在挑选内容时，应当以学生熟悉和关注的社会实际为基础，从学生所接触到的生活出发，选择与学科知识紧密相关且能与社会生活相联系的主题。小学生的经验和知识渐增，可以将选学内容由日常生活扩展至地区以至全国层面，从而扩宽他们的学习领域和发展空间，促使他们积累更多经验，深化生活体验。

2. 主题应充分考虑学生的特点

小学生身心发展迅速，但尚未完全成熟。他们对周围的世界有了一些自己的看法，但往往比较片面；他们对社会生活中的许多事情都感兴趣，但往往又缺乏持久的热情。教师选择内容时应考虑小学生身心的各种特点，适合学生发展需要的同时促进学生健康成长。

3. 应鼓励学生自主选择主题

小学生已经具备了较高的自主意识和自主能力，老师在确定教学内容时应该尊重学生的自主权利，引导他们适应活动目标的要求，根据他们的兴趣和特长来选择和设计内容，让他们在活动中培养学习和选择的能力。老师可以为学生提供帮助和指导，但不应该代替他们完成任务。

4. 主题应充分反映学校和地方特色

每个地方、每所学校都有自己的优势和特点，选择内容时应根据活动目标，在利用社区资源的同时充分发挥各自的优势和特点，以达到最佳效果。

5．主题应注重社会服务活动和其他活动领域的融合

选择的内容既要注重学科知识的融合，又要突出社会服务活动领域的实践性；既要保证社会服务活动的落实，又要尽可能考虑综合实践活动的四大活动内容的贯通，使各学习领域的内容彼此渗透、有机整合。

二、活动方案设计

教师在设计综合实践活动时，需要开发和预设一个完整的活动主题方案，包括明确活动主题的目标及各阶段学生活动的主要内容、方式、教师指导的重点、实施的要点及评价的建议等。社会服务活动的多样性和复杂性给实施活动带来了挑战，因此设计好活动方案成为实施社会服务活动的关键。

（一）活动目标的设计

学校在设计社会服务活动目标时，需要充分考虑综合实践活动的总体目标和要求，并结合学校的办学思想和学生的特点进行设计。具体来说，这些目标既要包括学校实施活动的整体目标，也要包括各年级或学段实施的具体目标，甚至涉及社会服务活动不同内容实施时的具体目标。设计具体目标时，要考虑学生年龄的不同，体现循序渐进的原则，并根据内容领域的不同体现针对性和适用性。

例如，社会服务活动主题“走进社区”[①]，总主题为“走进社区”，次主题分别是“我们生活的社区”“社区服务与体验”“社区公益我参与”“社区的文化生活”以及“建设我们的社区”。

另外，社会服务活动通常通过学生的社会实践活动来实现个人对社会和他人的价值。在活动中，我们强调培养学生的社会适应能力、社会参与意识和社会实践能力等方面的能力。在三维目标设计中，教师根据其学生特点，在制定目标时关注以下几点：①在情感目标方面，专注于培养学生尊重他人的意识，包括尊重个人的尊严、性格、生活习惯和职业等；在与他人和团体的互动中，强调学生能够深刻认识到群体对个体成长的重要性，感受到他人所带来的温暖，并且学会关心他人；学生积极参与社会实践活动，持续加深对社会参与的情感；学生学习生产劳动的相关知识，提高对劳动的认识，形成良好的劳动习惯。②在知识目标方面，重点在于掌握基本工具、材料、设备、产品以及相关程序和方法的应用；学会活动的规划、管理、组织、协调活动，涵盖公益、商业、服务等；学习日常生活和人际交往中的一些常识和基础知识，并且能够将其应用到实际生活中。③能力目标方面，关注社区内现存的知识，努力运用所学来尝试解决问题；掌握日常生活、家政服务和社区服务的基本技能；培养学生的组织能力、管理能力、社交能力以及反思能力等。

（二）教学资源与学校环境的分析

教学资源和学校环境是社会服务活动设计和实施的基础。学校和教师在策划社会服务活动时，应认真分析学生情况，仔细挖掘、分析和评估各种活动资源，以充分满足学生需求为前提，同时展现学校和社区的特色。例如“南锣鼓巷公益语，北京胡同小主人”综合实践活动方案[②]的“教学资源与实践条件设计”模块中，对教学资源与学校环境的分析如下：①学校的办学理念。

---

① 韦红旅．中小学综合实践活动活动递进式主题设计研究［D］．广西师范大学，2019.

② 北京教育科学研究院基础教育教学研究中心．小学综合学科实践活动活动案例研究［M］．北京：北京师范大学出版社，2016：245.

黑芝麻胡同小学的办学理念是践行陶行知教育思想。陶行知认为“生活即教育，社会即学校”，主张让学生走进广阔的社会生活之中，获得教育、实践真知。创造教育来自生活，为生活而创造，基于学生生活，服务于社会。陶行知的“创造教育”思想是学校的办学特色，学校鼓励师生走入生活，面向生活创造。多年以来，通过走访、洽谈，与南锣鼓巷10多户商家建立合作关系，成立学生综合实践活动基地。学校也和社区街道有着深入和广泛的联系。因此，让学生走进社区，有着环境上可操作的基础。②社区的丰富资源。学校所在的社区——南锣鼓巷，是北京著名的文化休闲街。因为每天游人如织，所以街道、商家制作的各种公益语非常多。这其中有的温馨，有的生硬。学生可以围绕公共设施、店铺、街巷、游客、店主、社区工作人员、教师等资源进行深入的探究。

（三）活动内容的安排

活动内容是社会服务活动策划的重点。学校需要在开展社会服务活动之前先了解相关的活动理论和国家文件，然后结合学校的办学思想来确定指导思想，并以此为依据选择适当的服务内容。首先，需要确保选择的活动内容符合学生的认知水平和年龄特点，并且能够为他们提供教育意义。社区扶危济困志愿者活动、社会主义新农村建设、某些工厂的生产过程和节能减排新措施，以及山区资源和环境考察等，对大多数小学生而言是非常合适的活动。其次，需要在选择和确定活动内容时，同时考虑到学生不同年龄段的智能水平和接受程度，并且要充分考虑学校环境和资源特点，以确保活动的有效性。在活动现场污染严重并且会威胁到学生身体健康或难以保障学生人身安全的情况下，不应该筹划学生的参与。再次，在组织和安排活动内容时，应遵循就近原则，以学生的生活经验、认知水平和能力特点为基准，按照年级或学段进行规划和设计。活动设计的主体应该是学生。学生参与制订活动方案可以使活动与学生真实的生活和精神世界相结合，这样可以让学生的经验和智慧融入活动中，从而激发他们的热情、提高思辨能力、增强责任心和意志力，促使活动成为学生发展的通道。此外，编排主题和内容时，应考虑使用特定的维度或线索。

（四）实施过程的设计

活动实施过程是整个社会服务活动方案的核心部分，是活动方案中对活动的具体实施最具有指导性的内容。

方案实施过程中应包括课时的分配、活动主题的选择方式、活动组织形式、活动的流程、活动资源的管理，以及指导教师的安排、活动常规要求等诸项内容。

社会服务的实施过程会因服务的类型和内容等的不同而有形式上的差异，但是一般来说，所有经过精心设计的社会服务过程都包含几个关键要素，这些要素实际上也构成了服务学习的基本实施环节。概括来说，社会服务活动的基本实施步骤①包括以下几点。

1. 明确服务对象和需要

开展一项社会服务活动是从确定服务对象及其需要开始的。服务对象的选择可从以下几个范畴来考虑：一是它可以是人，也可以是机构或组织；二是除了人之外，还包括动物、植物、环境等；三是从地域上来看，服务对象可以来自学校、社区、国家和国际社会。确定服务对象就是确定服务对象的需要。开展高质量的服务是社会服务的基本标准之一，而要保证服务活动的高质量，在技术层面上首先要深入研究服务对象的真实需要，不认真研究服务对象需要的社会服务活动，往往是无效和无意义的，甚至可能给服务对象造成干扰或损害。

① 仲建维. 综合实践活动课程之“社会服务”：内涵、价值与实施［J］. 基础教育课程，2017（23）：16-20.

学生可直接接触的社区主要有学校、学校周边社区、家庭所在社区，因此，从有利于直接开展服务活动的角度来说，社会服务活动的服务对象主要来自这样的社区。相应地，对于开展社会服务活动来说，一条重要的途径是调查所在社区和周边社区的需要。调查的方式包括个人的观察和体验、关注媒体报道、问卷调查和访谈以及咨询社区机构等，通过调查得出服务对象的需要，例如校园的某一处需要绿化，低年级的某些学生需要学习辅导，社区里某所孤儿院的孩子需要陪伴和关心，社区里某个孤独的老人在生活上急需要他人帮助照料，等等。

2. 制订服务活动计划

制订服务活动计划是非常重要的，这在很大程度上决定着服务过程的质量。制订计划要经历一个前期调查研究和协商讨论的过程，虽然在这个过程中要尊重学生的主体性，即推动学生以主体身份参与服务计划的构想和设计，但是这个过程离不开教师的参与指导。

制订服务活动计划要通盘考虑社会服务活动的各种要素。可根据服务学习的内容和形式制订不同形式的服务活动计划，但一般来说服务活动会包括服务对象及其需要、活动目标、活动内容、需要运用的资源和前期准备、活动时间和地点安排、反思方式、展示和交流方式等。

3. 开展服务活动

开展服务活动是社会服务过程中最有生机和活力的一个环节，因为在这个环节真实体现着个人与社会之间的鲜活交互关系。不过，在进入服务现场之前必须做好扎实的准备工作。这里的准备除了指物质资源等方面的准备外，更重要的是要做好行动前的培训工作。培训内容主要包括三个方面：①相关的知识、技能方面的教育培训；②使用工具等方面的专门培训；③安全等活动过程注意事项的培训。

在行动阶段，要求学生必须做的一项工作是做好行动记录。做行动记录的意义：①可以记载和留住一段过程，进而和他人一起分享行动过程中所发生的故事；②做记录的过程是一个推动学生进行思维整理和反思的过程，在记录的过程中，学生留意某些事情，并在这种留意中发现某些信息、整理自己的体验、检讨过程中的问题和提出进一步的行动设想，进而通过这种思维整理，可以保证行动的连续性和合理性。

4. 反思服务经历

反思是社会服务非常重要的构成性特征。反思本质上是一种发现联系的探索，对于社会服务来说，反思至少包括两种意义：①反思促进形成自我意识。反思嵌入人们的意识，推动着人们思考自己的所见、知识、经验和情感，从而获得新的情感和认识的转变和成长。②反思改进和完善服务学习过程。服务行动的过程会有许多看不见的思维盲区、行动缺点，反思带来的学习成果会被吸纳到服务活动的过程之中，从而成为进一步影响和改进服务活动的过程和特征的建构性要素，并且维系着服务学习过程的持续性。

反思渗透于服务活动的全过程，但是反思也是社会服务过程的一个专门步骤和阶段，这个阶段发生在服务行动结束之后，它有助于学生更全面完整地审视整个服务过程和学习体验。就反思形式来说，可以运用多种形式，如撰写小论文和组织讨论。

5. 分享服务活动经验

分享服务活动经验是社会服务活动过程的一个必要阶段。分享本质上即展示、庆祝和邀请。学生都有表达和表现的需要，创造舞台让学生公开展示自己的成就，这体现了对学生的社会服务活动成果的认可和尊重，这种认可和尊重会激励和鼓舞学生进一步参与社会服务活动。对于参与这种分享的他人来说，自然也能通过这种分享获得某种间接经验和启发。

分享的形式多种多样。从学校的层面来说，学校可以编制一份报纸或者在校园里开辟展示专栏，展示服务学习参与者的人名和照片以及服务学习的成果。不过，更应该充分尊重学生对某种分享形式的偏好，如鼓励学生通过文章、图片、艺术作品、视频、幻灯片和表演等进行展示和分享。

活动实施过程不仅是教师实施活动的重要依据，也可以作为学校对社会服务活动的实施进行监测、管理和评价的依据。活动实施过程的设计一方面要能够体现社会服务活动的基本理念和要求，另一方面要充分考虑学校的实际情况，使社会服务活动的实施能够与学校的其他工作协调一致，确保计划的可行性。

（五）活动评价的设计

活动评价是必不可少的一步。应对社会服务活动进行全程评价，特别是在反思和分享中进行评价。社会服务活动评价是对学生个人发展的评价，帮助他们分析自身实际情况，认清自己的优点和不足，并提出具体、针对性的改进建议，以促使学生未来更好地参与社会服务活动。

首先，社会服务活动的评价重点在于关注活动的过程而不是结果。教师需要注意学生的成长过程，并通过观察、记录和分析来了解。收集和保留学生在社会服务活动中的关键数据，通过对这些数据的分析，了解学生在活动中的变化、发展和成长情况。教师应督促学生及时完善《社会服务活动记录表》，提醒学生记录活动的痕迹，如活动照片、活动日记等，以使评价更加客观准确。学生在关注评价过程时，可以避免为了结果而做出虚假的表现，因为他们明白别人注重的是他们的行为方式，而不是最终达到的成果。

其次，社会服务活动评价的设计应该重视个体的差异，不能使用统一的标准来评判所有学生。每位学生都拥有独特的兴趣和才能，他们各自具有优势和需改进之处，这些差异在各个方面都能体现出来。每个学生在参与社会服务活动时的表现、变化和发展都是独特的，不能统一对待。每位学生都可以为参与社会服务活动创建自己的档案袋，档案袋的封面应明确写上学生的班级、姓名和社会服务活动的主题。档案袋中的文档都是有意选择的，不能随意摆放。可以将以下材料放入档案袋中：①在筹备社会服务活动过程中的材料，即《社会服务活动计划》。②社会服务活动开展过程中的材料，包括《社会服务活动记录表》《社会服务活动反思表》、活动日记以及具有代表性的活动照片等。③分享展示阶段的材料，包括活动总结、活动反思以及活动成果等。建立个人档案袋可以更全面地记录社会服务全过程，帮助学生进行反思，同时教师也能够更及时、准确地了解每个学生的活动过程，从而更全面、客观地评价每个学生在社会服务活动中的表现。

最后，“社会服务”活动的评价主体应该是多元的。学科学习的评价通常只有教师作为主体，而社会服务活动的评价主体则可以包括学生、家长和社区等，并不仅限于教师。因此，为了促进学生的全面发展，可以设计一份《社会服务活动评价表》（表5-7），通过不同主体从各自的视角出发，根据所见事实对学生进行客观、真实、全面的评价，让学生更清楚地了解自己在活动中的表现，同时也能更好地促进学生的全面发展。每个科目的评估维度不同。[①]

表5-7　社会服务活动评价表

班级：＿＿＿＿＿　　姓名：＿＿＿＿＿　　社会服务活动主题：＿＿＿＿＿＿＿＿＿＿＿＿＿＿

评价主体	评价内容	评价结果描述
学生自评	1. 你是否参与了社会服务活动主题的确定和计划的制订？	
	2. 你在社会服务活动中充当什么角色？	

① 邹小娜．“社会服务”课程实施的实践研究［D］．宁波大学，2020.

续表

评价主体	评价内容	评价结果描述
学生自评	3. 你在本次社会服务活动中遇到的最大的困难是什么？	
	4. 你在本次社会服务活动中最大的收获是什么？	
	5. 你在本次社会服务活动中习得哪些学科方面的知识与技能？	
	6. 你还会继续参加其他社会服务活动吗？	
组内互评	1. 该组员在本次社会服务活动中是否积极参与、合作？	
	2. 该组员在本次社会服务活动中提供的最大帮助是什么？	
	3. 该组员在本次社会服务活动中所展现的最重要的品质是什么？	
	4. 该组员在哪些方面还需要改进或提升？	
教师评价	1. 学生是否积极参与社会服务活动主题的确定和计划的制订？	
	2. 学生是否全程参与了本次社会服务活动，包括行动、反思和展示？	
	3. 学生是否达成了本次社会服务活动的服务目标和学习目标？	
	4. 学生在本次社会服务活动中的“高光时刻”是何时、何地、何事？	
	5. 学生有何需改进之处以更好地开展下一次社会服务活动？	
家长评价	1. 孩子是否在家与您讨论本次社会服务活动，并寻求您的支持和建议？	
	2. 孩子在家是否自己主动完成社会服务活动中的活动任务？	
	3. 您认为孩子对社会服务活动的兴趣如何？	
	4. 通过本次社会服务活动，您的孩子有哪些方面的成长？	
	5. 您希望孩子在社会服务活动中有何收获？	
	6. 您还会继续支持孩子参加其他社会服务活动吗？	
社区评价	1. 是否欢迎学生在社区开展社会服务活动？	
	2. 该学生在本次社会服务活动中是否积极、努力？	
	3. 该学生所参与的本次社会服务服务活动给社区带来了什么积极影响？	
	4. 还会继续支持孩子在社区内开展服务活动吗？	
	5. 希望学生在社区内开展什么社会服务活动？	

总而言之，在社会服务活动的评价设计中，应当坚持发展性评价的理念，采用多主体、多元评价方式，将形成性评价与终结性评价融为一体，同时需要明确评价的原则和方法。

案例链接

“唱响‘义工服务’主题曲”活动方案[1]

一、活动设计意图

小学生正处于个人身心迅速发展时期和学习参与公共生活的起步阶段，处于道德品质、情感态度和价值观念形成的基础阶段，此时组织学生参与社区公益服务活动，有利于培养学生“关心他人，服务他人”的公益意识，同时有助于学生在公益活动学习和实践中体会自己的社会价值，从中感受个人存在的价值。三年级下学期在学生掌握自理能力、拥有集体服务意识、家园劳动观念和班级建设责任感的基础上，安排“社区公益服务我参与”这一主题，其目的是让学生进一步走出教室，走进社会，积极参与公益服务活动，以自己的劳动满足社会组织或他人的需要，获得自身发展，提升实践能力，成为乐于服务、敢于担当的人。

本主题安排了三个活动，“活动一 寻找身边为我们服务的人”，让学生通过观察，发现身边有哪些人为我们提供了什么服务，感受他们的服务精神，产生服务他人的意愿；“活动二 一起参与服务行动”，让学生走近为我们服务的人，通过调查、采访，了解他们的服务内容，并根据实际情况，制订体验计划，为他们服务；“活动三 唱响‘义工服务’主题曲”，让学生在家人或老师的帮助下，选择义工项目（整理图书、小区清洁、为小区活动提供服务等）、体验当小义工，为有需要的人提供服务，提高自己的社会实践能力，并通过做服务记录、展示服务照片、汇总义工服务项目、改编劳动之歌等方式，在感知他人服务的快乐的同时做好义工宣传活动，传播正能量。

二、活动目标

价值体认：拥有公益服务意识和社会责任感，感受为他人服务的快乐。

责任担当：公益服务活动中积极承担任务，坚持做好服务。

问题解决：能想办法解决在社区服务活动中遇到的困难。

创意物化：能做好小义工，为他人提供力所能及的服务。

三、学情分析

三年级的学生，有较强的自理能力、集体服务意识、家庭劳动观念，掌握了基本的劳动技能技巧，具有团队合作意识、实践能力和一定的沟通能力，对一切事情充满热情，有着强烈的参与欲望，但同时也存在社会实践经验缺乏、考虑问题不全面、遇到问题不冷静等问题，因此在教学过程中，老师应指导学生联系家长、社区，充分利用周边资源，选择适合的义工服务项目，并在开展活动前对该项目可能遇到的困难进行分析，帮助学生获得信心，事后通过展示照片、交流分享、互动评比等方式帮助学生获得服务他人的成就感。

四、活动重难点

活动重点：选择适合的义工项目，参与义工服务活动并做好服务记录。

活动难点：学习如何做好义工工作。

① 陈碧瑜．综合实践活动理论与实务［M］．广州：广东高等教育出版社，2019：184.

五、教学实施过程

教学环节	具体教学活动
回顾导入	1. 身边有很多为我们服务的人，有老师、清洁工、食堂工作人员等，我们通过体验也感受到了为他人服务的快乐，那么我们可以为他人做些什么呢 （以微视频的方式播放老师、清洁工、食堂工人为人们服务的画面） 2. 让我们也尝试着当一天义工
认识义工	1. 你了解义工吗？（事先请同学们搜集有关资料）请几个学生说一说 2. 通过交流，全面认识义工（标志、组织、工作内容等）
活动实施	1. 确定义工项目 师：做义工、为他人服务是一件快乐的事，你觉得我们可以为他人做些什么 指导学生根据所处环境、身边资源及他人需要来确定服务项目（图书馆整理图书、社区环境清洁、社区绿化等），可以是学校组织的、可以是父母带着参加的，还可以是小组集体参加的 2. 学习服务技巧 师：为了更好地为他人服务，我们必须要掌握服务方法 指导学生根据不同的服务项目，从时间、地点、服务要点、预设困难、准备工作等方面做好准备工作。重点针对可能遇到的困难进行分析，引导学生学会解决问题。
活动实施	1. 义工服务体验活动 师：一切准备就绪，请大家按计划开展服务活动，并做好服务记录。（教师可以根据实际情况，对某一小组的实践活动进行跟进，了解学生义工活动开展情况） 2. 指导学生分享活动收获 师：当了一天小义工，相信你们的服务一定给他人带去了便利与温暖，那我们都为他人提供了什么服务呢？服务中有哪些难忘的瞬间呢？活动中是否遇到困难，又是怎么解决的呢？让我们回顾活动过程，整理活动收获，用恰当的方式与大家分享。请各小组说说你们打算怎么样与他人分享，准备分享哪些内容？ 指导学生选择恰当的内容，运用合适的方法分享义工服务活动，如视频播放、图片回顾、美篇介绍、即兴介绍等 师：各小组都开展了体验活动，让我们一起来分享自己的活动收获，展示精彩瞬间吧 各小组分享义工服务活动收获 3. 唱响义工服务主题曲 师：为你们这些小义工的出色表现点赞。老师有个想法，你们每个小组都写一首诗，赞美本组组员为他人服务的精神，同时也希望更多人参与到义工服务中来，你们觉得该怎么写 ①分组讨论后，各组写一写义工服务曲（题目内容自定） ②分享各组的义工服务曲 ③请音乐老师指导谱曲或请家长参与谱曲，也可以借用学生喜欢的歌曲进行改编 ④各小组分组排练，唱响义工服务曲（可与成果展示活动相结合，成为成果展示活动中的一个环节）
活动总结	1. 总结 通过义工服务活动，你最大的收获是什么 学生交流后教师总结：从服务前、服务时、服务后三个不同的环节进行总结，获得开展义工活动的方法与经验 2. 反思 本次活动中你们组还有什么做得不够的？如果再给你们一次当义工的机会，你们会怎么改进 培养学生总结反思的习惯

六、教学评价建议

对于三年级学生来说，及时地做好过程性评价和结果性评价，不仅能激励学生参与活动的积极性，同时也有利于学生对自己的表现进行总结反思。因此，建议根据活动的需要做一个义工服务活动情况评价表。

同学义工服务活动情况评价表

评价项目	自我评价	组员评价	教师评价	家长评价	综合评价
能提出为他人服务的项目	☆☆☆☆☆	☆☆☆☆☆	☆☆☆☆☆	☆☆☆☆☆	☆☆☆☆☆
能用自己的话介绍义工的特点	☆☆☆☆☆	☆☆☆☆☆	☆☆☆☆☆	☆☆☆☆☆	☆☆☆☆☆
能做好义工服务活动前的准备工作	☆☆☆☆☆	☆☆☆☆☆	☆☆☆☆☆	☆☆☆☆☆	☆☆☆☆☆
能按计划开展义工服务活动	☆☆☆☆☆	☆☆☆☆☆	☆☆☆☆☆	☆☆☆☆☆	☆☆☆☆☆
能用恰当的方式记录义工服务活动	☆☆☆☆☆	☆☆☆☆☆	☆☆☆☆☆	☆☆☆☆☆	☆☆☆☆☆
能与大家分享义工服务收获	☆☆☆☆☆	☆☆☆☆☆	☆☆☆☆☆	☆☆☆☆☆	☆☆☆☆☆
能参与到义工服务主题曲的编写活动中	☆☆☆☆☆	☆☆☆☆☆	☆☆☆☆☆	☆☆☆☆☆	☆☆☆☆☆
能对自己的义工服务活动进行总结反思	☆☆☆☆☆	☆☆☆☆☆	☆☆☆☆☆	☆☆☆☆☆	☆☆☆☆☆

评价：按表现情况涂“☆”。

第三节　设计制作活动的设计

一、活动主题设计

“设计制作”类的综合实践活动注重学生动手制作，通过实践学习的过程，学生不仅可以锻炼动手能力，还有助于发展思维技能。因此，在活动设计过程中，教师需要坚持动手操作与思维发展相结合的原则，为学生提供更多的实践机会。另外，教师还需要遵循科学探究与课程价值相结合的原则。首先，教师要确定这个主题是否具有科学性、价值性，是否符合学生年龄段的认知发展水平和动手操作能力，是否能够激发学生对探究的乐趣。同时，教师需要进行初步的研究与分析，包括资源调研和学习者特征分析等，以了解设计制作类相关课程的实施情况和现有问题。此外，教师可以利用个人教学经验进行课程分析，通过征求学生意见、专家建议以及与其他教师的讨论来确定活动主题。总的来说，确定设计制作活动的主题需要考虑主题的科学性、可行性和价值性，同时还需考虑是否能满足学生的需求。

“设计制作”类的综合实践活动主题的来源是丰富多样的。在我们的日常生活中，凭借一个想法、一个灵感或一个启示，我们都可能激发出无限的主题和创意。但归根结底，我们会发现这些创意和主题都与我们的生活密切相关。因此，可以通过在生活中寻找创意的方式，来发现隐藏在创意中的各种主题。综合实践活动与学生的生活密切相关，设计制作类活动的主题是从生活中汲取灵感的，而每个活动中的问题和发现都是学生对生活中的各种事物进行探究的结果，这些在生活中找到的问题和发现必须用科学而合理的方法来解决。《指导纲要》在附录部分列出了一些活动主题，都是从学生的实际生活出发，并结合劳动技术领域（表5-8）和信息技术领域（表5-9）确定活动主题，可供主题设计参考。

表5-8 设计制作活动（劳动技术）推荐主题及其说明

学段	活动主题	简要说明
1~2年级	1. 我有一双小巧手——手工纸艺、陶艺	学习简单的手工制作，通过动手制作折纸、纸贴画、纸编，玩泥巴（手捏陶泥、轻黏土、软陶）等，掌握纸工、陶泥制作的简单技法，初步体验动手操作的乐趣
	2. 我有一双小巧手——制作不倒翁、降落伞、陀螺等	选择日常生活中的多种材料，制作不倒翁、降落伞、陀螺等玩具；探究、交流制作方法，提高动手操作能力及探究兴趣
3~6年级	1. 学做简单的家常餐	掌握几种简单的烹饪技能，学会洗菜、切菜、拌凉菜、炒家常菜和炖菜等；学会煮面条、包馄饨和包水饺等。了解健康饮食的重要性，感受劳动和生活的乐趣，形成积极的劳动态度
	2. 巧手工艺坊	利用纸质、布质等多种材料学习传统手工艺制作技术，包括：纸艺、布艺、编织、刺绣、珠艺、插花艺术等。初步树立技术意识，培养实践创新精神、动手能力和审美情趣
	3. 魅力陶艺世界	学习陶土材料（软陶、轻黏土等）的捏塑、盘筑、镶接等基本技能；有条件的可尝试自制个性化的陶艺手工作品。学习陶艺基本技艺，自主探究创作，激发好奇心和想象力
	4. 创意木艺坊	使用手工锯、曲线锯、木板、KT板、乳胶、砂纸等工具和材料，初步掌握木工直线锯割和曲线锯割技术，运用插接、钉接、粘接等连接方法制作小木工创意作品。在学习木工基本技艺过程中，学习创意表达，提高动手实践能力，体验工匠精神
	5. 安全使用与维护家用电器	了解家用电器的种类并建立家用电器档案；了解1~2种家用电器的发展过程，理解创造发明对社会发展的作用；会阅读简单的家用电器说明书，并在家长的指导下学习正确使用及安全维护的方法。感受技术对社会进步的影响，进一步增强技术意识，养成自主学习的良好习惯
	6. 奇妙的绳结	了解绳结种类、符号，学习绳结的编织技法，初步掌握编织工具的使用方法，学会中国结、救生结等装饰结和实用结的设计与制作。感受中国民间艺术的魅力，理解生命意义和人生价值，提高安全意识和自我保护能力
	7. 生活中的工具	观察五金店或调查家庭中的常用工具和简单机械；设计《生活中工具和简单机械的调查表》，将身边的常用工具（筷子、开瓶器、起子、扳手等）以及课堂教学活动中使用的工具和简单机械（剪刀、美工刀、尖嘴钳、木工小机床等）的名称、作用、用途等列出来；认识其作用、原理、用途，并学会使用常用工具和简单机械。学会根据需要来选择合适的工具和机械，培养科学探究精神和技术意识及能力
	8. 设计制作建筑模型	了解房屋的一般结构；知道本地民居、校园的基本建筑式样与材料、基本特征与功能。用木板、纸板、KT板、陶泥等多种材料制作民居、校园等建筑模型。初步学习识读图纸，会表达设计思想，初步形成技术设计能力，增强环保意识、人文情怀和审美情趣
	9. 创意设计与制作（玩具、小车、书包、垃圾箱等）	在生活中收集各种材料和用具，特别是一些废旧物品，根据一定的科学原理，尝试进行创意设计，制作简单的玩具、小车、书包、垃圾箱等，激发创新精神，提高动手实践能力

表5-9　设计制作活动（信息技术）推荐主题及其说明

学段	活动主题	简要说明
3~6年级	1. 我是信息社会的“原住民”	认识计算机的外部组件，学习鼠标操作，体验用计算机听音乐、看电影、学习课件等。了解信息和信息处理工具，初步掌握计算机的基础知识和基本操作，认识信息、信息技术在社会生活中的重要性，建立初步的信息意识
	2.“打字小能手”挑战赛	掌握键盘知识和基本指法，学会用键盘输入的方法，为今后的信息技术学习打好基础，体验数字化学习带来的乐趣
	3. 我是电脑小画家	学习使用画图类的软件，利用鼠标作画来描绘身边的美好生活，熟练掌握鼠标操作的技巧，为今后的信息技术学习打好基础，同时形成相互协作、共同完成任务的意识
	4. 网络信息辨真伪	启动浏览器，浏览网站，利用搜索引擎搜索并获取自己需要的信息，在此基础上，学习保存需要的网页。掌握在网络上搜索信息的能力，提高判断真实信息和虚假信息的能力
	5. 电脑文件的有效管理	掌握查看文件的基本操作方法；新建文件夹，以及复制、移动、删除文件等；建立共享文件夹，在局域网中共享文件，体会文件在信息管理中的重要性
	6. 演示文稿展成果	了解演示文稿的结构，学习在文稿中插入幻灯片，复制、删除、移动演示文稿中的幻灯片，在幻灯片中输入文字以及插入艺术字和图像；设置简单的动画效果，为演示文稿设置超链接和动作，保存、预览、打印文稿等。增强信息意识，培养利用数字化工具完成作品设计与创作的能力
	7. 信息交流与安全	申请电子信箱并收发电子邮件，按需求管理电子信箱中的电子邮件，了解垃圾邮件的危害；学会使用一种即时通信工具；了解计算机病毒，学习查杀计算机病毒的操作方法。养成规范、文明的交流习惯，树立安全意识
	8. 我的电子报刊	录入文字并保存，设置段落对齐的方式、文字格式和间距，制作艺术字标题，在文档中插入图片，使用在线素材库，给文本框添加边框、背景、阴影等效果，绘制形状图，给文章添加页眉、页码、脚注，利用插入的表格进行求和、计算平均数、求最大数等，发布与交流电子报刊作品。了解文字处理软件的用途及使用方法，感受用表格展示信息的特点，初步形成数据处理的基本能力和意识
	9. 镜头下的美丽世界	使用数字拍照设备拍摄图像、视频，用图像管理软件浏览图像，设置图像管理软件的参数，学习批量操作图像文件，调整图像的明暗、色调，裁剪图像，为图像添加边框，生成电子相册等；学习用视频编辑软件截取视频片段、合并视频、转换视频文件的格式等。体验数字化图像、视频为人们生活、学习带来的便利，并初步接触知识产权、肖像权等知识，增强信息意识与信息社会责任
	10. 数字声音与生活	录制声音，保存声音，了解声音文件的基本格式，连接、混合声音，剪切声音片段，设置淡入淡出的效果，转换声音文件的格式等。体验数字化声频为人们生活、学习带来的便利，提高数字化学习与创新的信息素养，进一步加深对知识产权的理解，增强信息社会责任
	11. 三维趣味设计	了解三维设计的基本思路，理解三维设计的应用，用三维建模软件设计一些与学习、生活相关的物品，亲身经历在综合情境下运用多种技术实现个性化、定制化产品研发的过程。学会利用技术解决真实问题，并初步感受文化创意产品的传播规律

续表

学段	活动主题	简要说明
3~6年级	12. 趣味编程入门	了解所学语言编程的基本思路，理解所学编程语言中程序设计的基本结构，掌握编程的方法和步骤，编写出简单的程序。通过学习简单的编程语言，初步树立计算思维的信息素养，为中高年级程序语言的学习打好基础
	13. 程序世界中的多彩花园	利用建模的思想，使用程序编写的方式绘制各种图案，结合其他工具制作出明信片或者填色书，让不同的学生进行手工填色，完成各种各样的精彩图画。体会程序设计在美术制作领域中的作用，体会技术和艺术之间取长补短的关系，提升审美素养
	14. 简易互动媒体作品设计	使用常见的外部设备，结合常见的编程语言，设计出通过多样化的信息输入方式呈现出各种有趣效果的互动作品。培养将新奇创意变为现实的意识，掌握人机互动的原理，体会跨学科学习的魅力，提高动手实践能力
	15. 手工制作与数字加工	将电路知识和艺术设计结合起来，制作一个手绘图案的盒子，将各种电子元器件连接在盒子内部，使之成为发光的盒子。然后利用计算机将手绘的图案变成可以复制的、大规模印刷的电子文档，制作一排“发光墙”。初步了解大工业生产模式和手工模式的区别和联系，亲历单元设计以及单元连接成大型装置的过程，理解模块的概念在艺术设计中的应用

二、活动方案设计

（一）活动目标的设计

设计制作活动重在解决实际问题，教师在设计活动的具体目标时可以从知识、能力、情感三个方面着手。

1. 知识目标

· 学会使用一些生活中常见的材料和基本工具，了解简单工艺品和技术品的制作过程和方法。

· 了解原有产品的性能，并且能够根据大众对新产品的需求提出改进意见，从而设计出满足大众需求的新产品。

· 会编写简短的提案、制造指南和观察记录等。

2. 能力目标

· 在设计制作作品中提高学生的制作能力及信息运用能力。

· 在活动的设计实施中培养学生的规划能力、领导能力、解决问题的能力及创造力。

· 能充分利用活动中的人、财、物等资源，对自己设计的产品能做出适当的评价。

· 培养学生解决问题的实际能力以及协作能力。

3. 情感目标

· 学生在组织活动的过程中形成责任感。

· 形成技术意识，注意关注研究周围的技术问题。

· 在简单的技术学习中形成科学的态度和技术创新意识。

· 在活动中形成与技术相关联的经济意识、质量意识、审美意识、环保意识等。

在实际的活动方案设计中，活动目标的设计也可从三维目标出发，在总的目标框架内结合具体活动主题，有重点地设计相应的目标。例如，“设计未来的义烈巷小学”目标设计①如下。

1．情感目标

了解母校的过去和现在的变化，激发学生对母校的关注和热爱，让他们积极参与实践活动，形成自觉保护学校自然环境的意识。养成初步的学校主人翁意识，增强责任感。

2．知识目标

通过开展学校环境的调查活动和向父母、年长老师咨询以及到图书馆查阅资料等方式了解学校的历史和现状。

3．能力目标

通过调查活动培养学生收集、处理信息的能力。以学校未来的环境为切入点，培养学生的想象力、创造力，动手操作能力和基本的交往与协作能力。

（二）活动内容

1．活动内容选择的原则

为了确保设计制作活动的有效性和学生的参与程度，选择的活动内容应当与当地的生产实际、社会实际和学生的生活实际密切相关，并体现出一定的地方特色和区域特征。另外，活动的选择还应考虑到其适应教学需求以及综合原则。在设计制作活动时，应选择能够激发学生学习兴趣，并与他们的年龄特点和已有基础相匹配的内容。同时，它还具有挑战性的意义。活动的内容应该有助于学生主动学习，并且有助于教师在活动中进行指导。最后，设计制作活动选择的内容还应该包含丰富的多学科知识，有助于整合多方面教育内容和培养学生的综合视野，同时也有利于横向沟通和纵向联系。活动材料应具备经济、安全的特点，且它们应简便、轻巧、易于获取、价格低廉、便于再次使用，并且高度可靠和安全。

2．活动内容选择的范围

（1）劳动实践。包括校园内的自我服务劳动、公益劳动；在社区进行的社区公益劳动；在当地厂矿企业或在农村的农田、林场、牧场、渔场等场所进行的简单生产劳动等。

（2）技能练习。主要有常见的工具使用、常见材料加工、常规构件或部件的连接，日常生活中的技术产品的使用、维护与保养；具有一定技术特征的生活技能，如日常烹饪、衣物缝制、常见洗涤等方面的技能学习，以及一些简单的、通用的工农业生产的基本技能练习等。

（3）工艺制作。主要指能体现技术特征、具有地方特色的传统工艺品的制作活动，以及纸塑、泥塑、编织、印染、雕刻、刺绣、电子等项目作品的制作等。

（4）简易设计。包括对一个简要技术作品的需求调查、方案构思、草图绘制、模型制作、调配装试、交流评价等活动。

（5）技术试验。主要指技术实践、技术探究过程中所进行的一些简单的技术小试验，如种植、养殖中的农业小试验，常见材料的性能试验，技术设计作品的功能试验等。

（6）发明创造。主要指从现实的生活和生产需要出发，以人类未曾出现的技术产品或技术手段为对象，采用一定的创造技法、系列化的步骤，努力形成具有一定创新性成果的活动。

（三）活动准备

为保证设计制作活动的顺利进行，活动前的准备工作必不可少，相关指导教师必须做好这方面的工作。一般来说，活动准备分为以下几个部分。

① 何杰．小学综合实践活动［M］．南京：南京大学出版社，2018：111.

1．知识准备

要了解与活动主题相关的知识背景、原理，熟悉相关工具的使用方法以及制作技术等。

2．资源准备

在了解和熟悉学校现有器材和可使用资源的基础上，合理利用本地的自然资源和人文资源，为学生的活动创造更广阔的空间，让这些活动真正与生活相联结。

3．了解学生

为了有针对性地开展活动，应该了解学生的知识、操作水平和日常学习生活等信息。

除了教师进行必要的活动准备外，学生在活动正式开始之前，也需要做一些准备工作。学生应当根据活动需求进行适当分组，以形成活动小组。小组内的学生应该根据自己的专长来合理分工，并商议安排工作。

（四）活动过程

虽然不同类型的设计制作过程不尽相同，但总体来说，设计制作类活动的基本步骤一般如下[①]。

1．创意设计

设计作为一种“热情的目的性行为”，本身是关于多元解决方案的提出与选择。因此，几乎所有的设计活动都有两项关键要求：创造性和想象力、全面性和苛求性。这一阶段主要包括：定义问题，即明晰“问题”的本质属性，全面考虑设计的约束条件（如可用材料的限制），厘清与该问题相关的学科知识（如科学概念）；然后进行猜想，通过集体讨论并运用大量的独创性设计理念和解决方案表达出设计理念（如用思维导图画出），并将不同的解决方案呈现出来，接着从中选出一个设计理念、一套解决方案。

2．选择活动材料或工具

选择合适的材料和工具是使创意设计的梦想变成现实的重要条件。设计制作的材料可以包括纸、木、皮、布、纱、线、泥沙、金属制作材料等；工具可以包括锯、钳、锥、钻、锉、针、仪器、饮具、笔、电加工等传统工具，编程工具、数据库、可视化工具、概念图、超媒体等思维工具以及激光切割机、3D打印机、摄影摄像机、机器人等数字化、智能化工具。

在这个过程中，需要注意的是要为学习者对材料的判断、自身能力的判断提供机会。材料的判断是指能够根据解决问题的需要、现实条件及材料本身的属性特征选择恰当的材料。为了发展这样的“材料认知技能”，需要为学习者提供一个独立判断与选择的机会，哪怕是做出不恰当的甚至是错误的选择，也可以是反思性学习的契机。能力的判断是指学习者可以观察并判断自身能力的极限。在实践过程中，学习者若夸大自己能做的事情，也需要通过体验其后果才能进行学习，因而教师仍需为此提供机会。

3．动手制作

创意物化意味着学生需要进行现场工作，进行系列程序的“动手”操作——将创意物化为人工制品。动手制作的程序可能包括折叠、裁剪、切割、测量、浇铸、制模、作图、激光雕刻等手工制作，以及建模、编程、3D打印等数字制作。例如，在小学阶段，学生可以开展手工设计与制作；借助于信息技术，设计并制作有一定创意的数字作品。

当然，制作活动并不仅限于“手”，通常还包括心灵、眼、耳、口、手、足等方面的技能和动作的相互适应和协调。在这个环节中，需要特别注意工具使用的安全性与规范性。

4．交流展示物品或作品

交流展示物品或作品是设计制作过程中不容忽视的一个环节。学习者通过交流设计制作的实

① 钱旭鸯．综合实践活动课程之“设计制作”：内涵、价值与实施［J］．基础教育课程，2017（23）：21-25.

践过程（包括期间所经历的快乐乃至痛苦），展示实践成果，解释其工作原理，阐明并提升其思维过程等，以期与同伴在思维、情感上“相遇”。

在此过程中需要注意：一是鼓励学生以多元方式进行交流、展示，促进学生多元化自我表达能力的发展。例如，可以以戏剧表演、绘画、数字故事等方式进行表现；以展板、橱窗、电子显示屏等多种手段展示物品或作品。二是鼓励学生相互欣赏、相互关心，不断践行积极的倾听与对话，避免消极的批评与指责。这既有利于学生审美意识、交流能力的发展，也有利于其团队意识和互助精神的形成，为学生社会责任感的发展奠定重要基础。

5. 反思与改进

反思与改进过程是学生发展反省思维必不可少的环节，且这里的反思具有双重意义：第一个意义在于学生通过对实践过程中的行动及其结果做出思考，可以使行动及其结果更趋完善；第二个意义在于学生的“在行动中反思”变得更加娴熟，从而成为反思性实践者。反思主要指提示学生评估和评价自己的工作，以及问题解决方案的适切性，并思考是否有更好的方式来解决问题、实现目标。而以更好的方式来解决问题，并对新设计再一次进行测试的过程即为改进。

此外，为使设计制作活动具有真正的教育价值，还应满足以下几个条件：一是以特定活动目的和行为激发、支持学生持久的兴趣；二是避免只有琐碎的活动、暂时的娱乐性，而是要让活动本身具有内在的价值；三是在设计制作开展过程中要适当地提出问题，以唤起学习者新的好奇心与求知欲望，以将其思维引向一个新的境界；四是要有充足的活动时间，以确保设计制作活动过程的连续性，而不是零散、无关联行动的拼凑。学习者通过经历这一多阶段、多步骤、多维度的设计制作过程，既加深了对设计、制作内涵及其特征的理解，也发展了社会理解力和责任感。

（五）活动成果展示与评价

完成作品的设计与制作并不意味着活动的终止，学生需要获得适当的评价来衡量他们的学习成果。设计制作活动的特殊性决定了它不能采用传统评价方式，需要结合形成性评价和终结性评价两种评价方式。在教学过程中，教师可以收集学生每个阶段的任务卡或阶段性作品，进行写实记录和建立档案袋，以此来评价学生的学习成绩，而不仅仅是依靠分数来评估。教师在作品完成后，可以通过学生展示和分享作品来了解他们对知识的理解和掌握程度，以及技能的熟练程度。可以采用自评、小组互评和师生互评等方式，以促进评价方式的多样性。除此之外，一旦活动结束，教师还能够采用调查问卷和面谈的方式，客观地了解学生对该门课程的感受、看法和建议，这样有助于推动教师对教学进行反思，进而进一步改进和完善课程。

案例链接

“软陶仿刺绣装饰画设计”活动方案[①]

一、指导思想与理论依据

《指导纲要》本着“以学生为中心”的理念，注重引导学生体认、践行社会主义核心价值观，培养社会责任感、创新精神和实践能力；要求通过探究、服务、制作、体验等方式进行学习，尊重学生的自主选择与创造，真正让学生“活”起来，“做”出来。

① 黑岚. 小学综合实践活动课程的设计、实施与评价［M］. 北京：清华大学出版社，2020：25.

《中共中央 国务院关于进一步加强和改进未成年人思想道德建设的若干意见》中提到思想道德建设是教育与实践相结合的过程。要按照实践育人的要求，以体验教育为基本途径，区分不同层次未成年人的特点，精心设计和组织开展内容鲜活、形式新颖、吸引力强的道德实践活动，使未成年人在自觉参与的过程中思想感情得到熏陶，精神生活得到充实，道德境界得到升华。

二、教学背景分析

1. 教学内容分析

刺绣是我国的传统民间技艺，是我国的传统文化，因刺绣不易保存，因此成为比较具有收藏价值的藏品。近年来，传统手工刺绣慢慢走近世人的眼里，走出国门，不少流派进入了地方或国家级非物质文化遗产，这种穿在身上的刺绣、学在手上的传统技艺需要不断地传承下去。学校的软陶课程是根据学生对软陶的喜爱及软陶的特点，通过让学生熟悉软陶材料，让学生能由浅入深地掌握软陶的基本制作方法，进行想象和再创造，培养学生健康、高尚的审美情趣，动手设计和制作能力，提升学生的核心素养以及勇于探索的精神。

教师在此基础上设计了“软陶仿刺绣装饰画设计”课程实践活动，以弘扬中华民族的优秀传统文化为主线，课程研究引导学生研究刺绣历史，在课程实践活动中，学生通过老师讲授，了解中国刺绣文化的相关知识，并根据学生已有的生活经验进行软陶仿刺绣作品的设计与制作。学生通过小组合作探究的方式研究发现软陶制作的新技法，亲自动手实践，将学到的新方法运用到刺绣作品中，运用全新的方式传承刺绣文化。

2. 学生情况分析

本次课程面向的学生为五六年级及初一学生，五六年级及初一学生已具备了一定的动手操作实践能力，在三年级美术课中接触过软陶，并在课程活动中心学习过软陶课程，经过前期对学生情况的调研，发现学生对于刺绣知识听说过，见过刺绣作品，有些同学家里爸爸妈妈制作过十字绣作品，只是没有亲自动手制作过刺绣作品。证明学生对我国传统工艺有一定的了解，对平面造型花卉的软陶方法熟悉，在此基础上进行刺绣文化的讲解及软陶技法研究对于学生来说容易接受，便于本次课程的教授。

三、教学方式

遵循学生的认知规律，教学方式采用任务驱动式教学，学生完成仿刺绣软陶作品设计。

四、教学重难点

教学重点：运用软陶仿刺绣纹理的制作方法完成一件仿刺绣纹理的花卉装饰画。

教学难点：软陶仿刺绣纹理划痕的制作技巧。

五、教学目标

（1）学生能了解我国传统工艺——刺绣的历史，说出软陶仿刺绣纹理的制作方法，制作一件软陶仿刺绣纹理的花卉装饰画。

（2）学生能结合分组探究的方法，通过绘制设计图锻炼学生构图及设计创新的能力。

（3）学生能主动体会我国传统工艺之美，激发学生积极投入传承和发扬我国刺绣传统文化的行列中，体验动手制作的快乐。

六、教学过程

教学环节	时间（分钟）	教师活动	学生活动	设计意图
导入揭题	5	一、游戏“找不同” 教师：今天，在每组桌上老师分别准备了两件作品 提问1：请你们观察，它们是用什么材料制成的？对于软陶，我们都不陌生，谁还记得软陶都有哪些特点 教师小结：软陶具有多变性，可塑性和高温烘烤的特点 提问2：这两件作品，你最喜欢哪一件？原因是什么 二、刺绣历史介绍及学生质疑 教师：在课前布置一个小调查，哪位同学愿意跟大家分享一下你调查的关于刺绣的知识 （1）教师讲解：看来同学们对刺绣还是很了解的，老师也通过搜集资料找到了一些关于刺绣的知识，我们通过一段视频来了解一下吧（观看视频） （2）教师讲解：刺绣不仅是我国传统的民间技艺，更是我国的一种传统文化。因为它不易保存，所以被称为比较具有收藏价值的藏品。而且现在不少流派进入了国家级的非物质文化遗产中。了解到这里，你们能猜到我们这节课要做些什么吗 三、揭示课题 教师：今天这节课，我们就要用软陶来制作一幅仿刺绣效果的装饰画，感受别样风格的刺绣美	学生回答：软陶 学生介绍：延展性、可塑性，高温烘烤 学生回答：因为像刺绣的那件作品，很有立体感 学生介绍：关于刺绣的特点	·通过对比激发学生的兴趣，让学生学会思考 ·通过回顾已有知识，引出刺绣 ·通过提出问题让学生学会思考，引发学生主动探究的欲望，进而为揭示课程做准备
探知技法	15	一、学生小组探究刺绣纹理的制作 教师：在每个小组的桌上都准备了相应的工具及软陶，请小组讨论、研究、实践一下怎样用软陶完成一件刺绣作品 二、教师总结提炼 教师总结：根据大家的汇报得出结论，我们可以用尖的物品作为工具，代替刺绣中的针，用划痕的方式，借助软陶完成仿刺绣的作品（出示其他仿刺绣作品） 三、教师演示讲解制作技法 教师讲解：我们知道了制作技法，下面我们就通过一段视频深入了解一下如何完成刺绣纹理的方法吧	·学生分组讨论 ·学生小组汇报研究结果 ·学生分析作品，回答问题	·以任务研究法驱动学生主动探究刺绣纹理的欲望，以尝试→激发认知→艺术思维的过程拓展 ·借助学生在探究性学习活动过程中得出的制作方法加以总结，有效降低后期学生制作过程中的难度 ·用视频演示的方式直观地让学生了解制作刺绣纹理的技法，突破教学中的重点

续表

教学环节	时间（分钟）	教师活动	学生活动	设计意图
制作体验	50	一、学生进行仿刺绣作品学习单的填写 （1）教师提问：制作方法我们都知道了，但完成这样一副仿刺绣的装饰画都需要哪些步骤呢？老师在每个小组的桌上准备了学习单。你能迅速找到制作刺绣纹理所需的步骤吗 （2）教师小结：我们需要准备工具、绘制设计图、动手制作的步骤来完成仿刺绣装饰画的制作 （3）教师讲解：为了让同学们对步骤流程了解得更加细致，这里有一段视频，请大家认真观看 （4）教师讲解：下面就请你们按照学习单上的流程动手完成今天的制作 二、问题交流 （1）教师提问：在制作过程中你们遇到了哪些问题想和大家交流 （2）教师讲解：同学们的基础图案已经完成，在制作刺绣纹理时遇到的问题，请大家看看视频中老师是如何做的（视频演示） 教师巡视指导，重点对学生在划痕方面进行个别指导	· 学生填写学习单 · 学生观看视频 · 学生按照学习单的流程进行填写并制作 · 学生依据学习单将制作过程中出现的问题进行交流 · 学生观看视频	通过填写学习单，为学生梳理制作流程，锻炼学生构图及设计创新的能力。视频演示有助于学生及时掌握制作方法，教师从划痕的力度与角度，给予个别指导，突破教学中的难点，学习单的设计可以为学生记录学习痕迹，通过发现的问题为以后的创新增加经验
展示评价	12	（1）教师讲解：大家的作品已基本完成，现在需要放到烤箱里烤制进行最后的定形。在这段时间里，请你们对自己的作品进行评价，并邀请小伙伴进行评价（评价表） （教师出示评价表，宣读评价标准，从参与活动的态度、制作中解决问题的能力、制作的过程、完成作品的收获这四个方面以优秀、良好、一般三个等级让学生填写评价表进行自评，及小组内互评） （2）对烤制后的作品进行二次评价（集体评议），推选出优秀的作品	· 学生填写评价表 · 学生根据评价表结合自己的仿刺绣软陶作品进行汇报评价，互评	借助及时的过程性评价，运用多元化的评价形式，以评价表的方式对学生进行评价，提升学生的学习能力，让学生在学会欣赏他人作品之美的同时，对所学知识进行回顾
拓展升华	8	一、学生课程收获分享（结合评价单） 教师提问：今天的主题课程活动你们学到了哪些知识 二、总结提升 教师总结：我们可以用尖的物品作为工具，代替刺绣中的针，用划痕的方式，借助软陶完成仿刺绣的作品 提问：你还能利用这种技法做出哪些具有中华传统特色的软陶作品呢？（出示一些软陶仿刺绣作品供学生欣赏）感兴趣的同学可以回家多多思考，下次课上带来我们共同分享	学生回答：（软陶仿刺绣技法）	分享过程中引发学生更多思考
板书设计		软陶仿刺绣装饰画设计 工具：尖的物品 方法：划痕		

第四节　职业体验活动的设计

一、活动主题设计

（一）选择主题的原则

职业体验活动要注重学生的亲身参与和实际体验，同时强调活动的真实性，在确定主题时应遵循以下准则①。

1．从生活出发，开展丰富的专题活动

学生最好的学习环境是实际生活，这样能帮助学生养成从生活中学习、从实践中学习的习惯，并培养解决实际问题的能力。因此，在设计职业体验专题活动时，应该以生活为来源，从生活出发，全面考虑学生的爱好、特点和能力。例如，每年的4月15日是我国的“全民国家安全教育日”，旨在唤起公民对国家安全的重要性认识，并强调国家安全需要每个人共同维护。通过教育日的相关职业体验专题活动，将国家安全贯彻到每个人的身上。除了通过开展专题活动来激发小学生对祖国的热爱，还可以播放一些震撼人心的影片，唤起学生对祖国的崇拜之情，从而在他们心中树立起一种保护国家安全的信念。在节日庆祝活动时，可以邀请退伍军人来校园，让学生了解军人的责任和工作，向小学生传授国家安全的重要性，给他们灌输保家卫国的观念。通过多种专题教育活动，让学生认识到每个人都有不同的社会责任，以促进他们核心素养的发展。

2．以核心主题为主，兼顾其他领域

教师在指导学生选题时，需要充分论证选题，并以职业体验的特定领域为主进行活动主题的设计，同时还要考虑满足其他领域的要求。以“小小陶艺师”为例。核心领域是职业体验，即学生学会制作陶艺。在制作陶艺的过程中，学生还可以了解陶艺的历史背景、陶艺创新设计等。

3．多方位渗透，融于学科课程

在设计职业体验活动的过程中，可以融合各个学科的知识，通过这种联合的方式来增强小学生分析和解决实际问题的能力。以学科特色、学校理念为基础，学校相关人员可以精心巧妙地设计研究适合小学生兴趣的职业体验课程项目，职业体验活动可与学校诸多课程（如科学、道德与法治）相结合。比如，《科学》课本上的知识往往是静态的，如在“种植我们的植物”课程的学习中，学生在课堂上只了解到植物栽种的流程，关于植物培育的后续以及植物是否生根发芽并没有得到很好的落实。为此，科学教师可带领学生在校园中开辟一小块土地，体验“校园小园丁”的工作，让学生分组合作种植植物，每隔一周观察一次植物，并写观察日记。在这种情境化的学习中，学生可把在课堂中学到的知识应用到生活中去，写观察日记时也会应用语文写作方面的知识，通过这样的训练，既增强了学生的责任感，同时也提高了他们的文化修养水平。

（二）选择主题的范围

按照美国职业指导专家金斯伯格的职业生涯发展理论，从童年到青少年阶段，职业生涯的发展分为幻想期、尝试期和现实期三个阶段。小学生的成长正是经历对职业从好奇、幻想到兴趣，到有意识培养职业能力，综合认识和考虑自己的兴趣、能力与职业社会价值、就业机会，开始进行择业尝试的逐步成长过程。小学职业体验活动在3~6年级开展，这个年龄阶段的学生大多处于

① 伊江月，陈鹏．小学职业体验活动的价值意蕴与实现路径［J］．教学与管理，2019，783（26）：2.

职业幻想期，他们能从外界感知到许多职业，对于自己觉得好玩和喜爱的职业充满幻想并进行模仿。这一阶段开展职业体验活动，以理解并遵守公共空间的基本行为规范、初步建立自我与职业之间的关系为目标，主要从学生身边选择对技能要求较低的职业作为体验岗位，了解职业的基本环节和流程。[①]为了让学校更有效地开展职业体验活动，基于对这个阶段学生身心成长特征和职业体验，《指导纲要》推荐了小学3~6年级职业体验活动推荐主题，如表5-10所示。

表5-10　职业体验活动推荐主题及其说明

学段	活动主题	简要说明
3～6年级	我是小小养殖员	在教师的指导和组织下，亲手饲养1~2种常见的小动物（如小金鱼、小乌龟、小白兔等），农村地区的学生可以帮助家人养家禽等，记录饲养过程，完成它们成长过程的观察记录，懂得饲养的正确方法；学会用数据、照片、视频、语言描述等方法交流自己的观察结果和饲养体验。初步了解并掌握若干种小动物饲养的简单方法，增强关爱小动物以及人与动物和谐相处的生态意识
	找个岗位去体验	联系学校周边商场、图书馆、派出所、环保局等单位，体验理货、整理图书、打扫卫生、协警等岗位；初步体验职业，感受不同职业的劳动，体会各种职业劳动的艰辛。初步树立尊重别人劳动成果的意识，体会劳动创造幸福生活的内涵
	来之不易的粮食	调查和实地考察农民，了解当地主要粮食作物的种类，认识各种粮食作物，观察农作物生长，体验作物栽培管理（如除草、间苗、浇水、施肥等），感受粮食的来之不易，初步树立爱惜粮食、尊重他人劳动成果的意识和行为习惯
	走进立法、司法机关	收集信息，了解人民代表大会、法院、检察院等的职能；走进法院、检察院等；与司法机关工作人员进行座谈；旁听法院庭审；组织开展“模拟审议”“模拟法庭”等活动；交流分享对法律尊严的理解和认识，尊崇法治，敬畏法律，具有规则与法治意识
	我喜爱的植物栽培技术	在教师的指导和组织下，亲手种植1~2种常见农作物或花卉，观察记录它们的生长过程，掌握栽培的基本方法；学会用数据、图画、语言描述等方法交流自己的观察结果和种植体验。学会使用简单的种植小工具，初步掌握种植的一般方法，增强与自然和谐相处的生态意识

二、活动方案设计

职业体验类综合实践活动将职业体验式学习与职业生活情境联系起来，就是让学生置身于丰富的、与各种职业活动相关的情境之中，让其全身心地参与到各种职业性的实践活动中去，使其获得相应的真切认知与情感体悟，从而加深对自我世界、生活世界、职业世界和社会发展的理解，并将这样的理解与其自身的未来相联系。[②]

（一）活动目标设计

职业体验类综合实践活动的开展是为了培养学生的职业意识和职业兴趣，课程主体是学生，因此在活动目标的设计中要以学生的心理、生理特点和成长规律为依据。另外，职业体验类活动

① 黄琼. 中小学职业体验活动要抓住关键要素：《中小学综合实践活动课程指导纲要》“职业体验”主题解读［J］. 人民教育，2018，781（Z1）：70-71.

② 杨燕燕. 综合实践活动课程之“职业体验”：内涵、价值与实施［J］. 基础教育课程，2017，215（23）：29.

开展是为了帮助学生做好走向未来社会职业的准备，活动面向学生未来的职业，因此在目标设计中要聚焦在职业认知，职业意识培养，职业领域知识学习、技能掌握等与职业相关主题的体验与学习，同时，还要注意活动中职业教育意义的灌输和渗透。因此，在设计活动目标时可以从知识与技能目标、过程与方法目标、情感态度与价值观三个维度来设计。知识与技能目标强调自我认知和职业认知。学生参与职业体验，认识和理解职业及其对应的专业；掌握职业所需知识、技能；引导学生认识自我与建构积极的自我意识；学会了解和运用职业信息。过程与方法目标强调职业探索。学生通过个人、小组、集体探索活动，培养搜集整理资料的能力、实践操作能力、解决问题能力、沟通合作能力、创新能力等。情感态度与价值观目标强调职业价值观与职业规划。参与职业体验，体会劳动的快乐，感受职业的艰辛，培养学生热爱生活、关注社会的思想感情；了解职业的意义，树立正确的职业价值观；培育职业理想，学会初步规划职业生涯。

（二）活动内容设计

为了实现职业体验类综合实践活动课程的教学目标，有必要对该活动内容的设计进行细致与深入的思考，尤其是挖掘、设计不同的体验情境以创设不同的体验活动。体验的情境可以分为两大类：一类是根据职业情境的真实程度来划分，一类是根据主体是否直接置身于职业情境来划分。根据真实程度，情境可以分为真实情境和模拟情境。对于真实情境主要在于选择，对于模拟情境更多在于设计。真实情境即生活中各种真实的职业场所，在真实情境中的职业体验通常通过参观、见习、实习、师徒制等形式。模拟情境即所设定的环境是抽去了真实环境本身所具有的复杂性之后所做的一种再现，也就是说模拟情境其实是一种简化了的环境，但一般具有真实情境中最基本、最具代表性的要素，这种情境的呈现需要经过设计，可以反复给出，可以远离工作现场。虽然在模拟情境中获取职业体验相对于在真实情境中会欠缺一些体验的丰富性和全面性，但是由于真实情境对于社会资源的依赖程度较高，模拟情境的营造可能会更加可行与便捷一些，因此教师可以在学校为学生创造更多的体验机会。根据主体是否直接置身于职业情境，体验可分为直接体验和间接体验。上述真实情境和模拟情境中的体验都属于直接体验，除此以外还可以利用诸如访谈、讲座、经验交流等形式使学生获得相关的间接体验。[①]

（三）活动过程设计

活动过程的设计是职业体验类综合实践活动课程设计与实施的第三个关键要素。职业体验类综合实践活动课程的落脚点不是在职业体验活动上，而是在课程的设计与实施上。不要将职业体验类综合实践活动课程简单地等同于一次公司的参观学习，或者职业学校、实践基地等几天的体验活动。课程是教育的最佳载体，因此，在职业体验类综合实践活动过程设计中，要突出的不是活动性，而是课程的职业性、实践性和教育性。[②]《指导纲要》指出，职业体验的关键要素包括：选择或设计职业情境；实际岗位演练；总结、反思、交流经历过程；概括提炼经验，行动应用。这四大关键要素实际上体现了体验式学习过程的四个基本步骤，也是在活动过程设计中需要遵循的几个关键环节。

1. 选择或设计不同的体验情境

任何职业体验都发生在特定的情境之中，因此实施过程的首要环节是选择或设计职业情境，这是为了确定学生进行职业体验的具体情境，是开展职业体验的前提。

① 顾建军．小学综合实践活动设计［M］．北京：高等教育出版社，2020：86.

② 缪迅．职业体验课：连接未来［N］．中国教师报，2014：13.

2. 实际岗位演练

本阶段的主要活动有：职业观察与学习。学生在学校及教师的指导和带领下进入职业体验场地进行现场观察。

教师可鼓励学生采用多种方式进行观察记录，如拍照、文字、录音、写日记等。小组成员可以相互配合，多种方式相结合，记录活动过程中的认识、体会与反思，记录活动的过程与方法，记录观察中发现的问题，记录活动过程中的相关数据及收集的文字资料在活动结束后每位学生需完成观察记录表。观察记录表要包含项目名称、体验人、体验时间、体验地点、体验时长、小组成员、活动目的、体验过程、体验感悟等内容。

指导学生在真实的职业场景下进行职业角色体验，掌握基本的职业技能，体会不同岗位的特点与责任，有利于其形成理性的职业认识。每完成一次体验指导教师都要提醒学生填写《职业体验记录表》。《职业体验记录表》详细记录学生的体验时长、体验内容与体验感悟。指导教师签字，写评语。

学生在职业体验中体验与思考的深度及广度与教师的指导紧密相关。有效的职业体验中，教师指导不应是一种直接的“指令式”或“告诉式”指导，而是借助一些工具，如提问、量表、价值澄清、任务驱动等，引发学生对体验情境的选择、对体验过程的回顾、对体验感受的体悟与分析等。只有富有引导性的指导，才能激发学生进行批判性反思并做好对经验的提炼概括，从而达到综合实践活动课程中“职业体验”的相关目标。

3. 总结、反思、交流经验

总结、反思、交流经验过程是对一定情境中的具体体验进行反思分析的现实过程，这两个环节实际上包含并反映了体验式学习过程“体验+思考”的关键特征。

（1）整理资料。活动结束后，每个学生要整理好个人材料，并由小组长对小组成员的材料经汇总后分类整理。可参照以下模式进行分类：①文字类，包括日记、访谈记录表、观察记录表、活动反思等。②实物类，包括小制作、照片、模型、学生种植的植物等。

（2）展示成果。小组成员讨论成果展示方法。成果展示方式多样，比如：学生可以表演职业中的事情；可以以晚会或主题活动的形式在全校进行交流；可以制作宣传手册等。同时，还可以对自己的未来职业进行畅想，根据自己的职业体验，设想自己将来的职业或设想将来社会中可能会产生的新职业，以此来开发创新能力。

（3）组间交流。各小组之间进行初步交流与沟通后，学生交流小组体验的主题、过程及在职业体验过程中的情感体验。教师鼓励学生提出疑问与建议。同时，小组之间进行互动交流，让学生学习其他小组的成果，了解其他职业的基本特点，开阔视野。

（4）撰写职业体验活动总结报告。活动结束后，小组成员讨论活动收获，总结活动成果，形成对职业的系统化认识与评价。

4. 概括提炼经验与行动应用

概括提炼经验与行动应用作为反思分析的结果，既是前一个体验式学习循环的终点，也是下一个循环的起点，反映了体验式学习过程螺旋上升的特性。

教师指导学生依据生活情境，将自己所学应用到社会生活中，实现活动的深化与升华。经过几个月的学习、观察与体验，学生已具备多方面能力，在日常的生活学习中，教师和家长要适当地创造条件，让学生学会运用自己所学的技能。[①]

① 黑岚. 小学综合实践活动课程的设计、实施与评价［M］. 北京：清华大学出版社，2020.

案例链接

“小小预算员”活动方案①

一、指导思想与理论依据

综合实践活动课程是通过经历有目的、有设计、有步骤、有合作的实践活动，结合实际情境，体验发现和提出问题、分析和解决问题的过程。在给定目标下，感受针对具体问题提出设计思路、制订简单的方案解决问题的过程。通过应用和反思，进一步理解所用的知识和方法，了解所学知识之间的联系，获得活动经验。在实践活动中，整合语文、美术、信息技术、科学等多学科知识，达到知识的综合、灵活运用目的。

二、教学背景分析

1. 教学内容分析

这次综合实践活动主要是让学生利用所学知识进行教室装修预算，学生综合利用数与代数、图形与几何、统计等多方面的知识解决装修中的实际问题。其中要经过了解客户需求、调查测量数据、筛选数据计算、形成预算表格等一系列活动，他们要面临数据筛选、综合计算、汇报说明等多种实际能力和多学科知识的挑战。因此，让数学与其他学科的“真整合”，多种学科知识与生活的“真运用”，解决活动中真正面临的问题，体验数学与实际的“真联系”，感受生活中数学处处存在很有必要。

2. 学生情况分析

本班是五年级学生，共28人。学生对装修也仅有一些感性认识，对装修的项目和费用基本是空白。学生虽然具有一定的数据测量基础，但是综合地、有目的地进行测量和筛选有一定的困难；学生有小组合作交流的学习习惯，但是口语表达技巧，特别是与社会人的交往能力还有一定的难度。

3. 教学方式

调查研究、自主、合作、探究。

4. 教学重难点

教学重点：预算方案的设计。

教学难点：数据的整理分析。

三、教学目标

（1）通过运用已经学过的数学知识，解决教室装修费用问题，形成活动预算表。

（2）通过制订简单的方案和市场调查的过程，提高设计和信息处理的能力，体验数学与实际生活的密切联系。

（3）通过课堂展示学习成果，提高与人沟通的勇气和技巧，增强团队合作意识。

① 黑岚．小学综合实践活动课程的设计、实施与评价［M］．北京：清华大学出版社，2020.

四、教学过程

教学环节	时间（分钟）	教师活动	学生活动	设计意图
一、采访导入	5	1. 播放视频：采访客户郑校长 2. 谈话：同学们，今天我们一起来解决教室装修预算的问题，同学们一起做一次“预算员”吧 3. 板书课题：小小预算员	观看学生采访视频	通过观看视频，了解客户的需求 （与语文学科知识整合，进行口语交际、记录采访内容等）
二、活动介绍	15	1. 本次活动五（1）班28名同学平均分为4个预算小组，即地面预算组、墙面预算组、门窗预算组、装饰预算组 2. 说明前期准备：分组以后，同学们通过交流讨论、市场调查，请教学生家长，整理出了计划中需要的项目：测量数据，计算面积，材料选择，材料数量，人工费用，计算金额等。我们这次的“小小预算员”活动，得到了一些学生家长的大力支持。		通过老师的介绍，回顾本次活动的分工、前期准备、家长的帮助。让学生能够有整体性的再次感知
三、全班汇报	17	教师在每个小组汇报后，组织其他小组的学生进行评价互动	1. 展示要求 介绍人：思路清晰，声音洪亮，表达准确 其他人：学习优点，提出建议 2. 学生展示：分组展示 （1）地面预算组 ①整体思路介绍 ②地板砖：种类选择，总价等 ③踢脚板：具体用途，总价等 ④沙子水泥：体积及配比、总价等 ⑤人工费用：用工价格、用工总价等 ⑥合计金额	·明确展示要求 ·4个预算小组分别进行汇报，一个小组汇报时，其他3个小组的学生认真倾听，听后进行评价，学生们在这个过程中，不仅经历了本组的实践过程，而且还了解了其他小组的情况，这样学生们的数学活动经验更加丰富（与语文学科知识整合，锻炼学生口语表达与逻辑思维能力） （与美术学科整合，地板砖的选择，提高学生色彩、图案搭配能力）

续表

教学环节	时间（分钟）	教师活动	学生活动	设计意图
三、全班汇报	17	教师在每个小组汇报后，组织其他小组的学生进行评价互动	（2）墙面预算组 ①整体思路介绍 ②计算面积：涂刷面积 ③墙固胶、涂料、腻子粉、 ④油漆：选择、总价等 ⑤人工费用：用工价格、用工总价等 ⑥合计金额 （3）门窗预算组 ①整体思路介绍 ②窗户：选择、总价等 ③更换前后门：选择、总价等 ④人工费用 ⑤合计金额 （4）装饰预算组 ①整体思路介绍 ②灯：选择、总价等 ③窗帘：选择、总价等 ④电线、插座、开关：选择、总价等 ⑤桌椅：选择、总价等 ⑥合计金额	（与信息技术学科知识整合，利用网络搜集到的墙固胶知识，提高学生搜集信息的能力） （与科学学科知识的整合，门窗的选择与采光、采光与身体健康的知识，培养学生学科学、用科学的精神） （与科学知识的整合，灯的选择与安装，与用眼卫生的关系，提高学生的健康意识） （与品德与社会学科知识的整合，电线、插座的选择，提高学生安全用电常识）
四、总结提升	3	1. 反思：通过这次数学预算活动，各个小组、每个同学都经历了预算过程，那你们觉得做预算最重要的是算什么呢？那我们又是怎么算的呢？ 2. 老师小结：装修预算是一个综合的实践活动，我们全班4个小组展示了预算的内容、过程及费用，同学们通过小组合作，充分运用数学知识及其他学科知识和已有经验对各部分装修做了整体规划，能全面考虑问题，做得很好	回顾反思	· 通过这次综合实践活动，帮助学生厘清预算过程的内容和方法，使学生有明确清晰的认识 · 通过这次活动肯定学生的成长，让学生通过这次活动感受规划的重要性，懂得在以后的生活中对每件事都要有计划
五、拓宽视野	5	拓展任务："家庭装修再设计"预算方案 今天我们又学会一项新本领——做装修预算，如果以后我们的家里进行装修，同学们就可以为家里做一次装修预算方案，做家庭的小小预算员		· 把课内的实践活动延伸到课外，使孩子们的数学知识学"活"，真正体会数学与生活的联系

思考·探究

1. 请简述考察探究活动主题确立的渠道。
2. 请谈谈社会服务类活动的基本步骤。
3. 请简述设计制作活动内容选择的范围。
4. 请提出3~5个有价值的职业体验活动主题。
5. 请以“我是校园小主人”为主题，为小学六年级学生设计一个考察探究活动的方案。

第六章 小学综合实践活动方案的优化

学习目标

1. 理解小学综合实践活动方案优化的内涵及意义。
2. 了解小学综合实践活动方案优化的原则及主要依据。
3. 掌握小学综合实践活动方案优化的方法及策略。

课程评价是教育评价的重要组成部分，它是基于系统调查与描述的基础上对学校课程是否满足社会与个体需要程度的判断活动，以实现对学校课程现实或潜在价值的评判，从而持续改进课程并提升教育价值。综合实践活动方案的评价关系到综合实践活动方案能否不断优化，而综合实践活动方案的优化是确保实现活动预定目标的关键，它决定每次实践活动是否朝着正确的方向发展，对指导教师和学生的理念和行为起着指导作用，并能够推动后续实践活动的顺利进行，形成良性循环。因此，本章通过对综合实践活动方案的要素、内容等的评价手段及方式的叙述，明晰综合实践活动方案的优化步骤与方法。

第一节　综合实践活动方案优化的内涵与意义

综合实践活动课程是一门全新的课程，新课程改革的教育平台为其提供了更广阔的创新发展空间。学校教师可以根据学校实际情况和办学目标，结合学校特色建设等因素，对综合实践活动进行优化。以融合的方式设计，实现考察探究、社会服务、设计制作、职业体验等领域的优化整合。综合实践活动的特殊之处在于在教师的指导下，学生通过自主探索，包括发现问题、搜集处理信息、表达交流等，不仅能获得知识、技能情感态度的发展，还能培养探索精神和创新能力。综合实践活动的这一特点要求在综合实践活动方案的优化过程中采用与之相适应的评价方法，反映一些教学评价新理念的评价方法必然成为综合实践活动课的重要优化方式。

在现代小学教育中，课程的设置需要同时考虑到学生个性发展的需求以及社会发展的需求。优化综合实践活动方案就是以学生的兴趣和爱好、学校和社区的需求为基础，解决学生关心和社会关注的实际问题为目的的学习活动。而以这样的学习活动为内容的课程设置，则能够恰当地达到现代教育的需求目标。因此，我国在新课程改革中明确要求在小学教育中大力开展综合实践活动。

实践表明，一节优质的小学综合实践活动课，需要一个科学详细且经过优化的活动方案。小学综合实践活动方案即为了实现小学综合实践活动而编制的书面计划。这是活动前的必要准备，体现了整个活动的预设性，以确保活动的有序进行。一个完整的小学综合实践活动方案通常包括活动主题、活动目标、活动适用对象、活动设计与指导者、活动准备、活动时长、活动实施过程、活动实施建议以及活动评价建议等基本要素。通过明确上述基本要素并制订活动方案，可以增强学生对活动的认识，使他们能够清楚地了解活动的步骤和过程。“凡事预则立，不预则废。”为了提高“预”的效果，教师可以通过制订课程方案、在课上讲解计划的重要性和必要性、指导学生掌握活动方案的要素和格式、自主地设计或修改活动草稿，并通过交流、合作、论证的方式进一步完善活动方案。具体来说，优化综合实践活动方案具有以下几个方面的价值体现。

首先，优化综合实践活动方案对于培养和发展学生个性特长，挖掘教师潜能以及提高教师素质至关重要。优化综合实践活动方案主要包括活动方式调整、活动内容完善以及活动目标落实，这些都有助于提升学生与教师综合素质。优化综合实践活动方案能够促进教育观念的变革，使人们能够自觉地摆脱传统教育模式，调动学生参与活动的积极性，并实现全面提高学生素质的目标。同时，通过优化方案，可以帮助广大教师尽快掌握综合实践活动课程的特点和规律，从而推动教师素质的全面提升。

其次，综合实践活动方案的优化是推动活动目标达成的关键步骤，有助于活动组织者提前了解和预测目标在活动中实现的程度，预先考虑和避免活动过程中可能出现的问题，节约资源并减少实施风险。在此意义上讲，综合实践活动方案的优化更是必不可少的环节。

最后，综合实践活动方案的优化是课程管理中不可或缺的重要方式，对于活动的实施成果和后续改善都有极大的推动作用。通过对综合实践活动方案进行优化，可以总结和吸收方案设计的经验教训，从而为调整和完善实践提供理论基础和实践依据。

第二节　综合实践活动方案优化的原则及依据

要对方案进行全面优化，就必须根据新课改的导向、《指导纲要》的精神、学生的学情和校本文化，对活动方案进行科学评价。

一、新课改的导向

2001年，教育部发布了《基础教育课程改革纲要（试行）》，明确指出了“改变课程实施过于强调接受学习、死记硬背、机械训练的现状，倡导学生主动参与、乐于探究、勤于动手，培养学生搜集和处理信息的能力、获取新知识的能力、分析和解决问题的能力以及交流与合作的能力”。并且在强调改变师生关系的背景下，要求教师在教学过程中与学生积极互动，共同发展。教师需要妥善处理传授知识与培养能力的关系，注重培养学生的自主性和独立性，引导学生质疑、调查和探究，使他们通过实践学习，同时在教师的指导下主动地、富有个性地学习。我国在新一轮基础教育课程改革中提出了综合实践活动，这是一个全新的课程领域。评价活动方案时，必须根据新课改的导向来进行。要设计和评价综合实践活动课程方案，必须根据新课改的理念，以符合国家课程计划的相关规定为准则，并确保课程方案具有教育性；方案要指向提高学生的综合素质，体现全面性；方案应该体现对学生创新意识和能力的培养，并且要具有先进性；方案要体现如何提升学生的思想品德修养和对自己文化的认同；方案要融合科学精神和人文精神，同时还要承认学生的批判精神并鼓励他们大胆探索；方案评价时还要认真考虑安全因素，并制定措施，同时考虑协调各个方面的活动参与人员。

二、《中小学综合实践活动课程指导纲要》的精神

2017年教育部印发的《指导纲要》引领了综合实践活动课程研究与实践的新篇章。综合实践活动课程的教学方案评价应该以《指导纲要》为准绳，因为其中的相关规定即活动方案评价的直接依据。《指导纲要》规定，综合实践活动课程的性质属于跨学科课程。设定了培养学生全面素质的课程目标，课程开发针对学生的个体生活和社会生活，课程实施注重学生主动实践和开放生成，课程评价强调多元评价和综合考察。综合实践活动课程的总体目标是增强学生的价值观、责任感、解决问题能力和创新思维，并根据学生所处的小学、中学、高中不同阶段进行有针对性的目标设定。综合实践活动课程的内容选择与组织需要表现出自主性、实践性、开放性、整合性和连续性。该课程的主要活动形式包括考察探究、职业体验、设计制作和社会服务。《指导纲要》对于综合实践活动课程方案评价起着直接的引领作用，为了保证综合实践活动课程评价的科学性和优化，必须时刻回顾纲要中相关的规定。

三、学生学情

学情是指学习者在特定时间段或特定学习活动中的学习状况。根据学生的学情来评价课程方案是对学生主体地位的体现，也是提高课堂有效性的关键所在，学情是方案设计的基础，同时也是方案评价的指导依据。教学方案的评判中，一个重要的考量就是方案是否能够体现教师根据学生群体特征、年龄特征和时代特征来预设教学场景和内容，并以此制定群体基本的教学目标，以及选择相应的教学方法等。学生可以根据个人情况选择适合自己的学习目标，而这些目标是根据层次和多元化的教学目标进行划分的。评价综合实践活动方案的优劣，需考虑到学生的认知水平和认知特征的差异，确保学生能够选择适合自己的学习目标，愉快地参与学习，以实现身心发展。

四、校本文化

综合实践活动课程是由国家、地方和学校根据实际情况合作开发的课程领域。判断课程方案是否能够体现学校特色是对方案进行评价的重要标准之一。在进行教学设计之前，教育设计者必须首先明确学校的教育理念，确切了解学校的愿景、使命以及培养学生的目标。教学设计的主题、目标和活动内容应与学校的校本文化紧密结合。应选择与学校所在地区特色相契合的教育资源作为教学方案的一部分。考察方案可行性时，需考虑资源是否适应当地和学校的实际情况、方案主题是否与学校课程体系相符、与其他课程的次序和递进关系等，这些是评估方案的基本标准。

对综合实践活动方案进行评价是一个复杂的过程，需要依据科学方法和原则，进行客观、全面、科学、实用的评价，以确定方案的可行性、优劣性和改进的方向。总体而言，应遵循以下评价原则：①客观性原则。对活动方案的评价要客观、公正、真实，不能受到主观因素的干扰。对于评价主体的评价，应该根据实际情况，采用科学的方式和标准，进行客观的评价。②全面性原则。对于活动方案的评价应该考虑到方案的各个方面，包括学校环境和学情等多个因素，做到全面、系统。评价者应该对方案的各个方面进行全面评价，不能仅仅从某一方面看待问题。③科学性原则。评价活动方案时，应该使用科学的方法和标准，以保证评价的科学性和合理性。④实用性原则。评价活动方案的实用性，就是说评价结果应该对决策和实施该方案起到指导作用。我们应该对评价结果进行分析和解释，同时提出改进方案和建议。

第三节　综合实践活动方案优化的过程与方法

一、对活动方案本身要素进行优化[①]

（一）情境与主题要素优化

综合实践活动特别强调问题的情境性，强调在真实情境下的体验和对困惑的感受，这是活动主题产生的根源。所以我们要把情境和主题作为一个有相互联系的要素。由于情境是与学生生活有关的真实事件，不同的情境将引出不同的问题，带来丰富多彩的学习内容；情境性问题的来源非常开放，不同的人即使在相同的情境中也会以不同的视角理解学习的内容，情境又将随着研究

① 文可义．综合实践活动方案的优化［J］．广西教育学院学报，2005（06）：4-8.

的过程不断变化，随着问题的发展而不断产生新的学习内容。

如何对创设情境进行优化呢？一是创设与学生日常生活相关联的情境；二是创设与学生知识基础相融合的情境；三是创设与学生社会生活相关联的情境。

主题优化首先考虑需要性。活动主题是否尊重学生的兴趣、爱好、需要是否考虑因人而异。其次是适宜性。要看情境和主题是否适宜学生的实际情况，应根据学生的知识经验水平，选择与学生能力水平相当或略高的主题。活动要贴近学生实际，主题切口要小，选择合适的活动主题。再次是可行性。善于帮助学生筛选、提炼有价值的、科学的、可行的小课题，避免伪科学的主题。最后是要注意新颖性，多考虑一些新的视角、新的观点。

（二）任务与目标要素优化

活动主题的任务、目标要符合综合实践活动课程的要求。活动主题任务、目标不能过高过大。任务、目标的制定要体现学生的自主性。

（三）组织要素优化

这里的组织要素，一是指不同的学习组织形式，如小组合作探究、个人独立探究以及在班级、年级或更大范围中展开的合作研究。这些都是有效的组织形式，教师要根据不同情况给予指导。二是指活动内容组织要素。我国设置的综合实践活动主要包括考察探究、社会服务、设计制作、职业体验四大领域的内容。这四大领域的内容主要是围绕“人与自然”“人与社会”“人与自我”三种关系维度来组织活动内容、确定活动主题。因此，在优化中要注意根据学生的不同特点、不同年段有所侧重，合理处理好三种维度间的比例关系，有计划地设计和组织三种维度的综合实践活动主题，同时注意整体把握，把四大领域的内容以及非指定领域的内容以融合的方式组成活动主题。

（四）过程要素优化

这里的过程要素，一是指整个活动方案设计的过程，包括活动主题产生过程、活动目标制定过程，此外还包括师生制订活动方案（计划）的过程；二是活动探究的整个过程，包括具体的探究过程、交流总结过程、评价过程等。活动探究的过程是学生实践的核心阶段。此阶段包括调查访问、收集资料、深入探究、经验分享、科学实验、小发明、小制作、交流与评价等。探究活动要求学生走出课堂、走出校门，积极开展社会调查和社会实践活动，要求把“死”的文献资料与现实生活中“活”的资源结合起来，引导学生充分关注当地的自然环境、人文环境和现实的生产、生活，把自己身边发生的事情纳入探究的内容，从而发现更多需要探究和解决的问题。

（五）资源要素优化

影响综合实践活动课程设计的资源要素是多元的，涉及人、物、环境等多个方面的课程资源。这些都是基础要素，要特别强调多方面资源要素的优化，包括满足学生发展的需要；教师开发综合实践活动课程的能力；学校特色的需要；社会发展的需要。

（六）评价要素优化

这里主要指评价活动方案设计中的“评价”要素的优化。一是分析评价的指导思想是否符合新课程评价的思想，是否以质性、过程、激励等评价为主。二是分析其评价方法是否适宜。例如，有的在活动结束后要求学生千篇一律地自选获得多少朵红花、多少颗红星，有的则干巴巴地要求写体会和感想，有相当多的方案没有启迪学生新的想法，有的则没有多元的评价主体，有的没有提示写一些深刻而独特的体验，等等。遇上这些应付式的评价必须提出优化意见，使活动方案本身的评价要素得到明确而具体的要求。

二、对活动方案的评价进行整体优化①

综合实践活动方案设计评价方法是多元的，需要根据具体情境灵活选择与运用。从评价形式看，有个人报告协商评价、学生活动小组评定、评价小组综合评定、方案报告答辩、专家审议等；从评价过程看，有诊断性评价、形成性评价（过程性评价）和总结性评价。从评价结果是否符合预期来看，有目标本位评价与目标游离评价。

综合实践活动方案的评价主要有以下几种方法。

（一）个人报告协商评价

设计者以书面材料的形式系统介绍活动方案的产生过程、活动方案名称、活动方案目标、活动方案内容、活动主题、活动过程的设想、活动方式的预设及活动成果、管理、评价、反思等内容，然后由学生小组、学校评价小组、家长、社区评价小组分别根据有关内容标准协商评价。

（二）专家审议

由于有的活动方案设计、模型制作涉及某一专业领域的相关知识，需要相关专家的支持，以保证评价的公正性和合理性。因此，这类综合实践活动方案的评价还要邀请相关专家，请他们对活动方案做专业的分析和判断。这里的“专家”是指相对意义上的专家。例如，在“花的联想”这一活动方案的评价中，可以征求当地的园艺专家，或者是从事此行业的学生家长的意见，请他们对活动方案进行评价。专家审议小组在对活动方案进行审议时，要注意解决其科学性、合理性、可行性等问题。

（三）诊断性评价、形成性评价和总结性评价

形成性评价和总结性评价这两个概念是由美国课程评价专家斯克里文1967年在课程评价领域首先提出的。形成性评价是在计划、方案或产品正在开发研制或寻求改进的过程中实施的，是通过诊断教育方案或计划、教育过程或活动中存在的问题，为正在进行的教育活动提供反馈信息，以提高正在进行的教育活动质量的评价。总结性评价是在计划完成或活动结束后实施的。常常与做出关于受教育者和教育者个体的决策、做出教育资源分配的决策相联系，总结性评价一般要求决定一个方案和产品是否继续使用。

我们结合国内有关综合实践活动方案评价的实践，建构了综合实践活动方案评价的大体过程、步骤，给传统的诊断性评价、形成性评价和终结性评价的评价理论赋予新的内容。

1. 对方案进行诊断性评价，以实现方案目标、内容（含课程资源）、过程与方法的优化

诊断性评价是对事件（物）进展过程中可能出现的互有关联的一系列问题做出评价诊断，也是事件（物）进行之前或事件进展至某一阶段的开始之前所做的评判，以求发现问题所在并且确定下一阶段的任务。诊断性评价的作用是在摸清情况、条件、基础和可能性等前提下，设法发现问题，诊断缘由。利用诊断性评价的结果进一步修订完善后一阶段发展目标，并帮助指导今后发展的计划。

可见，诊断性评价是在综合实践活动方案实施之前进行，用于考察方案需要和准备状态，从

① 文可义. 综合实践活动方案的优化［J］. 广西教育学院学报，2005（06）：4-8.

而提供有针对性的、迫切性的优化意见。这里的方案是指实施前的方案，包括教师指导方案和学生活动方案。综合实践活动课程方案是教师或师生共同编写的实施课程的一个规划和蓝图，它主要包括方案目标、内容、活动过程、活动方式方法、课程资源、活动评价等的制订和叙写。对综合实践活动课程方案实施前的诊断性评价，主要目的是诊断其是否成熟可行，从而对综合实践活动课程做出鉴别与选择，为进一步的课程方案修正提供信息，为学生进行课程的选择做出前期的质量监督。对实施前的综合实践活动课程方案进行评价，也可以称为原形评价。事实证明，在综合实践活动课程实施前的原形评价，能够产生最大的收益。通过原形评价，综合实践活动课程中出现的错误或不足之处可以在它贻误学生之前就被发现并得到纠正。

活动方案是否可行，方案目标、方案内容（含课程资源）、过程与方法的优劣是关键。因此，这一评价为方案目标的进一步优化，为方案目标、内容、过程与方法的改进提供了依据。方案的诊断性原形评价经常采用汇报、报告、提问、辩明、问卷调查、讨论、反思、分析等具体方法进行。

2．对方案进行形成性评价，以实现方案在实施过程中的问题得到及时改进

形成性评价是指发生在事件的形成过程之中、在事件进行和实施到了一定阶段之后必须做出评判的阶段性评价，它包含对目标的需求评价、方案设计评价、计划实施评价和价值推广评价等项目。

可见，形成性评价在学生学习综合实践活动的过程之中进行，旨在考察方案的长处和缺陷，从而提供改进的建议。对综合实践活动课程方案来说，由于它具有开放性、生成性的特点，在方案实施过程中，不可预测的情况时有发生，需要教师不断进行反思。在实施过程中，教师要不断回顾活动方案，所以活动方案的完善与调整是教师在实施过程中进行反思的依据。如果在活动方案中对学生、条件以及可能出现的问题做了很全面的考虑，活动目标比较清晰，那么在教师遇到生成性问题时，将会找到评价生成性问题价值的依据，并能据此对生成性问题的筛选及时修正、补充实施方案，从而提高综合实践活动课程的效率。形成性评价的作用主要表现为：在方案原型的试用阶段，边试用边评判边修正，一直到近乎完美、可以定型为止。形成性评价一般采用会议、同伴评估、观察、讨论、反思、提问、卡片、测验、访谈记录等方法。例如：开展讨论会，引导学生拓展活动主题。随着活动的展开，学生会遇到许多问题，因此，教师可组织学生开展一些讨论，甚至辩论，使一些有问题的学生在听取大家的意见后，将活动不断深入下去。在听取别人的辩论后，分析自己的不足，并努力去实践、创新。在一次“三湘院士知多少”的活动中，学生通过采访中国科学院和工程院院士，从多方面了解院士的活动。他们搜集了许多有关院士的资料、照片，被院士们献身科学、造福人类的精神所感动。在讨论活动中，他们谈到了现在学生中的“追星”现象，觉得有必要向所有的人宣传院士的事迹。于是，他们又确立了“宣传三湘院士”的活动主题。通过讨论，他们将活动进一步进行了拓展。

3．对方案进行终结性评价，以实现整体方案的优化

终结性评价是在学习阶段结束之后进行，为报告方案实效而进行的评价。终结性评价的作用就是在方案试验运作或实施告一段落之后对方案做出价值判断，并且为帮助设计者做出有关优化提供信息和调查表。综合实践活动课程方案实施后的终结性评价，主要是对方案设计、实施情况、学生的发展情况，教师的指导情况等进行的评价，以利于对综合实践活动方案进行整体优化打下基础。具体评价的方法，主要是采用成果展示、报告会、答辩会、学生评价、社区人士评价、家长评价、反思、任务操作、情景测试、体验共享、发放问卷调查表等方法。

可通过设计活动方案优化调查表（表6–1）进行调查，以达到优化目的。

表6-1　活动方案优化调查表

活动方案名称:　　　　　　　　　　　　　　　　　　　　评价者:

评价的项目	等级的评定			质的描述（各项均需列出优缺点所在）	备注
	优良	尚可	再改进		
活动方案目标					
活动方案内容					
课程方案资源					
活动过程与方法					
教师的指导与改进					
学生的体验					
学校行政支援					
活动方案设计过程					
活动方案设计人员					
对活动目标、活动主题、活动方法生成的认识					
……					
总评：给与文字叙述，总结各项指标的评估结果，并且提供原则性的建议和评价，如目标是否达成。					

以上三种评价方法的提出，改变了原先只注重在课程实施之后所进行的终结性的评价方法，突出了诊断性和形成性评价的意义。传统的终结性评价只注重在课程方案实施之后对实施的情况进行考察，忽视了在实施过程中出现的问题，没有及时、有针对性地提出改进的意见。而诊断性评价是在实施之前进行的，能够体现出实施的准备状况和有关需要改进的地方，有针对性地进行修改方案。形成性评价是在课程实施过程之中进行的，有很强的灵活性，能够及时发现问题，提出进一步改进的建议。因此，诊断性评价和形成性评价为终结性评价提供了有益的补充，三者形成互补，能够更好地发挥课程评价的功能，达到优化目的。

（四）目标评价与目标游离评价

目标评价模式是美国课程评价专家、有着“课程评价之父”美誉的泰勒针对20世纪初形成并流行的常模参照测验的不足而提出来的。目标本位评价（目标导向评价）是一种关注于实现特定目标的评价方法。这种方法认为，为了实现一个目标，所有的行动和努力都应围绕这个目标展开。目标本位评价侧重于量化指标和可衡量的结果，以便确定是否达到了预期目标。例如，如果目标是提高学生考试成绩，那么目标本位评价会关注学生的成绩数据、教学资源和教学方法等，以确定这些因素是否对考试成绩产生了积极影响。

目的游离评价（目的导向评价），该种评价模式是由美国学者斯克里文针对目标评价模式的不足而提出来的，关注于评价过程中目标的动态变化和适应性。这种方法认为，目标和目的可能是模糊和不断变化的，因此评价过程应该更加灵活，以适应这些变化。目的游离评价侧重于对过程和参与者的主观体验进行评估，以了解项目或活动的实际效果。例如，在教育领域，目的游离评价可能会关注学生在学习过程中的感受、动机和参与度，以评估教育方法的实际效果。

总的来说，目标本位评价和目的游离评价各有优缺点。目标本位评价更注重量化指标和可衡量的结果，有助于明确目标和评估进度。然而，它可能过于注重结果而忽略了过程，导致参与者对目标产生压力。目的游离评价则更注重过程和参与者的感受，有助于发现潜在的问题和改进空间。然而，这种评价方法可能过于主观，难以量化和标准化。

在实际应用中，教师可以根据具体情境和需求，灵活运用这两种评价方法，以实现更好的评价效果。目前，在综合实践活动评价中应用范围最广、最便于操作的评价方法是泰勒的目标评价法，围绕综合实践活动方案在各阶段的分目标，不断地将现实情况与目标相比，不断改进活动方案的设计过程。由于综合实践活动课程尚处于探索阶段，具体的课程实施过程可能会产生许多非预期效应。所以，一味地根据预先设定的目标来评价综合实践活动方案，很可能会影响评价的教育功能的发挥。因此，在综合实践活动方案评价中，不应仅拘泥于阶段目标，还要特别关注生成性目标，这样评价才能显现出巨大的教育力量，体现课程的内在价值。

三、通过反思进行优化①

综合实践活动的反思主要是指教师、学生、家长等方面的反思，其中主要是教师的反思。教师反思是有目的地反思该课程设计与实施过程中的各种记录，它是一种学术反思和专业发展强有力的工具。反思要求教师以研究者的眼光审视、反思、分析和解决自己在综合实践活动实践过程中遇到的问题。

美国教育家杜威说过：只有对我们从事的活动不断反思，才能真正做到“做中学”。这里所说的反思是指思考、分析、评价所获信息，以及利用反思结果提高未来设计水平的过程。

新一轮基础教育课程改革强调建立促进教师专业发展的教师评价体系，倡导教师反思性教学，成为反思性教师的实践者。反思性教学是教师在教学实践中（包括对活动方案设计过程中）批判地审视自己的教学行为、教学观念、教学结果、教学论理、教学背景等，或给予肯定、支持与强化，或给予否定、思索与修正，从而不断提高教师主体性的过程。在综合实践活动课程设计过程中，教师进行自我反思，为改进方案设计做好积累工作。在综合实践活动设计的过程中，反思不断贯穿整个活动进行的始终，教师只有不断地进行反思，才能真正发现问题，并开展基于问题解决的研究，不断找到解决问题的方法和途径。

综合实践活动方案中，教师的反思可分为活动方案实施前、实施中、实施后的反思。活动方案实施前的反思是指要求教师对学生的需求、基础、教师的设计能力、特点、活动目标、设计策略等进行反思，为优化方案打下基础。教师在实施中的反思是指教师在实施中的反思，主要体现在与学生平等对话与交流，这本身就是学生学习的范例。教师在实施后的反思是指教师就活动过程追问自己如下问题：

· 这个主题活动是怎样进行的？
· 在这个活动中达成了方案中目标的哪些方面？
· 在主题活动的实施中改变了方案的哪些内容？
· 为什么会有这样的变化？
· 在主题活动的哪个环节中学生收获最大，具体是哪个方面的收获？
· 教师参与了主题活动的哪些环节？教师是否存在包办代替行为，为什么？
· 在主题活动中，教师进行了哪些有意识的活动方法上的指导？
……

通过实施前、实施中、实施后的反思，教师可以清醒地意识到自己活动设计的价值，自己是否成功地完成了活动目标，这样的反思能有效地提高教师的活动设计能力，使今后的活动设计更具理性色彩。教师在反思的过程中应及时记录活动全过程，这样既为活动方案的改进与提高提供依据，也为今后的活动设计积累经验。

① 文可义．综合实践活动方案的优化［J］．广西教育学院学报，2005（06）：4-8.

思考·探究

1. 请简述小学综合实践活动方案优化的价值。
2. 请谈谈综合实践活动方案优化的主要依据。
3. “走进二十四节气”是某师范院校小学教育专业学生设计的综合实践活动方案，请结合本章所学知识，分析其优缺点，并优化活动方案。

“走进二十四节气”活动方案

主题名称：走进二十四节气

适用年级：五年级

一、主题背景

“二十四节气”是上古农耕文明的产物，农耕生产与大自然的节律息息相关，它是上古先民顺应农时，通过观察天体运行，认知一年中时候、气候、物候等变化规律所形成的知识体系。二十四节气蕴含着中华民族悠久的文化内涵和历史积淀，然而现在很多年轻人已经开始遗忘二十四节气，为了弘扬这些中华传统文化，需要让学生从小接受文化熏陶。

小学生在二年级时已经学习过课文《二十四节气歌》，对我国的二十四节气已经有了一个初步的了解，为了能让学生进一步认识二十四节气，从实践中切实感受传统文化，教师以“走近二十四节气”为主题，举办实践活动。

二、活动时间

活动时间为两个月。

三、活动目标

（1）知识与技能目标：了解二十四节气的历史来源、相关诗歌谚语，理解二十四节气与农事的联系。

（2）过程与方法目标：通过小组合作采访、排演二十四节气健身操、节气歌、情景剧、创意制作、体验农作物种植等实践活动，锻炼想象力和创造力，提高创新思维、动手操作能力及活动组织策划能力。

（3）情感态度与价值观目标：感悟二十四节气与人们生活的紧密联系，感受中华传统文化的博大精深，增强民族认同感。

四、活动过程设计

（一）准备阶段（10天）

1. 阶段活动目的

通过教师引导、学生讨论确定活动总主题和自由组队，并根据个人兴趣和小组讨论结果确定子主题，开展小组例会，确定小组活动主题，确定组长和每个成员的具体分工。

2. 活动方式

观看相关资料、班内小组讨论、小组合作探究等。

3. 主要活动

（1）主题的产生：教师在课堂上向学生介绍二十四节气，学生进行班级讨论，确定活动方向为了解二十四节气。

（2）小组分组和子主题确立：活动分小组进行，在教师的协助指导下，学生通过班级讨论提出四个小主题。依据这四个小主题划分四个小组，学生根据兴趣自由选择小组，每组选出小组长及小组安全负责人。

预设活动方向：“二十四节气与诗歌”“二十四节气与农事”“二十四节气与美食”“二十四节气与演绎”。

（3）方案制订：各小组根据选定的主题，通过组内讨论交流，制订小组活动方案计划，明确活动进行日期和人员分工等。

（4）教师指导：教师由二十四节气歌为导入，与同学们一起深入学习二十四节气及其相关知识。经过学生的自由讨论确定主题背景下的子主题，并进行自由分组，教师可适当参与学生的分组协调，并且在组内分工和活动命名、活动方向、安全等方面给予初步的启示和指导，鼓励学生，从而增强学生的主体意识，充分发挥个人才能。

（二）实施阶段（40天）

第一组：二十四节气与诗歌。

1. 活动准备

开展小组讨论，确定活动目的、活动计划及活动内容。

（1）活动目的：了解二十四节气的故事，感受二十四节气与古诗文化的联系；通过艺术制作、朗诵活动等锻炼动手能力、小组合作能力。

（2）活动计划：明确组内分工；按小组方案实施活动；完成成果展示和评价反思。

（3）活动内容：收集有关二十四节气的古诗词、民歌、谚语等；制作诗词书签、绘画作品；举办班级诗朗诵。

2. 活动实施

（1）搜集资料，进行采访。

①在父母的协助下，通过电脑、书籍等渠道搜集有关二十四节气的古诗词、民歌、谚语等资料，并做好记录。

②前往历史博物馆，欣赏二十四节气相关的古代工艺品。采访博物馆工作人员，了解二十四节气在历史上的作用、意义。

③询问父母长辈有关二十四节气及气象的谚语，听父母讲述谚语的来源及应用。

（2）制作书签。根据搜集到的古诗词资料，制作二十四节气主题书签，小组合作设计书签形状和图案，并将古诗词融入其中。

（3）排练诗朗诵。每个小组成员挑选喜欢的古诗词，排练诗朗诵，有感情地朗诵诗词。

3. 成果展示

（1）展示制作好的书签作品，分享书签背后的二十四节气故事。

（2）在班级内举行二十四节气诗歌朗诵表演。

第二组：二十四节气与农事活动。

1. 活动准备

（1）开展小组例会，在确定小组活动主题，确定组长和每个成员的具体分工的基础上，确定活动目的、活动步骤、活动内容等。

①活动目的：了解二十四节气的历史来源，理解二十四节气与农事活动的紧密联系；通过实地考察采访、创意制作等实践活动，锻炼实践能力、创造力和合作探究的意识，感受二十四节气在生活中的体现，体会农民伯伯的辛苦。

②活动计划：确定小组各成员分工，充分准备活动并完整实施活动过程，最后进行小组整理总结和成果展示阶段。

③活动内容：采访农民伯伯、制作二十四节气与农事明信片、情景剧的排演。

（2）查阅并搜集资料，了解二十四节气的历史来源。

①搜集途径：电脑、相关书籍和采访农民伯伯。

②做好访谈前的准备工作：确定访谈目的；选定并了解访谈对象，在访谈前，需要和农民伯伯联系，进行自我介绍和说明访谈目的，获得访谈对象的同意后，就访谈中的相关事宜进行沟通；

确定5~10个与主题相关的访谈问题。

③准备制作明信片的材料和编写情景剧的剧本、参演人员及扮演角色、指导人员、排演情景剧的服装道具。

2. 活动实施

（1）实地参观，采访农民伯伯。

①充分尊重农民伯伯，真诚提问，耐心倾听农民伯伯的讲解，做好访谈记录。

②在农民伯伯的带领和引导下，实地参观农田，学认时令蔬果，尝试体验播种秧苗、浇灌农作物。

（2）制作二十四节气与农事活动的明信片。

①组长组织小组成员绘制明信片，主题为二十四节气和农事活动，内容可为二十四节气农事歌、时令蔬果和辛苦劳作的农民伯伯的绘画或为与主题相关的自由创作，形式可为书法、绘画、照片等。

②写上祝福语并装进信封，赠送给家人、朋友、老师等，一起分享自己的收获。

（3）排演情景剧。

①参演人员：农民伯伯、农民儿子。

②指导人员：导演、编剧、摄像、演员、旁白若干、道具组。

③确定编排日程安排、地点、背景音乐和道具。

④进行彩排。

3. 成果展示

（1）主题成果汇报，演讲实地参观和采访农民伯伯的所获所得。

（2）展示明信片，并赠送给家人、朋友、老师等，分享自己的收获。

（3）表演情景剧。

第三组：二十四节气与美食。

1. 活动准备

开展小组例会，在确定小组活动主题，确定组长和每个成员的具体分工的基础上，确定活动目的、活动内容等。

（1）活动目的：针对节气气候的特点，了解、学习、介绍一些传统美食的风俗和做法，设计集知识性和趣味性于一体的实践活动，锻炼合作、动手能力，培养对中华传统美食文化的欣赏与热爱之情。

（2）活动内容：了解各地区关于二十四节气的习俗美食，向父母学习制作美食的方法，并学做简易美食，在过程中选择性录制相关视频进行记录。

2. 活动实施

（1）通过询问身边的人，互联网搜索等方式了解各地区有关二十四节气的习俗美食，了解其起源、名字由来、做法等，并选择自己感兴趣的方面做记录。

（2）根据具体情况，和同组同学一起向父母学习一些简易美食的做法，并和父母、同学合作制作美食，如饺子、汤圆、青团、春卷等，也可以选择记录、介绍和节气有关的水果。并在过程中选择性录制视频进行记录，可以请有能力的家长或老师帮助剪辑。

3. 成果展示

（1）小组成员分享自己特别感兴趣的、有趣的节气美食知识。

（2）展示记录活动过程的视频。

（3）将亲手制作的美食带到课上与同学们一起分享（有条件的情况下可现场教做）。

第四组：二十四节气与演绎。

1. 活动准备

开展小组例会，确定小组的活动主题，确定组长和每个成员的具体分工，确定活动目的、活动计划和活动内容等。

（1）活动目的：了解与二十四节气有关的健身操、歌谣，理解该健身操与歌谣的含义；通过小组合作学跳健身操、学唱歌谣等活动，锻炼体能，培养艺术素养与合作意识，感受二十四节气与日常生活的联系。

（2）活动计划：确定小组各成员分工，充分准备活动并完整实施活动过程，最后进行小组总结和成果展示。

（3）活动内容：练习二十四节气健身操、合唱二十四节气歌谣。

2. 活动实施

（1）跳二十四节气健身操。

①将健身操分为三部分，逐步进行分解并学习，集中时间一起练习，组员间相互学习，相互帮助，老师也加以指导。

②排练队形，选择一个比较合适的队形。

③邀请一位家长参与拍摄，记录下美好、共同努力的练习瞬间。

④选择统一服装，服装舒适、轻便。

（2）合唱二十四节气歌谣。

①分工，确定哪部分分唱，哪部分合唱，选择并确定演唱人员。

②请音乐老师指导排练歌谣，随着练习熟记歌词。

③邀请一位家长参与拍摄，记录下美好、共同努力的练习瞬间。

④排练队形，选择统一服装。

3. 成果展示

（1）集体表演跳二十四节气健身操。

（2）集体表演唱二十四节气歌谣。

（3）播放家长拍摄的学生练习视频，感受共同努力的美好。

五、评价方法

本着公平、公正、科学的原则，结合新课改评价的思想和要求，注重激励和发展、注重教育与开发、注重质性评价，打破单一的量化评价形式。因此，对学生的情感态度、合作交流、学习技能、实践活动、成果展示，采取师评、组评、自评相结合的方式。

1. 对学生的评价

（1）对学生参与活动情况进行评价，包括参与率、参与态度、参与方式、参与结果。

（2）对学生在活动中的地位进行评价，例如学生的主体性、主动性、独立性等方面。

（3）培养目标达标评价，例如是否达到教育目标中的目标，是否达到预计对学生的教育作用。

2. 对活动过程的评价

（1）整个活动过程是否具有科学性、创新性、可操作性和服务性。

（2）活动是否实现了预定的具体结果。

（3）活动是否达到了教育目标的具体目标。

3. 活动效应评价

活动是否具有普遍性、普及性和推广性。

六、学生安全保障措施

（1）学生选择安全、简单的手工劳动，在户外活动、烹饪时应全程有成人陪同，视具体情况强调安全问题，排除一切危险因素。

（2）提醒学生在外应注意饮食问题，不乱吃喝。

（3）提醒学生在外时一般情况下不得单独活动，如有需要必须请示陪同的成人，且有同行的学生一起，不随意和陌生人搭话，增强安全意识。

第三篇

实践篇

第七章

小学综合实践活动的实施

学习目标

❶ 理解小学综合实践活动实施过程的原则和特点。

❷ 了解小学综合实践活动四类活动领域实施的原则、要素及实施要点。

第一节 小学综合实践活动实施的过程

一、小学综合实践活动实施的原则

小学综合实践活动的实施过程中应注重锻炼学生的综合素质，使其具有适应社会发展及个人终身发展的必备能力和品格，以培养学生的创新精神、实践能力、社会责任感及良好的个性品质为目标，推进全面素质教育。因此，小学综合实践活动的实施要遵循综合性、发展性、开放性、实践性原则。

1．综合性

综合实践活动课程应着眼于学生的整体性与综合性发展，注重各学段学生智力提升与非智力品质发展的综合表现与应用，突出强调立德树人，并以综合培养其人生观、世界观、价值观、个体修养、家国情怀、自主学习能力、协作能力、创新及实践能力为重点。

2．发展性

综合实践活动实施的主体是学生，综合实践活动课程的开展过程中应当以学生为中心，过程中体现学生的主体地位，充分尊重学生的兴趣、爱好，并为每个学生的个性化发展提供广阔的空间。同时，实施过程中要及时依据学生的主体意识与能力的发展程度，做出对应调整，逐步形成以学生为主体、教师为指导的体系，让学生积极参与动手实践并亲历研究。

3．开放性

综合实践活动不应拘泥于固定的内容，学生可以从自然、社会和自身生活中自主地发现问题和选择内容。实施过程中，可引入除教师和学生以外的其他参与主体，比如家长、社区工作人员、行业专家等，以实现活动的多元参与。另外，综合实践活动课程在教学资源、活动实施方式和活动结果的呈现方式上也应该更具开放性。

4．实践性

综合实践活动实施中要关注学生活动时的感受和体验活动的过程，关注学生参与活动的充分程度、丰富程度、深刻程度。

二、小学综合实践活动的实施特点

综合实践活动课程对学生的创新意识、合作意识、动手能力、实践能力及综合素质的培养具有不可替代的重要作用。由于此类课程的天然属性，其实施过程不同于传统课程，具有开展方式多样化、开展活动场所多、学生自主性高、时间跨度大、安全要求高、评价方式灵活、管理难度大等特点。

1．开展方式多样化

综合实践活动的主要活动领域有考察探究、社会服务、设计制作、职业体验活动四大类。其中考察探究包含野外考察、社会调查、社会服务、研学旅行等；社会服务包含公益活动、志愿服务、勤工俭学等；设计制作包含绘画制作、编程、陶艺创作等；职业体验包含军训、学工、学农等。综合实践活动形式的多样性决定了其实施方式的多样性，常见的实施方式有资料收集、自主探究、校内外讨论、理论分析、课外实践等。

2．开展活动场所多

综合实践活动课程是在真实的生活情境中进行综合实践的课程，除了在学校内的教学活动外，还需要进入真实世界进行探究。开展活动的场所涉及工厂、农田、科研院所、景点景区等各种场景。

3．学生自主性高

综合实践活动课程倡导学生通过独立的分析、探索、创造、实践等方法来实现学习目标。学生成为活动的主人，这就要求教师也不能以单一、固定的命题模式去约束所有成员及其具体活动过程，允许和鼓励学生从自身角度出发，从学习、生活中自主地选择主题，开展活动，从而展现出较高的自主性。

4．时间跨度大

综合实践活动课程的实施过程不同于传统教学，包含研究主题的确定、研究资料的整理、研究方法的探讨、研究计划的制订与执行、研究结果的分析与总结、成果展示等多个环节。对于小学生而言，资料整理、计划制订等各方面能力相对薄弱，需要持续培养，研究进度势必较慢。同时，研究过程不可能一帆风顺，研究过程中不免会出现新的问题，这都使得综合实践活动课程的时间跨度较大。

5．安全要求高

小学生安全意识薄弱，自我保护的能力较差，且综合实践活动课程活动场景丰富、自主性高，这无疑都增加了安全风险，安全问题也是很多小学对开展综合实践活动较为抵触的主要原因。在组织综合实践活动的过程中，地方教育主管部门要建立安全管控机制，落实安全责任。学校层面要设立安全风险预警机制，建立规范化的安全管理制度。指导教师要增强安全意识，提高安全防范能力，提前做好安全风险点的排查与评估，加强对学生的安全教育，落实安全措施。

6．评价方式灵活

综合实践活动课程的实施时间跨度大，形式多样，决定了其评价方式应当更加灵活，既需要课程完成后的综合评价，也不能忽视开展前的立项评价、开展过程中的过程评价；既需要指导教师评价，也需要学生自身评价、学生互评、教师间评价等。

7．管理难度大

综合实践活动课程是由教育部统一规划，地方教育行政部门进一步指导，学校组织课程开发与实施。开展过程中，并无统一教材，学校需自主开发与校本实施。这一方面体现了学校对综合实践活动课程的开发和实施有较大的自主权，另一方面也给课程的实施管理带来了很大难度。是否开课，开课效果如何，如何改进等问题都给了教学管理人员更多的挑战，这就要求学校专门针对综合实践课程制定行之有效的教学管理制度。

三、小学综合实践活动的实施阶段

不同类型的综合实践活动其实施过程也各有差异，但总的来说，一般包括前期准备、具体实施、课程评价三个阶段。

（一）前期准备阶段

前期准备包括确立主题、设计活动、准备材料等。主题是综合实践活动的核心，是实施目标的重要载体。主题应具有典型性、科学性、时代感、开放性及与学生生活的关联性。

首先，围绕核心主题设计问题链，并围绕主题设置探究活动。以“我的家乡”为例，让学生了解家乡的悠久历史、名胜古迹等，从而激发他们对家乡的热爱之情。其次，以学科知识为背景设计活动内容。教师应充分考虑到学科知识中蕴含了许多与学生生活密切相关的知识和经验以及学科核心能力。另外，还应从社会大课堂出发设计活动。例如，在“我的家乡——泰州”这一主题下可以让学生参观泰州科技馆、梅兰芳公园等。在确定综合实践活动的主题时应以社会生活中真实存在和发生过的现象为依据组织活动；结合学生的生活经验和已有知识确定主题；根据学生生活实际确定主题，使其产生认同感，并产生一定的问题意识和探究兴趣等。另外，还要结合课程标准，关注学习内容是否贴近学生实际以及学生所需知识内容结构情况等制定主题。

设计活动时，应根据学校的具体情况和教育目标进行活动设计，活动设计时可分为以下几个阶段：第一阶段可以进行小组的活动设计，将每一个小目标细化；第二阶段则需要将每个小组进行分组，每一组需要3~4个同学组成一组；第三阶段将活动细化；第四阶段对所设计的主题进行完善后，再进行第二次活动设计，在此阶段需要将所要展开设计的主题具体化。

在进行综合实践活动时，活动材料的准备是必不可少的，它是开展综合实践活动的重要保障。材料要真实、具体、可信。在准备材料时应注意以下几点：①要重视与学科课程内容之间的联系，而不是孤立地准备这些材料；②要重视对所学知识本身的考察，而不是仅仅依靠学生自己对活动所需材料进行推测和想象；③要重视对信息交流能力、搜集资料和处理资料等综合实践能力的培养，而不是仅靠自己独立完成活动所需材料；④要重视学生的独立思考能力和语言表达能力的锻炼，而不是仅仅依靠小组成员进行口头交流；⑤材料应该体现出注重运用跨学科视角来解决问题和开展研究性学习的一面。

（二）具体实施阶段

小学综合实践活动是学校根据学生年龄特点和学校办学特色及当地教育资源而实施的一种全新课程。因此，在实施过程中应遵循以下几个原则：①以学生为本。在课堂教学中要把激发学生学习兴趣作为基本原则，把培养学生创新精神和实践能力作为最终目的，让每个同学都能体验到学习成果所带来的喜悦。②以问题为中心，突出自主探究式学习。综合实验活动中强调让学生去发现问题、解决问题，在问题解决的过程中获得知识、提高能力、发展智力。③以项目为载体，凸显综合实践活动主题。小学综合实践活动要体现出“主题式”与“活动式”相结合以及“做中学”方式和研究性学习方式相结合等特点。

此外，综合实践活动的实施应在学校统一领导下，各年级、班级有计划、有组织地开展。在实施中应注重以下几点：①要充分利用好校内现有资源，积极开发课程资源。综合实践活动课程实施时，应积极拓展社会教育资源，充分利用校内、校外资源。其中校内资源包括劳动基地（如学校食堂等）、环保基地（如学校花园和绿化地带）、校园中的建筑、校园外马路两侧建筑及广场周边建筑物等。校外资源包括校外科技点（如科技馆）、社会实践点（如福利院及敬老院）及生活实践点（如农场）等。②要建立健全管理制度，保障活动有序开展。为了保障综合实践活动课程顺利实施，学校应定期召开综合实践活动课程实施专题会议，对各学期的工作进行全面部署和安排。

（三）课程评价阶段

课程评价是一组检验教育活动对教育成果及个体需求满意度的固有特性的综合判断，对于教育活动的质量提高与改进有着极为重要的作用，应当贯穿于整个综合实践活动实施的全过程。在综合实践活动实施的前期，课程评价主要集中于对综合实践活动方案实施前的诊断性评价，包括评判综合实践活动方案是否能具有较好的教学效果，活动方案是否切合实际，安全性是否考虑周全等。在综合实践活动实施的过程中，应当对综合实践活动设计方案的活动效果不断进行评判，及时调整及完善，使方案的目标、主题、活动方式给予充分的评判及优化，保证活动的顺利进行。在综合实践活动实施的后期，主要进行终结性评价。从学生、教师、教研室、学校、教育主管部门等多角度，对方案的设计情况、实施情况、学生的活动情况、教师的指导情况等进行多角度的评价，全面、细致地反映活动方案的全貌。

第二节 考察探究活动的实施

一、实施原则

1. 综合性原则

考察探究活动要求不同学科的知识融合在一起，活动中需要实现各学科知识之间的相互渗透和迁移。各学科的知识是不可分割、互相依存的。考察探究活动实施中应遵循综合性原则，通过多角度的探索，发现知识之间的相互联系，以提升学生创新运用知识的能力。

2. 自主性原则

在展开考察探究活动之前，学生应自主搜集资料、确定探究主题，选择研究方向，并制订相应的活动计划。在活动进行中，学生应自行发现问题并解决。在活动结束后，学生可以用他们喜欢的方式展示出活动的成果。学生在这些活动中处于主导地位，而指导教师只提供必要的指导。活动中只有遵循自主性原则，才能有效唤起学生参与活动的热情，使得学生在活动中真正受益。

3. 实践性原则

强调学生的亲身实践是考察探究活动的重点，学生应通过在现实生活和社会实践中的学习来获取知识。通过“实验”“探究”等活动，促使学生积极参与活动并发现和解决问题，从而提高他们的动手能力和创新思维。在实践中，学生应该通过自身努力去发现、提出和解决问题。

二、实施要素

依据《指导纲要》的精神，考察探究的关键要素应包括：发现并提出问题；提出假设，选择方法，研制工具；获取证据；提出解释或观念；交流、评价探究成果；反思和改进。

1. 发现并提出问题

学生从自身兴趣出发，带着好奇心，从自然、社会和个体生活中主动发现问题，并在教师的指导和同伴的协助下确定合适的课题。在此阶段，学生要先构思自己的研究问题，在集体交流各自选题后，最终确定研究的问题。研究问题相同的同学，可成立小组，确立小组合作团队。此阶段需要注意的是：学生在教师的指导下选择的课题要源于现实生活，对学生有一定的吸引力，学生已有一定的相关经验，以便于学生到校外寻找资料来源等。

2. 提出假设，选择方法，研制工具

研究小组成立以后，基于研究问题开始制订初步的研究计划。在这个计划中，提出研究假设及选择研究方法是最重要的部分。学生在提出问题以后，要预想在考察探究活动实施过程中会出现什么样的问题，可以采用哪些方法解决这些问题，可能得到什么样的解决方案，由此形成自己的一个或多个假设。学生也要在教师的指导下了解一些常见的研究方法，并根据课题实施的需要来选择部分适用的研究方法。同时，为了保证学生在探究过程中能够有效、准确地搜集资料，要在这个阶段设计好相应的现场观察表、访谈提纲、实验方案或社会调查表等。

3. 获取证据

学生带着问题深入探究现场，开展一系列的探究活动。探究现场以室外或校外的现场为主，主要目的是使学生将学校和社会、教育与生活联结起来。在实地考察探究中，学生通过考察、实验、观察、访谈等一系列活动搜集所需资料，以便更好地理解、解决预设的问题及研究过程中生成的新问题。

4. 提出解释或观念

学生对搜集到的资料进行适当的编码、归档或整理，并进行反思与分析。在对资料进行分析时，可以采用文本、图片、照片等方式呈现，使资料的呈现更加清晰。以此为基础，学生对整理好的资料进行解释，提出自己的看法与观点，进而对之前提出的假设进行验证。若假设成立，则将假设视为研究的结论；若假设不成立，则做出相应的调整或改变，并继续搜集相关的证据资料。

5. 交流、评价探究成果

学生可以通过图片、板报、绘画等多种方式展现探究的结论和感受，并进行相互交流与讨论。学生可以将活动过程中搜集到的素材及最终研究成果放进成长档案袋中，以供教师、家长、同伴做出多主体性的评价。评价时可根据事先设计好的评价表格进行文字描述或打分，表格中所涉及的评价维度一般包括知识与技能、过程与方法、情感与价值观和学习态度几大方面。

6. 反思和改进

考察探究活动结束以后，要鼓励学生反思整个活动过程。诸如课题本身质量如何，计划完备与否，工具准备是否妥当齐全，小组合作是否顺利，研究方法的选择和运用是否适宜，方法实施过程中遭遇了哪些挑战，分析与解释资料是否全面，结论提出是否合理，等等。通过反思，学生可以认识到自己的研究活动存在的不足，为以后的研究奠定基础。

三、实施建议①

（一）体现整体设计、综合实施的思想

综合实践活动方式的划分是相对的。在主题活动设计时，引导学生参与和经历多种方式的活动，能够使活动更加深入和完善，从而更好地实现综合实践活动的课程价值。因此，我们提倡将考察探究活动与其他几种活动方式整体设计、综合实施，使不同活动方式彼此渗透、融会贯通。实现多种活动方式的整合，可以将考察探究活动作为活动的基础和核心，将几种主要活动方式融合在一个主题活动当中实施。在此，我们提出以下模式供教师参考。

首先，通过参观考察确定活动主题。教师带领学生走进自然，走进周边的社区、公共场所等，进行实地参观和考察，引导学生注意观察，多方面搜集信息，从中发现并筛选出有研究价值的问题。其次，研究分析问题产生的原因。教师引导学生围绕主题开展各种研究活动，如问卷调查、访谈、实地考察、科学实验等，多方面收集信息和证据，分析导致问题的原因，提出解决问题的思路和方法。再次，运用技术尝试解决问题。教师引导学生充分运用信息技术和设计制作活动搜集信息，交流研讨，进行创意设计，寻求解决问题的办法，或者设计制作相关模型、工具、装置等解决问题。在这个过程中，可能会用到其他一些方法，如技术试验、活动策划、方案设计等。结合活动主题，学生还可以选择与之相关的职业进行体验，获得对职业角色和工作要求的真切理解，修改和完善解决问题的方案。最后，应用研究成果开展社会服务。学生可以应用考察探究活动取得的成果在社区开展宣传推广活动，改善社区的环境和设施，面向社会开展服务。

研学旅行是考察探究活动的重要形式。在设计和实施研学旅行活动时，学校应该广泛、深入地开发教育资源，拓展学习空间，在一次旅行活动中设计多元化的目标和内容，避免只让学生简

① 梁烜．中小学如何开展考察探究活动：《中小学综合实践活动课程指导纲要》“考察探究”主题解读［J］．人民教育，2018，781（Z1）：57-58.

单地参观和听讲解，安排更多实践性和体验性强的活动，帮助学生将书本知识与现实生活联系起来，丰富感性认识，提升理性思考。学校在进行研学旅行活动设计时，要考虑为学生留出开展个性化研究的时间和空间，引导他们在旅途中多方面搜集与当地风土人情、自然环境、历史文化等相关的信息，开展内容丰富、形式多样的研究性学习。在研学旅行活动中，学校可以充分开发旅行路线上的各种教育资源，为学生提供参与设计制作活动、职业体验活动的机会，引导学生在研学旅行过程中实现自我管理和服务，轮流担任讲解和导游，并在力所能及的情况下参与环境卫生维护、文明旅游宣传等社会服务活动，将研学旅行与其他几种活动方式整合实施，从而实现更大的教育价值。

（二）因地制宜选择考察探究活动主题

“考察探究活动”推荐主题来源广泛，是供学校和学生参考选择的。学校在开展考察探究活动时，要考虑校内外的课程资源特点，同时也要考虑学校师资情况、办学特色和课程整体规划等多方面因素，因地制宜选择合适的活动主题，确保活动的可行性。与此同时，学校还应关注学生的兴趣，发挥学生的主动性，在不同程度上为学生提供自主选题的机会。城市和农村地区课程资源特点不同，城市里科研院所、博物馆、展览馆等文化教育资源比较丰富，一些农村学校的教师认为当地缺乏这类资源而无法开展考察探究活动。其实，农村地区也有独特的课程资源，例如当地的山川、河流、林地等自然资源，以及当地居民的民间习俗、风土人情，这些都可以成为学生开展考察探究活动的资源。

（三）把握关键要素深入开展考察探究活动

教师有效指导学生开展考察探究活动，需要把握好考察探究活动的关键要素。在发现并提出问题阶段，教师应指导学生多角度观察身边的世界，认真思考，提出有价值的问题，选择确定活动主题。在提出假设、选择方法、研制工具阶段，教师指导的重点在于帮助学生制订活动整体方案，明确研究方向，根据研究假设选择合适的研究方法，进行合理分工，为后续的研究活动做好准备。在获取证据阶段，教师指导的重点在于引导学生尽可能采用多种方式和方法开展实证研究，多角度获取相关的证据和信息。在提出解释或观念阶段，教师指导的重点在于引导学生对获得的事实和证据做出合理的解释，并据此得出自己的结论，形成研究成果。在交流、评价探究成果阶段，教师应为学生提供多样化展示与交流的机会，促进学生之间充分地相互质疑、交流与评价，通过发展性评价促进学生的进步和提高。在反思和改进阶段，教师应指导学生对考察探究活动的整个过程进行反思，总结自己成功的经验、失败的教训，获得成长和进步，提出进一步改进和努力的方向。

（四）以生活推动实践活动开展，以实践验证生活中的知识

生活与知识是开展实践考察探究活动的两大要素。因此，在开展考察探究活动的过程中，需要将其贯穿于整个活动当中，以生活推动实践活动开展，以实践验证生活中的知识。考察探究活动主要包括以下几个方面的内容：构建主题，提出问题；提出猜想，预设假设；制订计划，准备实践；收集证据，实践操作；整理数据，收集信息；思考活动，得出结论；小组合作，互动交流；活动总结，反思评价。每个活动环节环环相扣，既是实践考察探究活动开展的过程，也是验证知识与发现规律的一个过程，教师在开展活动的过程中，将生活化融入其中，可使活动开展的过程更加生动有趣，构建知识与生活之间的联系，让学生所学的知识更具社会意义，培养学生的实践探究精神与创新能力。

例如，教师设计“班级体育用品采购”这一实践考察探究活动的过程中，教师为学生提出

了生活化的问题。学生结合生活知识发现需要解决以下三个方面的问题：①体育用品的单价；②同学对于体育用品的需求；③保证预算不超标。在活动开展过程中，学生们集齐众人的生活智慧与统计知识制订相应的执行方案，并在验证、论证的过程中不断地完善结果。最后，学生制订采购计划后实际执行采购方案，真正地实现在生活中开展实践活动，在实践活动中提升学生的生活能力，将知识与生活二者之间进行完美的结合。[①]

（五）科学、客观地做好考察探究活动评价

做好考察探究活动评价，应坚持方向性、指导性、客观性、公正性等原则。要重视对考察探究活动过程的评价和在过程中的评价，重视学生在考察探究活动过程中的自我评价和自我改进，使评价成为学生学会实践和反思、发现自我、欣赏别人的过程。考察探究活动的评价应基于学生活动过程中的写实记录，如学生活动现场照片、收集的事实材料和数据、研究报告等，综合分析学生参与考察探究活动的态度、获得的体验、研究方法和技能的掌握、创新精神和实践能力的发展，以及研究成果的情况，制定科学合理的评价标准，采取灵活多样的评价方式和方法，对学生进行科学客观的评价，通过评价激励学生更加积极主动地参与考察探究活动，充分发挥特长，施展才能，积极进取、勇于创新，提升多方面的能力和素质。

第三节　社会服务活动的实施

一、实施原则

社会服务活动具有开放性和公益性的特点。开放性的特点需要教师经常引导学生参与社会实践，在历史的、社会的和道德的背景中，不断丰富师生的生活经验。公益性的特点要求引导学生利用所学知识为社会提供服务，回报社会。社会服务活动的实施应遵循以下基本原则。

1. 亲历性原则

教师可以利用各种资源和条件，采取多种方式为学生提供真实的情境，改变他们单一的学习方式，拓宽他们的学习范围，让他们离开课堂，亲身体验广阔的大自然和丰富的社会，与各种人和事互动，从而通过亲身经历、实际操作和参与活动来获得实践能力，以及正确的态度、感情和价值观。

2. 协同性原则

因为综合实践活动具有开放性、跨学科性和主题性等特点，社会服务活动的开展需要学校教师之间的合作，同时也需要教师与家长、社会有关机构人员的配合。学校要善于协调各方关系，激发各方积极性，发挥集体作用。

3. 整合性原则

教师要注重帮助学生形成对自然、社会、自我之间内在关系的整体认识，发展学生对所学知识的综合运用能力；学校要注重以社区服务与社会实践为切入点，整合探究考察、设计制作、职业体验等活动内容，全面地实施综合实践活动。

① 李艳枝．新《纲要》下有效开展综合实践考察探究活动的策略探析［J］．创新创业理论研究与实践，2019，2（09）：167.

二、实施要素

社会服务活动是综合实践活动的组成部分，通过参与这些活动，可以培养学生良好的实践能力和创新精神，对学生的未来发展至关重要。要实施好综合实践活动，需要关注明确的受众群体和需求，制订服务活动计划，积极参与服务行动，反思服务经历并分享活动经验，这些都是不可忽视的关键要素。

1. 对象与需要

在活动之前，要充分了解服务的对象是老人还是残障人士，以及服务对象的需求，才能确定小学生能否能够很好地完成相关的服务活动（如助学、助老、助医、助残、助困等）。同时在进行活动之前，还需要做好相关知识和能力准备工作，以确保活动能够顺利实施。

2. 制订计划

为了使学生更加积极地参与活动计划的制订，可以通过合理安排时间、分配责任、选择合适的执行方法和路径，对活动所使用的资源和可行性进行评估，以增强活动的计划性，提高学生的规划能力。同时，需要引导学生对活动计划进行讨论，接受合理的建议，不断改进活动计划。在制订计划时，需要考虑到能够适应突发情况的一定的弹性和保险系数，以确保在紧凑高效地开展活动的同时不浪费时间。

3. 开展行动

为了确保活动能够顺利、有效地进行，必须加强对学生活动方式和方法的引导，帮助学生发现适合他们的参与方式。教师在指导学生时应注重激发、启发、提点和引导，而不是替代学生的活动过程。教师需要引导学生记录活动过程，并确保学生活动的安全。

4. 活动分享

教师要引导学生通过撰写反思日记、心得笔记等方式来思考他们的成功与失败，以提高个人经验，促进知识的建构，并结合同伴和教师的反馈意见和建议来填补经验的不足，进一步加深他们的体验。教师应以此为基础，采用多种方式展示活动结果的展示交流，如摄影、绘画和表演等，以便对活动过程和结果进行梳理和总结，从而推动学生进行自我反思和表达，提升同伴之间的交流水平。

三、实施建议

（一）充实和优化社会服务活动的指导教师队伍

改变传统模式，进一步加强对教师的教研与培训，促使他们更好地设计、指导及实施社会服务活动。在社会服务活动的开展中，传统的教研活动在主题选择、教材使用和参考资料获取方面存在弊端，如教研活动通常采用集体备课和听课评课的形式，主题和教材都是固定的，而社会服务活动目前还没有明确的主题和固定的教材可供选择，也缺乏丰富的资料提供参考。在这种情况下，老师仍然坐在教室里用固定模式进行教研活动显然是不适合的。社会服务活动课程的教研可以通过教师亲身参与实践的方式进行，在实践中能够真正获得知识。我们鼓励学生在实践中学习，同时也倡导教师在实践中进行研究，将研究与学习相结合。教师可以通过模拟一个完整的社会服务活动，参与其中的各个阶段，包括主题确定和最终分享等。通过这样的实践，教师能够更深入地理解社会服务活动的内涵，熟悉操作流程，并反思其中出现的问题，提升自己在活动指导方面的能力。这样，教师将能更好地指导学生参与社会服务活动。另外，需要持续追踪并加强社会服务活动指导教师的培训。请社会服务活动课程的专家进行指导、培训可以有多种途径，例如向教育主管部门寻求帮助，或者向教师群体寻求专家资源，甚至可以邀请真正的社会服务活动课程指导专家，让他们带领教师走出去，将专业知识传授给教师。学校需要在时间、资金、资源方面大力支持教师外出培训，以提升教师的自身能力。更重要的是，为指导教师的社会服务活动提供平台，通过分享展示，使得他们的付出更有价值，同时也能总结并提升专业能力，这非常契合社会服务活动的要求。

（二）尊重学生在活动参与中的主体性，提高学生的活动自主权

社会服务活动课程紧密关注学生各项综合能力的培养，包括探索能力、研究能力、沟通能力、合作能力和问题解决能力。学生参与社会服务活动时的自主性尤为重要，因为只有提升学生的自主性，他们才会更加主动积极地投身于服务他人和学科学习。

1. 教师应该在整个社会服务活动过程中，持续鼓励学生自主参与和行动，尽量给予学生更多的自主权

在选取主题时，老师可以指导学生从周围的自然环境和人文环境中着手思考，或者从当下他们最感兴趣的事情入手，以集思广益的方式一起探讨。通过访谈、调查和观察等方式，学生能够自己判断服务对象的真正需求。在活动开始时可能会有一些偏差，但教师可以允许这种偏差的产生，并通过赞赏学生的自主性来激发他们参与活动的热情和积极性。在制订服务活动计划时，应考虑到活动的执行主体是学生，必须由学生自主决定参与的内容。在反思服务经历时，可以由学生自己组织反思活动，可以采用结合组内汇报和小组汇报的方式，形式也可以由学生自己决定，可以是书面形式，也可以是口头形式等。学生可以根据自己的意愿，在分享服务活动经历阶段自行决定活动的形式，包括邀请哪些人参与，是否需要通过某种方式感谢其中的一部分人等。当然，在社会服务过程中，要高度重视学生的主体性，这一点至关重要。同时，由于社会服务活动需要学生自主活动，需要改变学科教学时学生习惯性的、接受式的学习方式，因此，在日常学习和活动中，必须确保学生有足够的自主决策权，从而潜移默化地改变过去传统的学习方式。

2. 提高教师的专业能力，避免进行不必要的过度指导

有些教师缺乏对社会服务活动的专业指导能力，在指导学生参与服务活动时，对活动的内涵、理念和操作步骤等方面不够熟悉，不清楚如何给予指导。还有一些教师常常会过度指导学生，过度指导无疑会导致学生独立性的缺失。在社会服务的过程中，学生应该自主思考问题，而教师则不应急于给出答案，可以允许学生自己摸索，允许他们犯错。学生需要进行自主实践，而教师不必过于热心地替学生进行操作，因为学生只有真正亲自实践过，才能够提升知识和能力。学生应该有权自主决定学习的方式，教师不应该强加自己的建议，并应引导学生采纳自己的意见，使学生能够发挥自己的创造力，提升他们的自主性和创造性。需要注意的是，尽管应该尊重学生的独立性，激发他们的主观能动性，培养他们的学习主体意识，但这并不表示教师应该停止指导，适度的指导仍然是必要的。

3. 家校共育，学校与家庭共同放手，培养学生的独立自主性

学校教育和家庭教育密切相关，学校的课程执行需要得到父母的支持和积极参与。学校可以采用多种方式让家长了解社会服务活动课程对培养学生自主意识的重要性和必要性。例如，通过微信公众号来介绍社会服务活动，并结合学生实际参与过的社会服务活动，使家长能够看到孩子在参与社会服务活动中已经成长为一个有独立意识的小公民。可以通过召开家长会，向家长们介绍学校的教育理念和期望，并获得家长的支持和理解，告诉家长如何具体指导孩子参与社会服务活动。同时，让孩子有机会自主实践，学校和家长都应该始终站在孩子的角度，成为他们坚定的支持者。

（三）学校主动与社区建立教育共同体的关系

学校和社区一直是“熟悉而陌生”的关系，在很多社会服务活动实际的开展案例中也显现出

了学校、师生与社区互动不足的问题。尽管有些社区不认为自己对学校教育有责任，但是学校和师生仍应从自身的角度出发，积极主动与社区沟通和接触，与社区建立教育共同体的关系。学校应该打破传统观念，敞开大门走出去，积极与社区、社会互动。

在学校层面，应当在概念上形成“大教育观”。联合国教科文组织在我国召开的“面向21世纪教育国际研讨会”上提出：要想形成适应21世纪要求的学习，教育体制应不同于目前的模式，可能其最重要的方面将是社会更多地参与学校和学校更多地参与社会。社区是学校周边的一个小型社会，也是开展社会服务活动的主要场所，学校需要勇敢地走出去，热情地为社区提供帮助。学校应当关注社区文化，了解社区的需求，为社区提供实质性的支持。还可以通过一些渠道向社区传递一些信息，让他们了解学校的教育理念和学校的特色，从而提升学校在社区中的知名度和受欢迎程度。可以通过与家长建立关系来创建一个学校与社区之间的对话平台。通过学校领导人的大局观、影响力让社区接受并欣赏学校。通过与社区进行沟通，让社区了解到学校的教育理念是积极开放的，希望与社区合作，争取他们的理解和支持。除此之外，还需要向社区传达学校开展社会服务活动的目的，积极主动地寻求社区的协助，并主动努力满足社区的需求。在分享服务经历时，学校应当积极地邀请社区机构和社区人员参与其中，以此来表示学校和师生对社区的感激之情。通过这样的举动让社区感受到学校的真诚，并且能够明白社会服务活动对于学生成长的重要意义。

学生们与社区的互动不够，或者说他们不敢去社区机构，主要有两个方面原因：一是他们缺乏自信，二是公民意识的匮乏。对于这两点，首先要培养学生的自尊和自信心。通过积极评价学生可以培养学生的自信心，同时通过实践让学生体现自己的能力，从而自然地培养他们自信心。另外，让学生多了解社区机构，以减少心理上的陌生感，并提供与他人沟通的技巧和示范，使学生能够自信地面对社区机构和社区人员。其次是培养学生的公民意识。学校应该从理念上认识到培养学生的公民意识是学校教育的一部分，并积极推进相关措施。例如，对学校的公民文化进行强化，以潜移默化的方式引导学生形成正确的公民意识；利用学校教育的各种方式，不同学科都可以融入公民教育的内容。只有当学生意识到自己是真正的公民时，他们才会感到与社区密切相连，主动积极地走进社区，参与到社会服务活动中。

（四）强化社会服务活动的教育属性，强调反思环节以及与课程学习直接的联系

社会服务活动具有服务意义和学习价值，同时也包含了服务他人和教育自我两个方面，对于劳动教育、道德教育、智力培养和公民教育等方面都有独特的价值。社会服务的教育属性使其有别于社区服务与社会实践，显得更为全面、优异的地方。强调教育属性是社会服务活动的核心要求，在实施社会服务活动过程中，必须充分体现教育的意义，以确保社会服务活动的真正效果。

指导教师在进行社会服务活动时应该充分理解其内涵，并引导强化服务活动的教育属性。社会服务活动的优势并不仅仅在于完成服务本身，更在于其中的自我教育、自我成长和自我学习。指导教师必须承认并善于把握这一点。在服务活动中，指导教师需要始终思考一个问题，即学生的每个行动对他们自身的成长有什么帮助。教师可以帮助学生充分认识社会服务活动“服务与学习相统一”的特点，使学生在参与社会服务活动之前就清楚地理解这不仅是实践，更是一种综合性学习，让学生能够带着学习的目的去进行社会服务活动。

反思活动也是社会服务活动教育属性的一个重要环节，应该强调在社会服务活动过程中反思的重要地位。学生反思是他们道德自我提升的关键时刻，也是对所学知识和技能进行总结的时刻，通常在反思时他们会展现出对社会服务活动教育属性的极大重视。教师可以在反思表格中设计一些问题，以引导学生在参与社会服务活动时思考教育属性方面的内容，例如“在社会服务活动中，你在哪些学科上有所提升?”“通过服务活动，你对垃圾分类有了哪些新的认识?”“你认为参与这项服务活动的意义是什么?”“如果以后再有机会进行这个主题的服务活动，你有什么更好

的建议?”通过深入思考这些问题，可以提升学生的思维能力和对知识技能的学习效率。可以通过利用多媒体、观察日记等方式，来激发学生的记忆和情感，并引导他们进入更深层次的反思状态，从而使反思变得更高品质、更具有自我教育的意义。教师在学生反思时，可以指导学生从各个角度入手，采用多种方法进行反思，以更准确的语言表达自己，提高表达能力，这是另一种对教育时机的把握。

在社会服务活动和课程学习之间建立联系也是必不可少的。为了真正展现社会服务活动的教育意义，必须与学生的学习实际相结合，从他们当前正在学习的学科课程作为切入点，建立二者之间的联系。开展社会服务活动时，制订社会服务活动计划应考虑将课程学习与活动有机结合，明确指出所需知识技能支持的内容，明确学生在本次活动中可获得哪些学科知识技能提升。要在活动中时刻关注学生是否将学科知识技能应用于服务活动中，并有所进步。为了加强活动与课程学习的关联，还可以邀请其他学科的老师参与到社会服务活动中，因为他们的指导可以让社会服务活动与课程学习更加紧密地结合在一起。

第四节　设计制作活动的实施

一、实施原则

（一）指导性原则

设计制作活动中，应确保学生在实施活动中具备自主性。由于小学生的身心发展特点和知识能力有限，教师必须在活动中充分发挥指导者的作用。教师对学生的引导需要综合集体和个别引导的方式。教师在指导过程中应明确指出，所谓的“指导”并非仅仅是传统的授课，而更应强调以引导和启发学生为主。因此，教师的教学必须适度、适量。

（二）发展性原则

实施设计制作活动，旨在培养学生的创新意识和设计制作能力，以推动学生的全面发展。要使学生真正实现手脑并用，在活动的执行过程中，应引导他们参与到每一个环节中，运用调查、讨论、设计和动手操作等方法。还需要关注指导学生合作交流，以便他们能在活动中提高沟通技能。

（三）连续性原则

活动的实施要坚持连续性原则。连续性一方面意味着活动内容的选择需要考虑前后关联，进而使学生在活动中建立起相关知识和技能的联系。另一方面是指活动必须环环相扣，包括从问题的发现到最终成果的展示和评价，每个环节都是必要的。

二、实施要素

根据《指导纲要》精神，设计制作活动实施的关键要素包括：创意设计，选择活动材料与工具，动手制作，交流展示物品或作品，反思与改进。

（一）创意设计

创意设计是实施设计制作活动的第一步。本阶段首先需要明确设计要解决的实际问题，将问题转化为主题。其次，要考虑设计的人力、物力、时间、技术条件。再次，厘清与该问题相关的背景知识、科学原理与技术，通过小组、集体讨论分析产生具有独创性的设计理念和解决方案，并通过思维导图、思维树等方式加以表达。最后，修改完善，形成最终的设计方案。

（二）选择活动材料与工具

选择合适的材料、工具，将设计方案转变为实际作品产品。设计制作的材料包括金属、塑料、陶土、布、纸、食材等生活中常见的各种材料；工具包括剪刀、扳手、起子、仪器、饮具等传统工具，编程软件、办公软件、可视化工具、数据库等计算机虚拟工具，以及记忆摄影摄像机、3D打印机等数字化、智能化工具等。

本阶段学生需要选择活动所需的材料、工具，要求学生从问题出发，结合现实条件和材料的属性、工具的作用，做出恰当的选择。在这一过程中，学生可能会做出错误选择，教师应予以适当指导，让学生在错误中收获成长。

（三）动手制作

动手制作是整个活动流程最重要的环节，在这一环节中，设计方案、理论知识都将通过学生的动手操作付诸实践。制作的内容包括使用工具的方法，改变材料形态的技术，按照设计方案完成作业的过程。根据材料、活动主题、内容表现的不同，动手制作的程序可能包括折、叠、裁剪、切割、激光雕刻等手工制作，以及建模、编程、3D打印等数字化制作。动手制作需要学生全身心的参与。此外，教师和指导者可在学生动手制作之前讲授制作要领，进行必要的示范，并指出可能遇到的问题，这里需要特别注意工具使用的安全性与规范性，避免意外发生。在学生动手制作过程中，根据出现的问题，教师应适当地给予辅导。

（四）交流展示物品或作品

交流展示是设计制作过程中不可或缺的一个环节。学生通过彼此的交流，能够加深对活动内容的理解，巩固在活动中所获得的知识；通过活动成果展示，能够检查学生的活动效果，促进学生反思与改进。

在这一环节，要注重交流展示方式的多样化，学校和教师可以组织舞台剧、学校电影节、博览会等形式为学生提供展示的平台，也可以利用展板、橱窗、文化墙、多媒体等手段展示作品。此外，要鼓励学生在交流展示的过程中学会互相欣赏和互相学习，这既有利于发展学生的审美能力，也有利于培养学生的团队意识和互助精神。

（五）反思与改进

反思与改进是活动的最后环节，但也是活动的新起点。反思是指学生对活动全过程及活动成果的再审视，思考设计方案的合理性，分析作品存在的局限与不足；改进则是建立在学生反思基础之上，追寻更优方案，并将新方案再付诸实施，以便获得更优成果的过程。

三、实施建议

（一）因地制宜，确保设计制作活动行之有效

我国地域广阔，不同地区的资源分布不均匀，各民族地域文化差异巨大，再加上各所学校的地理位置、师资情况、学生实际情况、周边资源的开发和利用情况等各不相同。因此，为了确保设计制作活动的有效性，应该综合考虑各种因素，根据具体情况制定推荐主题。这

样的主题应该符合“立足现实、贴近学生、便于教学和经济安全”的原则。“立足现实”是指根据本校实际和发展需求，紧密结合所在地的生产、社会和学生生活情况。“贴近学生”需要贴近学生的兴趣爱好、年龄特征和已有的学科基础。“便于教学和经济安全”要求所选择的内容不仅要考虑学生的学习过程，还要顾及教师的教学指导。“经济安全”的定义包括活动所需要的场地、材料和工具等，这些必须具备安全可靠、经济实惠、易于获取和方便携带的特点。不论什么样的设计制作活动，都需要与实际情况相符，避免出现理论与实践脱节的情况。

（二）把握关键要素，夯实设计制作活动教学环节

应在设计制作活动中妥善处理学生自主实践和教师有效指导之间的关系。在设计制作活动的实施过程中，要注意考虑到创意设计、活动材料或工具的选择、动手制作、交流展示和作品展示、反思与改进等关键要素。此外，在设置教学活动环节和安排教学活动内容时，需要采取适当的教学方式对学生进行有效指导，以实现“劳动”与“技术”双重功能的融合与统一，并培养学生的创新意识和实践能力。教师的引导应注重强化设计与制作活动教学环节，方法主要有以下三个方面：首先是创造具有挑战性的问题情境，以激发学生对实践的兴趣；其次是提供相应的技能与知识培训，引导学生进行实践操作，重视指导方法，包括明确任务要求、解释规则，适时给予指点，以帮助学生自主完成设计与制作任务；最后是鼓励学生进行实践探索，积极鼓励学生进行反思和改进，以实现对知识的实际应用与理解。学生作品展示与评价是教学过程中的一个重要环节，通过指导学生展示与讲解自己的作品，并组织学生采用多种方式对作品进行评价，实现对学生创造能力的培养和提高。

（三）提倡综合实施，践行设计制作活动的设计理念

综合实践活动课程倡导“整体设计课程方案，综合实施活动主题”，并且在设计和制作活动推荐主题的实施时，应积极贯彻这一理念。在全面了解、清晰掌握《中小学综合实践活动推荐主题汇总》整体布局的基础上，要充分利用其他活动方式中所蕴含的设计制作活动主题资源，并整合相关内容，融合不同活动方式的关键要素，制定一套以设计制作活动为主、同时兼顾其他活动方式的综合实施方案，让各种活动要素相互交融、相互渗透，更好地发挥实践活动对学生综合育人的作用。将不同类型的活动，如考察探究活动、社会服务活动、职业体验和其他活动，与设计制作活动的主题内容有机地结合起来，以打破各种活动方式之间的壁垒。通过统筹规划，设计出能够包含多种活动方式的大主题，从而衍生出许多小主题，在这些活动中进行综合性的探究和实践。

（四）强调科学评价，突出设计制作活动的发展导向

综合实践活动是一门学生亲历体验的课程，教师对学生适时给予有效评价，可以激发学生内心向上的积极因素，促进学生自我成长并不断完善。实施设计制作活动时，应遵循《指导纲要》中关于课程评价的建议，以推动学生综合素质的持续发展为目标，倡导多样化的评价方式，注重评价过程，坚持评价的方向性、指导性、客观性、公正性等原则，通过实际行动将科学的评价理念贯彻到设计制作活动的组织和开展中。学生的评价应该关注他们的全面发展，不再只重视他们的学习成绩，而是注重他们的学习态度、学习方法、学习能力以及综合素质等多个方面进行评价。评价过程应同时关注活动过程和活动结果。设计制作活动应该采用多种评价方式，包括学生自我评价、同伴评价、教师评价以及家长评价等，目的是照顾到每个学生的独特差异，并且充分尊重他们的个性和创造能力。

第五节　职业体验活动的实施

一、实施原则

（一）校内原则

学生主要在学校进行学习，并且职业体验活动的实施主要在校内进行。学校可以充分利用现有的职业岗位，为学生提供实践经验的机会。当然，学校可以通过建设学生职业体验基地等方式，引入职业体验课程，让学生亲身体验不同岗位，引导他们深入了解和学习所接触的职业，形成系统化的职业知识体系，不断提高生活技能和实践创新能力。

（二）就近原则

职业体验活动课程的实施必须遵循就近原则。学校需要对各种多样的校外职业体验岗位进行筛选，并组织学生在学校周边、家庭所在社区以及乡镇范围内进行相关活动。就近原则不仅方便学校组织学生广泛参与体验各种职业，而且有助于确保学生的安全。学生对于生活地的熟悉程度可以加速他们适应和投入职业体验活动中。

（三）正规原则

参加职业体验活动必须满足国家规定的标准，只有符合要求的场所才能提供给学生体验。必须在活动开始之前向当地的教育部门提交申请，只有满足条件并经批准后，才可以进行活动。

二、实施要素①

《指导纲要》中将职业体验的关键要素概括为四个环节，即选择或设计职业情境；实际岗位演练；总结、反思和交流经历过程；概括提炼经验，行动应用。这些要素本质上是根据美国心理学家大卫·库伯所总结的“体验式学习”而设立的。因此，针对职业体验活动的实施将以库伯“体验式学习”中的“体验学习圈”模型为框架，分为具体体验、反思观察、抽象概括、主动检验四个环节，使得职业体验活动的开展成为一个以体验为基础的持续循环过程。

（一）具体体验

具体体验是体验学习的基础，同时也是其过程的逻辑起点。为了使活动更加完整，体验式学习最佳的状态是从“做”即具体体验开始的。它强调情境性与即时性，主要是个体通过与外部环境的相互作用而产生的相应的刺激，从而获得知识的过程，也是直接经验获得的过程。这一环节库伯称其为“感知”。具体体验在职业体验活动中主要是通过学习者眼、耳、口等感官的调动，诱发学生对某一职业产生好奇与兴趣，进而促进其对职业的初步了解。例如，通过观看相关职业的视频、对相关职业的信息进行调查与收集或者邀请对应职业的家长进入课堂，对职业进行讲解或演示等方式。在真实或者拟真的环境下，通过学生的感同身受来达到有效的学习效果。再者，可以在具体体验阶段引入一些矛盾事件的体验。例如，现阶段学生在职业认知上存在职业偏见以及职业性别刻板印象的现象，体验中可以加入男护士或者体现环卫工人光辉的一面的相关内容。这些冲突的设置主要是为了突显学生现有经验与认知结构中所存在的差距，激发学生的好奇心与

① 吴晓．基于体验学习圈的小学生职业体验活动设计研究［D］．温州大学，2019：36–39.

挑战力，从而调动更多积极的情绪参与。一般来说，具体体验是关注学生在职业情境下的即时体验的一个阶段，包括熟悉职业的基本构造、了解职业的要求等。

例如，在指导中可以涉及职业价值（个人价值或者社会价值）、职业特点（职业内容、工作流程、工作中可能会出现的状况）、职业精神（责任感与职业习惯）、职业智慧（合作与沟通的重要性）、职业与“我”的关系（职业与教育、未来与学习）等内容。使得学生在实践中感知“工作情境中的多种要素及其所组成的情境结构”。且通过此阶段的体验，升华了学生已有的知识与经验，为后续学生进行反思提供基础。

（二）反思观察

体验式学习不是停留在体验的学习，而是通过一定的反思去催化后续的学习。反思能力是体验学习中的一项关键能力，它是指学习者在特定情境下，结合自身的经验对新的感知进行内省与反思。反思观察阶段主要是学习者对上一阶段的亲身参与或是观察所产生的感受进行分析与思考，将“知识碎片”进行回忆与整合，明确自己学习到了什么又发现了什么，强调思维活动的过程。在职业体验活动中，反思观察是十分关键的一个环节，有了反思观察，才不至于使活动仅停留在学习者的身体力行的“体”，而忽略了检验反思的“验”上。

在职业体验活动中，教师应当引导学生去反思与体悟而不是机械灌输。比如，通过持续性地抛问题去引发学生认知冲突，通过不断地对话去促进他们进一步思考。换句话说，就是用问题去联系、体验已有的知识，用对话去启发学习者自我探索。例如，体验后可以问学生“从刚才的演示中你观察到了什么？和你之前的了解有不一样的地方吗？”由此引发学生思考。其中，关于具体提问策略可以参考表7-1。

表7-1　教师引导学生反思提问策略

目的	问题形式
评估具体体验的情况	你觉得刚才的职业活动有趣吗？ 你都了解到这份工作的哪些内容？ 你今后想做这份工作吗？
关注学生的体验过程	你在搜集职业信息时都有哪些计划？ 消防员所使用的安全扣有什么用？ 你认为在模拟法庭时要注意什么呢？
引导学生进行分析	你觉得为什么大家对这份职业的看法不同？ 你觉得怎么解决这个问题会更好？ （切换问题解决途径）你认为如果换一种做法会不会更好？ 对于这份工作你有特别的发现吗？
引发认知冲突	你对这份工作有什么改观？ 你觉得男生适合做这份工作吗？

（三）抽象概括

学习者将自己观察到的内容进行梳理，将反思的内容进行概括总结，从而形成一般性结论或者定理的过程被称为抽象概括。大卫·库伯将这一阶段总结为领悟。他认为感知是一个记录的过程，而领悟是一个解释性的过程，这也是两个环节的区别所在。抽象概括阶段侧重于间接经验，并指向最终的学习目标。因此，要预留给学生充分的时间和机会来表述他们对问题的认识和理解，甚至可以以研讨或辩论的形式展开。不仅可以成为自我分析、反思的过程，也可以是自我经验归纳的时间。

在职业体验活动中，这一环节一方面是要给予学生充足的时间对前期的反思进行讨论与分析，帮助学生发现现有经验与原始观念不一致的地方。另一方面，教师也应该对学生所整合的观念进行梳理与概括，这也是提供明确概念的时机。而且，这一阶段也是教师出示相关书面教材信息以及解决学生交流中出现的歧义的关键环节。由此更好地内化为学生的学习经验，发展思维品质。

（四）主动检验

主动检验是指学习者将自己概括并抽象出来的经验进一步运用到新情境中的过程，由此来验证上一阶段所获概念的合理性与适宜性。同时，这一阶段也成为教师的评估环节，用来检验学生对概念以及经验的掌握、理解程度。在职业体验活动中，这一环节强调体验的持续性，将学生的体验空间拓展至校外，以实践基地或是职业体验馆为主。目的是让职业体验这一行为进行适当的重复与强化，使其具有一定的持久性，从而进一步给学生构建相应的岗位知识与经验。活动结束之后，应对体验过程进行整理与总结，并进行成果展示。总的来说，“体验学习圈”的四个环节组成了两组向度。具体体验和抽象概括两个环节形成了理解向度，一端为感知，另一端为领悟。反思观察和主动检验则代表着转换向度，一端缩小内涵，通过反思发现核心问题所在；另一端扩大外延，在反思的基础上，通过行动对其进行验证并理解。以体验学习圈为框架的职业体验活动不是只停留在寓教于乐的阶段，而是经由“具体体验”的体验阶段，去促进后续的反思、内化或是应用与行动，帮助学生获得有利于学习的经验。而且，活动的实施并不一定要机械套用这四个阶段，一个职业可能会诱发多个学习圈或是在学生有一定经验后可以省去某一个学习圈，这些都将以学生的实际情况进行设定。但就职业体验活动来说，一般以四个环节的循环历程来协助活动的设计与开展。

三、实施建议

职业体验对小学生的全面发展具有特殊的意义与价值，为了实现“职业体验”在小学的有效实施，要尤其关注以下几个方面。

（一）抓住本质：突出职业体验活动的关键要素

职业体验的关键要素包括：选择或设计职业情境；实际岗位演练；总结、反思、交流经历过程；概括提炼经验，行动应用。即学生的职业体验活动一定是发生在真实的或是模拟的职业情境中，学生在这一情境中体验职业活动，并对所经历的职业活动总结、反思、交流，从而获得新的经验，并能将其运用于未来的职业活动中。例如，开展“我是小小养殖员”活动，设计和实施时要抓住的关键要素为：学校根据实际情况开辟饲养小动物的空间；学生亲自喂养动物，观察动物生长，记录饲养过程；与同伴交流自己的观察结果和饲养体验；了解并掌握若干种小动物饲养的简单方法。这四个关键要素背后的逻辑本质上是大卫·库伯总结的体验式学习的完整过程，“具体体验→反思性观察→抽象概念化→主动尝试”，这也是设计所有体验式学习活动必须抓住的关键环节。

（二）价值引导：强化职业体验活动的育人功能

职业体验活动为小学生提供了实际体验多种职业的机会，能够帮助学生进行未来职业选择，找到适合自己的人生道路和职业生涯。但学生在体验过程中，不可避免地会对职业世界持有不同看法，如“读书无用论”，认为工作中学校学习的大部分知识都不能派上用处；“轻视体力劳动”，认为体力劳动是低等的。因此，在职业体验活动中教师不仅要让学生体验岗位工作，还要注意价值引导，组织学生开展有关职业的反思研讨，从中帮助学生分析社会分工，了解职业只有分工不同没有高低贵贱之分，正确认识职业对个人素质的要求，让学生克服职业偏见，形成健康积极的职业心态，树立正确的劳动观念。

（三）综合实施：丰富职业体验活动的内涵

职业体验活动作为综合实践活动课程规定的四种主要活动方式之一，是综合实践活动课程的有机组成部分，有一定的独立性，但并不是孤立于其他活动和学科学习之外的，这就要求职业体验活动要与其他活动方式相融合，综合实施。多种活动方式融合，一是要善于把握其他活动的职业教育素材，融合不同活动方式的关键要素，如社会服务活动的服务行动就可以与职业体验活动的实际岗位演练相结合；二是要设计能够涵盖多种活动方式的大主题，将职业体验活动与其他活动方式相结合，如身边交通问题研究，就可以让学生从探究身边的交通情况着手，发现存在的交通安全、拥堵等问题，提出解决方案，并以担任交通协管员的方式体验交通管理岗位，同时宣传交通安全知识。综合实施，一方面能够增强综合实践活动的整体性、系统性；另一方面能够让学生更深刻地感受不同职业的社会价值。

（四）多方参与：拓宽职业体验活动的课程资源

挖掘丰富、有效的课程资源是保障职业体验活动顺利实施的基础。职业体验活动的特殊性决定了其活动开展必须走出学校，这就要求学校与社会的各行各业通力协作，充分调动各方资源，使之成为开展职业体验活动的课程资源。

首先，地方政府、教育行政部门可以调动行业企业、职业院校的积极性，以建设实践基地的方式参与小学职业体验活动课程建设，为开展职业体验活动提供场地、设施、设备等物质资源。

其次，学校与周边企事业单位建立合作关系，共同开发、设计适合小学生开展的职业体验活动，建设可供长期使用的职业体验基地。

最后，学校要调动家长资源，一是通过家长联系其所在单位，提供职业体验活动相关资源；二是培养一批能够结合自身工作指导学生开展职业体验活动的家长志愿者，确保职业体验活动课程全面、系统、持续、有效地开展。

拓展阅读

指向核心素养的综合实践活动课程实施路径①

一、组建学科教师团队，加强教研培训，提升教师的专业化

综合实践活动作为一门独立形态的课程，旨在培养学生的动手实践能力、创新精神及学科知识综合应用能力，注重跨界思维及社会责任感等核心素养的养成。要常态、规范、有效实施该课程，充分发挥其独特的育人功能，组建该学科相对稳定的教师团队是不容忽视的。

① 陈金海. 指向核心素养的综合实践活动课程实施路径［J］. 教学与管理，2018，755（34）：71-73.

1. 配备专职教师，选聘学科兼职教师，是课程常态实施的关键

该课程要常态实施，教师队伍建设是非常重要的，建议学校配备专门任教该学科的教师，负责该课程实施方案的制订、课程实施的日常管理与指导，根据学校办学的具体情况及学生实际进行课程资源开发、落实课程评价机制等，确保课程实施有目标、有课时、有内容、有师资、有场所，做到课程的常态实施。由于该课程涉及的知识面广、内涵丰富，只有几位专门任教的教师很难胜任，课程有效实施难度很大。所以，兼职教师队伍的建设也是至关重要的，建议学校聘请各学科优秀的教师组建综合实践活动的兼职教师队伍，作为专职教师的重要补充，负责学生活动中遇到专业问题的具体指导工作，保证活动中生成的问题能够及时得到解决，对培养学生的跨学科高阶思维能力，以提高学生的核心素养。

2. 规范师资培训，提高教师指导能力，是课程规范实施的保证

该学科要做到规范实施，除了有一支各学科融合的专兼职教师团队外，还必须通过培训、教研，提高教师的专业素养及指导能力，做到活动能开发、能组织、能指导、能总结、能评价。必须通过进阶路径，从三个阶段规范师资培训：首先是教师的通识培训，了解综合实践活动指导纲要，课程开设的目的、意义，课程的地位、理念及规范实施的一般流程，该学科的独特育人功能；其次是教师的专业培训，了解课程常态实施的基本要求，能够较好地胜任该学科的教学工作，具有简单课程资源开发及指导能力，做到常态规范实施该课程；最后是教师的高级研修，具有学科课程综合化实施意识，能够以培养全面发展的人为核心，统一规划学校课程设计，打通学科课程之间的界限，以学校大主题、年级中主题、班级小主题来规范实施课程，以项目学习为主线进行学科知识的整合，达到培养学生高阶思维能力的目的。培训形式多样，可以请专家进校讲座、开展示范教学，也可以让教师出去参加进阶培训。但是要提高教师的整体素质，只有培训是不够的，还必须加强教学研讨活动，教师通过参加各级教研活动，如集体备课、上课、听课、评课、研讨、沙龙等，不但可以吸收同行的先进教学理念及方法，而且有机会与行家交流自己所思考的问题及想法，进行思维的集中碰撞及知识的重新建构，有效提高自己的课堂驾驭能力。

3. 创新评价机制，调动教师参与激情，是课程有效实施的动力

实践活动要做到有效实施，创新评价机制是直接的动力，是调节的杠杆。一个好的评价机制，能够促进课程的良性循环，做到专业、综合、进阶；促进学生知识的螺旋上升，做到读活书、读书活、活读书，想学、会学、坚持学；促进教师持续参与活动的热情，做到会教、能教、愿意教。综合实践活动评价机制不能以考定论、唯分数论，建议在项目主题确定时一并公布评价方案，让学生提前了解评价标准，在活动方案的具体设计时有方向，可以找到依据。为了促进学生的主动发展、多元发展、终身发展，可以采用多元、多样评价机制，即评价维度多元，有动手实践、创新创意、集体合作、学习思考、问题处理等；评价方法多样，有学生自评、互评、家长评价、教师评价、学校评价，采取过程性与终结性相结合评价，做好写实记录等。为了充分调动教师参与活动的积极性，建议通过评价激励机制，评选优秀项目、优秀活动及优秀教师指导奖，并给予适当的奖励，加大宣传力度，提高活动落地的价值性及优秀教师的知名度，荣誉感的驱动下可以促进师生参与活动的积极性，促进课程规范有效实施。

二、发挥实践育人功能，拓宽教育思路，实现育人的终身化

立德树人是教育的根本任务，建立全程育人、全员育人、全方位育人、全学科育人的德育工作格局是非常必要的。综合实践活动课程的设置，着重培养学生的生活技能、劳动习惯、实践能力、合作能力和交流能力，提高学生的探究能力和科学精神，发挥该学科独特的实践育人功能。一要盘活地方资源，建设学生社会实践的规范场所。比如利用当地的博物馆、物质或非物质文化遗产等资源建设中华传统文化教育基地，开展传统文化教育，提高文化自信；利用科技馆、高新技术园区等建设科技教育基地，开展科普教育，提升科技素养；利用养老院、康复中心、福利院等建设学生社会服务基地，开展“三爱教育”，提高价值体认和责任担当；利用法院、检察院等资源，通过模拟法庭活动，开展法制教育，提高法治意识；通过寒暑假、春游、秋游的研学旅行活动及家务劳动，培养学生探究能力和劳动意识。二要组织学生活动，建立常态的社会实践机制。经常组织学生走出校园，走进实践基地，通过亲身体验来实现感悟。经历价值体验、价值澄清、价值内化、价值引领四个阶段，实现价值体认的目标。比如清明节组织学生到烈士陵园扫墓，开展革命传统教育，让学生在实践活动中体会革命先烈英勇不屈的大无畏精神，感悟人生价值的意义所在，树立正确的人生观、世界观、价值观；组织学生到科技馆参观，通过近距离接触科技产品，体验操作，感受科技的魅力，提高科学素养。

三、掌握配套活动主题，加强资源开发，做到实施的常态化

《指导纲要》分学段、分类型推荐了 152 个实践活动主题，为该课程的常态实施提供了拐杖。为了实现课程的常态化、规范化、系统化实施，必须做好以下4点。

1. 研读《指导纲要》，挖掘活动内涵，开发适合学生发展的主题案例

《指导纲要》的正式颁布，是该课程实施的里程碑，结束了十几年来只有课程设置而无课程指导纲要的现状，树立了教师做好该学科教学的信心，明确了课程未来实施的方向。因此，教师要认真研读《指导纲要》，理解课程理念、目标及实施要求，根据学校的办学需要，按学段研究主题活动内涵，开发适合学生发展的主题案例。

2. 亲近学生生活，基于问题解决，探索学科教材的二度开发利用

陶行知的生活教育理论对综合实践活动的实施具有指导意义。综合实践活动本身就是一门亲近学生生活的实践性课程，培养学生在充满信心的生活中观察事物、发现问题，并以问题的解决为目的而展开主动探究学习。因此，学科教材的二度开发，让学科内容与生活紧密关联，增加知识的趣味性，提高学科课堂教学的有效性，培养学生想学、能学、坚持学的良好学习习惯。

3. 关注学生行为，利用教师资源，开发适合师生成长的课程资源

学生是教育的对象，同时也是教育的资源。教育的真正目的是育人，培育有理想抱负、有创新思维、有责任意识的新一代英才，而育人不是停留在说教，而是开发相应的活动课程，让学生在活动中体验、活动中梳理、活动中感悟，从而树立正确的人生观、世界观、价值观。因此，学生在成长中的行为、在成长中的点滴变化都是教师的关注点，是很好的课程资源。教师的资源也是很好的教学题材，教师的行为就是活生生的教学案例，言传身教，教师的每一句话、每一个动作都可以感化学生、教育学生。因此，要充分利用教师的资源，包括成长历程、语言艺术、行为动作、所知所悟等，在教育学生的过程中丰富教师的阅历，促进师生共同健康成长。

4. 引入社会资源，构建活动平台，促进综合实践活动的深化发展

《指导纲要》的正式颁布，标志着综合实践活动课程进入规范发展阶段。该课程从常态实施到深化发展，资源的开发是不容忽视的，除了活化教材资源，利用师生资源外，必须引入社会教育资源，进行教育资源的有效整合，丰富活动平台，真正实现活动育人、实践育人。陈鹤琴先生认为，“活教育”与“死教育”的区别之一是：一切教育，集中在“做”，“做”中“学”，“做”中“教”，“做”中求进步。在课程方面，“活教育”表现为以大自然大社会做主要的教材，以课本做参考资料，这是直接的活知识，是直接的经验，各科混合或互相关联。而“死教育”表现为：以课本做主要教材，是间接的死知识，是间接的经验，各科独立而不相联络。综合实践活动课程及其实施便是强调形成“活的教育”，让学生们在“活的教育”中获得核心素养的生长。因此，构建形式多样的综合实践活动课程体系，促进认知性学习和实践性学习有机融合，深化课程的发展。

思考·探究

1. 请简述小学综合实践活动的实施特点。
2. 请简述考察探究活动实施的关键要素。
3. 请谈谈社会服务类活动的实施原则。
4. 请结合实际谈谈如何高效地开展设计制作活动。
5. 请分析如何强化职业体验活动实施过程中的育人功能。

第八章

小学综合实践活动的教师指导

学习目标

1. 明确小学综合实践活动实施过程中教师的指导策略。
2. 了解小学综合实践活动四类活动领域实施中教师的具体指导策略。

第一节　小学综合实践活动实施中的教师指导

一、小学综合实践活动实施过程中指导教师的作用

综合实践活动课程的实施过程是教师指导下学生的自主实践学习过程，教师的有效指导是实现综合实践活动课程价值的基本保证。在小学综合实践活动的实施中应建立一种新型的师生关系，使教师的角色从单一的信息传播者转变为“引导者”“参与者”“合作者”。

（一）教师作为引导者

教师作为引导者，要注意引导的时机问题与引导的方向问题。教师的引导要能够把问题的探究引向纵深，要引导学生在探究中进行更好的配合、合作，要引导学生获得积极的情感体验，要引导学生持续探究。综合实践活动课程是建立在儿童兴趣、需要等基础上的课程，从这点来看，教师的指导也只能是引导，即在儿童内在倾向的基础上予以疏通、点拨。教师的引导不是生拉硬拽，而是水到渠成。实践中两者的差别往往在一线之间。因此，作为引导者，教师应该抓住引导的时机。

所谓时机，也就是“什么时候引导”的问题，如果在恰当的时候做了合适的指导，那么教师对学生的教育就会事半功倍。所谓的“恰当的时候”一般是学生表达遇到问题的时候，学生在探究过程中经常会遇到各种困难，如在选题中抓不住方向，研究思路短路难以为继，研究方法准备不足、知识欠缺等，这个时候往往最需要教师予以引导。每一个需要引导的情境都各不相同，需要教师投入其中，耐心倾听儿童的问题，全身心地感受儿童语言神态中流露出的需要，抓住转瞬即逝的契机。教师的引导是一门艺术。除了需要教师多多借鉴成功的经验，更需要教师在指导实践中不断摸索、反思、积累。综合实践活动要尊重学生的个性和特征，但这并不否认学生之间存在某些共性的需求。因此，首先，教师要把问题的探究引向纵深。最初的问题可能纯粹是基于儿童的个人兴趣而提出，处于较低的认识水平，需要教师在探究过程中预测到并把问题引向更高水平的方向，实现课题探究价值的最大化。其次，教师要引导学生之间在探究中进行更好的配合、合作。学会合作是综合实践活动的重要目标之一，同时也需要教师从旁推动、促进和协调。再次，引导学生获得积极的情感体验。综合实践活动不仅仅强调学生的认知活动，同样重视学生的情意活动，因而是一门认知与情感整合的课程。相比之下，以往课程中受到忽略的情意维度比认知维度更需要教师的引导投入。最后，引导学生持续探究。高涨的探究热情遭遇困难后往往会骤然降温，甚至出现兴趣转移、放弃原来的选题的现象。这时教师要审时度势，对于并非真的探究不下去的课题，要引导学生克服困难，保持探究热情，将课题进行到底。上述每一方面的引导都蕴含着丰富的教育意义，而表面却不落教育的痕迹，这便是引导的艺术。

（二）教师作为参与者

综合实践活动主要需要发挥学生的主体性，但这并不意味着教师不能以参与者的角色参加综合实践活动。作为参与者，教师要与学生一起探究课题并在共同探究中了解学生探究的特点，以提供有针对性的指导，在这种情况下，教师也是实践活动中学生的合作探究者，其作为学习群体中的一员开展行动。

作为参与者，教师在实践活动中不应享有特权，不能被看作课堂上的权威者；在小组中只是像其他成员一样提出建议，而不是发布命令或指挥。这样一种角色虽然部分抹平了学生与教师之间的身份边界，但实际上，双方在参与中发挥的作用并不完全相同。在综合实践活动中作为参与

者的教师，肩负着扩大学生知识面以及了解学生探究课题这两个主要使命。一方面，教师作为参与者亲身去参与它、体验它、反思它，和学生一起探究，有助于扩大他们的知识面，改善能力结构。另一方面，在共同探究中了解学生探究的特点，借助近距离地观察、参与学生在综合实践活动课程中学习的情况，自省教师的指导干预过程，进而不断改进自己的指导方法，提供更有针对性的指导。教师在参与课程实施的过程中，既要忘记自己的教师身份，又要不时提醒自己的教师身份，既要坚守又不可执着。如果不忘记自己的教师身份，就不能做到真正平等的参与；如果不提醒自己的教师身份，有时又会错过理解学生学习特点的机会，同时也会遗漏反思教学的机会。总之，教师作为参与者参与综合实践活动课程的实施，既是师生共同创生课程的过程，又是创造自己的教学的过程，而联结这两者的，便是教师对学生的了解的增进。

（三）教师作为合作者

教师作为合作者，要积极吸纳同伴和相关专业人员加入指导团队，以“团体指导，协同教学”的方式开展综合实践活动的教学，由一个合作的、默契的专业团队共同承担综合实践活动的指导责任。

综合实践活动课程具有综合性、开放性，使得其涉及的内容往往大大超越了课堂教学、教材、教学参考资料的范围，甚至也超越了教师的专业知识范围。这一方面要求教师不断地加强学习，拓宽知识的广度和深度，以满足学生的求知要求。但一个人毕竟要受到时间、精力、专业背景的限制，不可能知道学生提出的所有问题的答案，因此要充分发挥不同年级、不同学科的其他教师各自的优势和特长，充分发挥校内的人力资源，为综合实践活动提供协作指导。此外，协作不能也不应该局限在校内，还要重视学校所在社区人力、环境、物质资源的发掘，形成教师个人、教师团队、社区人士共同组成的指导队伍，为综合实践活动课程的实施提供有力支援。

二、小学综合实践活动实施过程的指导策略

小学综合实践活动的实施过程中学生很容易因为遇到困难而出现退缩、消极的情绪，使活动半途而废。如何及时了解学生开展活动的情况，并有针对性地对学生遇到的问题与困难进行指导，是保证综合实践活动顺利实施的重点。一般来说，教师在综合实践活动开展的各个阶段需要重点指导的内容有所不同，从指导策略来讲，大体分为以下几个方面。

（一）活动方式的指导

根据综合实践活动类型的不同，采用的活动方式具有很大差别，小学生由于其年龄特点，其可以接受的研究方法有限，因此需要教师的系统指导。常见的研究方法有文献法、比较法、访谈法、问卷调查法、实验法、观察法、统计法等。在综合实践活动课程课题实施的不同阶段，应当指导学生选择的合适的研究方法与之对应。例如在课题实施的立项阶段，学生的主要任务是搜集资料，所以应当以文献法指导为主，帮助学生学会如何正确高效地获得所需文献资料，在数据的收集及整理阶段，问卷调查法、观察法等应用得较多，应该分别予以指导，而在资料数据收齐后，教师应该更多关注统计和比较分析的方法的指导。

（二）资料搜集和整理的指导

综合实践活动在实施过程中需要收集许多资料，既有各类书籍、调查问卷、数据、记录等文本资料、也有录音、录像等影像制品，还有作品、材料等实物。这些资料既是活动过程的客观记录，是总结、结论真实性的重要保证，也是活动评价的重要依据。而小学生对资料的收集及整理

往往重视不够，不够系统，逻辑不清。这就需要教师指导学生有针对性地收集所需资料，既要收集齐全，又要重点突出，养成边收集、边整理的习惯，并及时对所收集到的资料进行归纳，建立目录，鼓励小组间资料的共享。培养学生分类建立资料库，如在综合实践活动实施的每一过程建立其单独的资料库，对综合实践实施活动采用的方法建立资料库等。

（三）活动总结阶段的指导策略

总结阶段是活动的核心阶段，此阶段学生既要呈现活动中的收获，又要呈现出反思、能力提升、解决实际问题等。教师在此阶段进行有效指导将极大地影响综合实践活动的质量。在此阶段教师一般要做好以下指导工作：一是指导学生做好成果展示活动，包括选择恰当的成果展现方式、表现形式，鼓励学生把自己的收获、成果主动向家长、同学、学校、社会展示，提升学生的交流、表达能力；二是指导学生做好反思与改进工作，通过帮助学生对其所参加活动的全过程进行复盘、回顾及总结，反思自己的收获与体会，学会从多个评价主体的评价中发现自己的优点与缺点，进而促进自己在以后的综合实践活动予以改进。

第二节　考察探究活动实施中的教师指导

一、考察探究活动中教师角色的更新

为了适应时代发展的新要求，并将考察探究活动这一全新的教育理念引入课堂、指导教学以及培养人才，教师需要从观念、能力、方法、知识系统等方面进行角色更新。

（一）教师应成为教材内容的开发者与设计者

考察探究活动的内容不再由专家编写，更注重师生的互动和合作，在师生共同交流中构建。教师需要及时了解学生的兴趣和愿意讨论的问题，并与学生一起研究和总结。教材的内容和设计应该持续更新，能激发学生兴趣，并反映社会、经济、文化和科技的最新进展，以符合时代特点。学生在参与考察探究活动时，需要关注的不是教学大纲所规定的学习内容以及对课本知识的加深和拓宽，而是要能够将所学的知识进行总结概括、综合分析、判断反思，并将其应用到实践中，以加深对知识的理解和体验。因此，教师在教育过程中需要具备对教材的深层次和广阔视角的把握能力，并根据活动的主题内容以及学生的成长需求来创新。教师应成为教育教学的“艺者”，持续创造充满探索和进步的环境，激发学生的研究动力，引导学生去发现问题，并辅助他们收集信息和资料，与学生一同分析问题，共同解决难题，以及共同进行研究设计。

（二）教师应成为合作型的教学者

考察探究活动通常涵盖多学科知识，原先以学科为基础的教研活动已不适合满足考察探究活动的要求。随着学生独立学习和个性化学习的增加，学生的主体意识增强，他们提出的问题也越来越多。因此，教师需要更多元化的知识结构来满足学生的要求。教师应该提升自身各个方面的素质和修养，广泛涉猎并不断吸收新知识，以使各学科的知识能够相互融合，抛弃“隔行如隔山”的陈旧落后观念。教师在进行教学时，除了独立教学外，还需要进行合作教学。合作对课题小组进行指导，并相互借鉴、共同探讨。在考察探究活动中，学生感兴趣的内容通常超越了教材的范围，教师们需要通过实践、探讨、交流和合作来应对这种情况。教师应当在这一过程中保持

合作精神，善于沟通，并秉持虚心听取他人意见的态度，同时了解如何激发团体热情，使个人和集体都发挥最大的作用。

（三）教师应秉持民主平等的师生观

在进行考察探究活动时，学生所需要的是“指导”和“帮助”，而非单纯的“传授”或“教导”。因而，教师的角色已不再是知识的权威者，需要转变传统教育中对教师权威的看法，建立起师生平等、相互尊重、相互信任、相互合作的新型师生关系。教师的职责不再只是简单地传授知识，而是在越来越多的情况下激发学生们思考的热情。教师应该允许学生质疑和辩论，允许他们指出教师的错误，并且表达自己的见解。教师应该将教学活动视为一个共同学习的过程，协同查找资料、发现问题并一起寻求答案。师生之间应该保持完全平等，一起扩展知识，不断塑造积极民主的教学环境，鼓励师生相互质疑和反思，共同探索。教师应持续提升自我，保持谦卑、进取的科学态度，使学生能充分感受到教师锲而不舍的、富于激情的探究精神和人格魅力。学生能够感受到教师在精神上的力量，这种力量使教师成为学生们心目中理性的权威。

（四）教师应成为学生学习的指导者、组织者

实践表明，教师正确的指导能够确保考察探究活动的顺利实施。教师对考察探究活动的参与直接影响着活动开展的效果，因为他们需要理解活动的理念、指导学习方案的设计，并熟悉研究过程的程序。在同一个研究领域中，研究的确定、目标的定位、切入点的选择、过程的设计、方法手段的运用和结果的表达等，主要依赖于教师的智慧和创意，需要教师的指导。考察探究活动时，教师应协助学生选择合适的研究课题以推动展开。根据不同类型的考查探究活动，可以运用不同的研究方法，如观察法、问卷调查法、文献法和案例分析法等，教师在研究方法上应向学生提供指导，指导学生结合实际，采用相应的方法。通过定期组织举办或参加辩论会、研究成果的交流与答辩、专家学者的报告会、学术讲座等活动，以促使学生积极思考与参与，鼓励他们自主提出问题、收集资料并解决问题。

二、准备阶段的指导策略

在考察探究活动的准备阶段，教师的有效指导和适度参与对活动的顺利进行起着重要作用。在准备阶段，教师在教学指导的过程中应注意以下两点。

（一）引导学生学会提出问题

“学贵有疑”“学则须疑”，疑惑是思考的源泉，思考是智力提升的基础。考察探究活动中师生如何才能“遭遇”问题，是主题确立阶段首先要解决的问题。首先，教师应该以学生的生活为出发点，积极构建多种多样的情境。重视个体的实际情况，并摒弃一切超出实际生活、抽象的和僵化的教育观念，秉持教育应以充实生活本质为目标的理念，关注学生真实需求的发展。教师应根据自己的经验和现有条件，指导学生选择一个领域，并确定研究的主题。其次，摒弃“师问生答”的传统模式，给予学生充足的提问机会。给予学生提问机会的同时需要特别关注那些不敢、不会或不想提问的学生。教师在学生积极提问的基础上引导学生逐步形成统一的主题探究活动主题，如合并同类项和深入分析以发掘问题的核心。下面是一位教师在“北京美食”考察探究活动中指导学生生成主题的步骤。

师：同学们，今天教师带来一些图片，咱们一起欣赏一下！看看它们都是什么？

出示北京美食图片，引导学生说出名称。

师：同学们，看完这些图片，你想说点什么吗？（有何感想呢？）

……

师：这些图片展示的是我们生活中的哪一类呢？（吃的）对，这些都是我们的吃的，是我们日常生活中不可缺少的饭菜，是食物！

师：这些食物色泽鲜、味道美，谁来给它们取个好听的名字美食？

师：你真聪明！好，我们就叫它们美食！

师：同学们，这些图片上的美食都是哪个地方的呢？（北京）其实不仅北京的美食多，我国是个文明古国，也是悠久美食之境地，有北京的烤鸭、天津的狗不理包子、杭州的西湖醋鱼、云南的过桥米线等。那这么多的美食，我们在活动课上都要去了解研究的话，有这份时间和精力吗？（没有）由于能力有限，条件也达不到，那这就需要我们把活动内容的范围缩小，那么怎样缩小范围呢？就是要选择我们大家都比较熟悉的，有能力去了解研究的。所以啊，老师今天给大家带来的是北京美食的一些图片，这些都是我们在日常生活中经常吃到的。

这位教师的主题生成指导相对比较成功，首先选择了与学生相熟悉的生活——当地的美食作为主题内容，通过引导学生思考和总结，逐步引导他们进入主题。对学生的兴趣爱好和环境进行预调研是为了确保考察探究活动的主题与学生相关，而这可以从了解学生所在地的具体情况和身边事物入手。学生可以在导入时通过观看图片、短片以及阅读文字等方式接触相关材料，当他们看到与自己息息相关的材料时，会产生各种问题。不论这些问题的难易程度和可行性如何，教师都不能简单地阻止或否定，以免打击学生的积极性。相反，教师需要从这些问题中选择适合学生研究的问题，引导学生根据这些问题来确定活动主题。

（二）提前制订详尽合理的指导方案

提前制订指导方案，可以帮助教师更清楚地了解自己的指导任务，并使指导行为目标明确，更加具有计划性，从而避免在活动中盲目和随意地进行指导。指导方案包括活动目的、前期准备、活动方式、指导方法与过程，以及对活动的评价等。首先，指导教师需要对学生进行调查，以深入了解学生的实际情况，包括他们的生活经验、知识背景、兴趣爱好和技能。在此基础上，制定明确、具体的活动目标。另外，根据活动的不同环节和学生的实际水平，选择适合的指导方式来进行教学。其中，对于活动过程的指导，教师主要是负责准备活动所需的工具和安排活动的时间。指导教师的指导方案应该考虑到活动中可能出现的难题及应对措施。教师在制订指导方案时，虽然有一个预设计划，但由于考察活动的开放性、自主性、生成性以及综合性，教师在实施活动时不能完全按照预设的方案进行，需要根据实际情况不断地修改、补充和完善。根据过程中的活动反思，可以随时对指导方案进行修改和完善，以解决考察探究活动中可能出现的各种问题。

三、实施过程的指导策略

（一）选择合适的活动内容和方式，指导学生做好活动过程的记录和资料整理

综合实践活动实施中，教师的关注焦点不在于传授知识，而是与学生一同探索并在这个过程中引导他们找到适合自己的活动任务和方式。这个寻找过程中的关键在于引导学生根据自身的兴趣、特点和能力，综合考虑活动内容、活动计划、活动时间以及活动安全性等因素来确定活动任务与方式。在师生的合作探究中，可以尝试进行头脑风暴，师生之间可以自由地畅所欲言，相互激发出新的想法和思路。在教师的引导下，学生可以以分组研究的方式针对可能的活动内容和方式进行探讨。

教师在指导学生记录活动过程和整理活动资料时，关注的重点也是帮助学生通过在实践中学

习，找到适合自己的学习方法。以下两种方式可以记录活动过程：一种是学生根据活动内容自行设计活动记录工具，如设计记录表、拍摄图片和音视频等，另一种是在他人的探究基础上学生和教师可以相互讨论并选择适合自己的记录方式。教师在使用第一种方式进行教学时，需要关注并引导学生自主设计活动记录工具。在使用第二种方式时，教师应注意避免学生简单地模仿和复制他人所设计的活动记录工具。

（二）加强与学生的沟通与交流，与学生共同参与活动探究

考察探究活动以多样灵活的形式展开，师生之间的时空和情感距离直接影响师生关系的形成和发展。首先，与学生主动交流，实现教师的指导和学生的互动相结合，通过师生的交流达到“一把钥匙开一把锁”的效果。在与学生交流时，指导教师需要针对具体问题展开具体分析。其次，要多方面利用不同机会来增进与学生之间的情感沟通。为了促进与同学之间更好的交流，教师应该主动拉近彼此的心理距离，关心他们、亲近他们，并与他们建立真诚的交心、谈心的关系，这样才能增进彼此之间的信任和理解。学生感受到教师的尊重，会对教师产生更加亲切的情感。最后，教师在活动探究中以学习者的身份参与其中，能够展现个人魅力和品质，进一步影响学生。

（三）尊重学生的探究兴趣，引导他们在课题上进行深入研究

学生在进行考察探究活动之后，探究兴趣可能会发生转移。指导教师需要及时了解学生兴趣转移的原因，并全面准确地评估学生的新“兴趣点”，通过和学生共同协商和论证，确定新的主题，鼓励学生对新主题进行持续深入的探究，不要急于停止研究。

四、总结与交流阶段的指导策略

在总结与交流阶段，教师的主要任务是引导学生进行符合他们自身年龄特点的、有具体内容的总结，从而生成有关活动过程和结果的反思。教师们可以通过使学生回顾之前学习的内容，评估其内容选择是否合适，还可以评估中期方案的设计和实施是否可行，以及在活动结束后对整个过程进行总结，以引导学生对其的成功和失败以及对个人成长的意义和价值进行归纳。

（一）尊重学生选择的总结交流形式

考察探究活动的学生评价方法是质性评价方法，它侧重于评估学生的个性化表现。考察探究活动的开放性特点决定了活动内容的多样化，活动结果也呈现多样化，因此需要多样化的展示与交流形式。可以是板报、手抄报、活动心得、总结报告的形式；也可以是图片、视频的形式；又或者是口头形式、书面形式。教师应该尊重学生选择的总结交流方式，不要求完全一致。展示和交流方式的不同，既能体现学生的独特感受和体验，也能展示学生的个性。多种形式的总结交流可以帮助学生比较不同方法的优劣和作用，有效地丰富学生的学习方法，最终促进学生全面发展。在整个过程中，学生参与任何形式的总结交流都应真实地表达他们对活动的内心感受。

（二）引导学生进行反思

学生多样的评价需要教师的反馈，这样的反馈在评价中能起到重要的激励和促进作用。学生能够通过指导教师的反馈了解自己目前的学习状态，看到自己的成长和进步以及存在的不足，并且教师的指导能够引导学生进行反思，培养反思的习惯，进而促进学生的自我成长。在总结交流阶段，引导学生对活动的过程和结果进行反思。反思“在活动中遇到了哪些困难”“遇到困难时是如何解决的”“从活动中学到了什么”“没有达到预期目标的原因是什么”等。反思的过程也是

学生成长和自我教育的过程。指导教师可培养学生写反思日记的习惯。同时，教师应充分把握学生在反思过程中提出新问题的机会，积极推动学生进一步探索研究，使问题不断延伸并成为接下来活动的主题。

教师有责任评价学生成果，但综合实践活动更鼓励学生进行自我评价，教师应进行正确引导。学生通过自我评价可以促使自我反思，实现评价和反思的同时进行；学生主要自我评价积极参与活动的程度和在活动中的表现；自我评价在活动中的情感态度、知识素养。为了能够促进学生自我评价，教师可以帮助学生制定个人评价表（表8-1）。

表8-1　综合实践活动学生个人评价表

课题名称		学生姓名			
评价类别		好	较好	一般	差
参与合作的态度	积极与他人团结协作				
	能与他人合作				
	基本能与他人合作				
发现探索问题的能力	善于思考，能发现并解决活动中提出的问题				
	能按要求解决活动中的问题				
	基本依靠别人解决问题				
收集处理信息的能力	经常主动收集有关资料，及时整理、归类、存放资料，有一定的条理，搜集的资料有价值				
	注意收集有关资料，做好整理、归类和存放				
	帮助他人收集资料，参与整理，自己不能独立归类				
持之以恒的研究态度	围绕研究课题自始至终认真参与研究，研究热情高				
	能够按照计划展开研究				
	在别人的督促下展开研究				
完成成果的态度	按时完成各种研究成果，质量高，有一定的价值，富有创新精神				
	能够完成各种研究成果，质量尚可				
	能够基本完成研究成果，质量不太高				
综合评价					

第三节　社会服务活动实施中的教师指导

由于社会服务活动具有开放性、不确定性、灵活性和不可预测性，教师需要运用教育机智，更有创造性地开设和推广这门课程。社会服务活动课程与传统课程存在显著差异，要求学生在参与活动时保持主动性，要求学生自觉地参与到服务活动过程中。因为学生是社会服务活动的主体，许多指导教师在社会服务活动中存在两种倾向。一种倾向是对学生活动放任自流，没有进行规划和管理，遇到问题时随意对待，导致活动质量低下，效果不令人满意。另一种倾向是教师在与学生一起开展社会服务活动时，会过分关注服务活动的成败与质量，甚至在活动过程中干涉活动的开展，以致陷入喧宾夺主的问题中。在进行社会服务活动时，难免会遇到很多问题，如果不解决这些问题，学生很难在帮助他人和提升知识技能方面取得进步。当教师遇到问题时，会及时想到解决方案，这是因为他们的经验更加丰富。如果学生一直无法解决问题，社会服务活动就会停滞不前，在这种情况下，许多老师会伸出援助之手，或者在学生寻求帮助时毫无保留地传授解决方案，结果牵制了社会服务活动的方向和进程。学生在参与社会服务活动时，很容易由于教师过度的指导，导致他们的主体地位受到影响。因此，在社会服务活动的实施过程中，教师的引导需要注意以下几个方面。

一、师生共同合作确定活动主题，制订活动方案

社会服务活动方案基本是围绕特定主题展开。根据学生年龄层次或其他具体情况，确定主题的方式可以分为两种：一种是通过教师的帮助来确立。小学低年级的学生通常年龄较小，身体和心理发育尚未成熟，对于社区服务活动缺乏了解，生活经验有限，对身边事物及问题的敏感度不高。在这种情况下，老师可以为学生提供适合他们特点的主题，以便于展开研究，同时帮助他们熟悉选择题目的流程，为其以后独立选题做准备。另一种是师生共同参与确定主题。小学中年级和高年级的学生对社会服务活动的课程设置有了一定的认识和了解，同时也积累了一定的社会生活经验，因此可以自主选择主题。教师可以通过不同的方法激发学生的兴趣，唤起他们的求知欲，并让他们在给定情境或范围内自主确定活动主题。活动的实施经过师生共同讨论后，教师只需对活动的目的性和可行性进行必要的引导，对其他方面不需施加过多限制。

社会服务活动方案应当鼓励所有成员全程全身心参与其中。每个学生都应该有机会进行实践和体验，以促进他们综合实践能力的发展。学生在参与社会服务活动时，应全心全意参与其中，去感受、体验、探究并发展自己，保持参与的积极性和主动性。

二、尊重学生的主体性，提高学生的活动自主权

社会服务活动强调培养学生在探索、研究、沟通、合作、问题解决等方面的综合能力。学生参与社会服务活动时的自主性非常重要，一旦学生的自主性得以培养，他们在帮助他人和学科学习方面都会更加主动和积极。

教师应该在社会服务活动的过程中，鼓励学生自愿参与和积极行动，尽量让学生享有更多的行动自由。教师可以帮助学生选择适合的主题，从身边的自然环境、人文环境或者个人感兴趣的事情出发，鼓励大家集思广益，一起探讨。通过访谈、调查、观察等方式，让学生自己判断服务对象的真实需求是什么，最初可能会有偏差，但可以允许偏差出现，并通过赞赏学生的自主性来激发他们参与活动的热情和积极性。在制订服务活动计划时，要考虑到真正参与活动的是学生群体，必须让学生自主选择参与的活动内容。在回顾服务经历时，学生可以自行组织反思活动，采用组内和小组结合的方式进行汇报，形式的选择也由学生自己决定，可以是书面形式或口头表达等。学生在展示分享社会服务活动成果阶段可以自行决定形式，他们可以选择邀请哪些人参与，并且可以根据意愿决定是否要通过某种方式对其中的一部分人表示感谢。

三、不断提升专业能力，避免非必要的过度指导

教师对社会服务活动的专业指导能力不强通常体现在教师对社会服务活动的内涵、理念、操作步骤等不熟悉，在指导学生时无从下手。教师应该注重提升自身素质，积极参与相关培训，同时也可以利用互联网平台进行学习和资源分享。还有一些老师经常进行不必要的过度指导，导致学生在活动参与中缺乏独立性。在社会服务活动中，教师应多鼓励学生思考问题，不宜匆忙给出答案，而是应让学生自行探索，即便出现错误也应包容引导。只有学生真正自主实践过，才能获得知识和能力的增长。教师无需过于热心地代为操作，应让学生能够自主地进行操作。同时，学生可以自主决定形式，自行发挥和提升自主性和创造性。当然，尽管教师应该尊重学生的个性，激发他们的主动性，并确立他们的自主意识。但这并不意味着教师应该完全放弃指导，而是应该适时适度地指导。

第四节　设计制作活动实施中的教师指导

在进行设计制作活动时，教师应该向学生提供学习材料，让学生组织小组讨论、实践探究，针对学生的问题提供解决方案和建议，以此引导学生不断改进和完善，最终完成活动任务或解决实际问题。教师需要提升教学经验和综合专业能力，以便及时有效地指导学生在设计、制作和信息技术应用等方面的问题，以提升活动实施的质量和效率。

一、坚持“教师为主导，学生为主体”的教学原则

教师在设计制作类活动中扮演组织者和策略者的角色，为学生提供多样的活动内容，同时在每个阶段积极参与、引导和协助学生，与学生一同完成活动任务。作为活动的主体，学生应该积极主动地探索活动中的任务。在活动的每个环节，每个学生都必须亲自参与，让他们亲历探究的过程，亲自动手解决实际问题，这样能够促进学生创新实践能力的培养。教师在指导学生时可以运用讲述和讨论的方式，通过提出有启发性的问题引导学生思考，并组织他们进行讨论和交流。在实际操作中，教师会灵活地运用所学知识，这样有助于培养学生的动手能力并使其能够同时动手和动脑。教学过程中，虽然教师主导的角色有所减弱，学生的积极性增强，拥有一定程度的主体地位，但教师仍然是活动的控制者，决定着活动的进行进度。

二、倡导小组合作，明确小组任务分工

在开展设计制作类综合实践活动时，应积极倡导以小组合作为主的方式开展，这种方式可以改变传统教室中师生之间单向交流的模式。小组合作不仅可以促进学生之间的沟通，还能够增强学生的学习动力和自我管理能力，并有助于建立良好的合作关系。在进行活动之前，老师应当积极引导小组合作学习，并确立每个小组成员的职责，以便在小组合作时，能力强的学生能够多帮助能力较弱的学生，尽量确保所有学生都能参与到活动中。教师在设计制作活动中应积极引导学生，让他们围绕自己感兴趣的问题进行不断的探究，并与同学们交流，营造出一个有探究精神的氛围。这样一来，学生能够在轻松而活跃的探究环境中独立思考和合作探究，寻找解决问题的方法。教师还可以利用组长负责制，由每位小组的组长协助教师安排任务，统筹小组工作，监督组

员的任务完成情况，从而有效提升小组合作能力。

三、注重制作步骤的规范性，创新教学方法

在设计制作活动中，教师通常通过提出问题引导学生观察，并通过演示操作引导学生亲身体验，最终得出结论。在教学演示过程中，教师需重视操作步骤的规范化。学生在教师的指导下依次进行操作，这是师生共同参与、共同体验、共同感悟的过程。例如，“水火箭的制作”活动的第一节课内容是学生按教师的要求把可乐瓶子剪好。教师先通过多媒体简单介绍了火箭制作的步骤，让学生有个大概了解，思考其中有哪些原理，然后拿出一个已经成形的作品，演示它的妙处，引起了学生的兴趣。接下来就是具体的制作过程，第一步是先做好火箭的身子即饮料瓶子的改装。教师先操作，边操作边告诉学生在改装过程中需要注意的问题，在这个过程中，学生只能听教师讲，为了使学生能够顺利完成，教师在操作中提前告知了学生可能遇到的困难以及解决办法，并指出如何更方便快捷地达到预期的效果。等教师讲解完后，再让学生按照教师提供的步骤来自己制作。教师指导的过程为“提出问题→实验引导→总结讨论”，案例中主要体现的是一个验证的过程，而综合实践活动的领域在这一方面还体现为手工制作这部分。

在活动过程时，需要避免只注重操作的机械性，学生在模仿的同时还应该进行自我思考和探索。如果只注重操作的机械性，在某种程度上只是在模仿，剥夺了学生的主体地位。例如，上述案例的教师在“水火箭的制作”活动中，示范过程中应通过设计问题，让同学们思考为何要剪下瓶子的指定位置。通过提出引发学生好奇心的多个问题，并观察学生的反应，以便掌握示范动作的步骤。教师可以利用各种电子资源如图片、视频等，以更直观有趣的方式向学生展示物品的制作过程。如果单纯为避免错误，在学生实际操作之前，教师就向他们介绍问题解决的方法，这样虽然增加了活动的效率，但并没有给学生提供充分的自主选择和探索的机会。

在设计制作类的活动中，为了增强教师指导的有效性，教师需遵循以下两个原则：一是要同时兼顾工具的实用价值和学生的能力发展。在设计制作活动中，学生需要掌握不少工具的使用方法，但除此之外，教师还应该通过设计制作活动培养学生对劳动的热爱和对劳动成果的珍惜，帮助学生培养耐心和细致的品质。二是教师要选择一些有一定技术要求、可以灵活设计的项目作为活动主题，并通过设计制作图来引导学生进行实践操作，从而促使学生在实践中获得成长。

第五节　职业体验活动实施中的教师指导

指导老师对整个职业体验活动过程的设计和实施起着决定性的作用。尽管职业体验活动的设计与开发是以体验者为中心生成的，但在活动实施过程中若遇到问题，仍需依靠指导老师的帮助才能成功完成。因此，教师的指导对于职业体验活动的顺利开展至关重要，对职业体验活动的有序进行起着关键性作用。指导老师必须具备充实的职业背景、丰富的实践经验以及应对突发问题的能力。

一、教师应结合学科优势指导学生开展职业体验活动

不同学科的教师在引导学生进行职业体验活动时会采用各自不同的方法。不同学科的教师应该在教学中详细讲解课本涉及的职业知识。专职职业生涯教育教师应该采用不同的教学方法，利

用自身优势，用不同的方式传授不同的职业知识，以实现学生对个人和职业的探索，帮助学生形成准确的个人认知和职业认知。为了加强学生对不同职业的认识和对职业生涯教育的理解，教师可以开展诸如“二十年后的我”为主题的活动，要求学生在课后主动寻找与该主题相关的职业内容，并在课堂上积极讨论。这样的活动不仅具有丰富的实践和理论意义，还可以提高学生的思考能力和实践能力，并使他们能够充分展示自己。另外，教师可以邀请不同行业的人为学生进行报告，向他们宣传职业素质、职业道德和职业技术。教师可以通过收集整理当今社会发展对职业、各行业新闻动态等信息，并将其制作成课外读物或布置在职业展厅，以帮助学生及时了解社会中各个职业的发展趋势。同时，通过了解从事某种职业所要求的技术和能力，并结合个人的性格和爱好，帮助学生选择适合自己的职业。这样一来，学生能够清楚地认识到自己与职业理想之间的差距，并激发出努力学习的动力。此外，还可以通过参观、访问等活动，让学生离开学校走向社会，通过实践去体验不同职业带来的不同感受，深入了解不同职业的独特特性，认识到不同社会时期职业所面临的变化，了解不同职业的重要意义。根据学生自身的特点，引导学生寻找符合自己特点的职业。另外，可以要求学生观察不同行业人员的状态，以便深入了解不同职业，开拓视野，提高学生对未来职业规划和就业的意识与能力。或者可以让学生参观儿童职业体验馆，在那里他们可以通过模拟各种职业的真实场景，亲身参与到一个小型社会的运作中。

二、完善指导教师制度，注重个别指导

在职业体验活动中，学生们对于不同职业的兴趣、对职业知识的关注点以及职业规划能力存在差异。同时，由于教师个人的时间、精力和能力有限，很难照顾到每个学生的需求。因此，成立指导教师小组并改进指导教师制度在职业体验活动实施前是一个非常好的策略。可以以班级为单位，每位任课教师负责指导一组学生，实行导师制度。可以按年级来组织教师，根据他们的专长，承担特定的指导任务。学校还可以构建班主任、任课教师和家长志愿者的合作指导机制，以加强对学生主题学习、综合活动的集体、小组和个别指导。除了确立导师制度外，教师还需要具备敏锐的洞察力，善于捕捉和灵活应对问题。教师可以要求学生记录每天的活动情况，通过检阅活动日记来监控小组活动的进展，及时察觉并解决问题。确保教师的指导能够有效地传达给每个需要指导的学生，从而实现一对一或多对一的个性化指导，帮助学生克服实践中的障碍，培养他们克服困难的习惯，并保证活动能够持续开展下去。通过完善指导教师制度，可以合理分配教师的指导任务，明确教师的指导职责，从而实现资源的共享。

三、活动过程强调学生的体验、反思及探索，教师关注价值引导

职业体验类综合实践活动的过程设计突出了课程的职业属性、实践性质及教育特点。在职业体验类综合实践活动课程中，学生是主要的参与者，因此在实施活动时应特别强调以学生为中心。首先，在准备活动阶段，教师需根据课程对象，确定职业体验类活动的类型、目标以及活动方式。教师应该充分利用学生的自主性，结合他们对职业探究的兴趣，让他们选择和模拟不同领域的职业体验，当然也包括选择岗位等。选择和模拟职业体验领域、岗位时，教师要注意确保体验领域、岗位与职业体验活动的对象、类型、目标和活动方式相符。在进行职业体验活动的内容选择和组织的过程中，需要充分考虑到不同的职业领域以及不同岗位之间的差异性。活动的设计应着重突出职业性、实现性和教育性，必须确保每个环节都具备教育价值的体现。其次，要发挥指导教师的作用，高效指导学生进行职业体验活动方案的制订和完善。学生需要在老师的指导

下，独立或与小组合作来制订职业体验活动的方案。方案需包含职业体验活动的目的、方式、计划以及评价等多个环节。再次，在活动实施期间，教师应协助学生按照职业体验方案进行职业体验，并引导学生按照预设的职业体验设计进行体验。在职业体验活动的实施阶段，教师的职责是作为指导者和启发者，扮演着“导师”的角色，而不是传统意义上的“教师”，不能亲自代替学生参与实践，也不能以课堂教授的方式取代学生在实际或模拟职业环境中的体验。要确保课程的有效性，需要根据学生在职场环境中的实际问题，随时调整活动环节的设计。最后，教师还要教导学生怎么记录活动过程以及整理活动资料。在实际的工作实践之后，教师需要引导学生探索职业的价值，并组织他们参与相关的体验和研讨活动，以帮助他们分析社会的分工，并形成一种观点，即职业只有不同的分工，没有高低贵贱之分。了解职业的真正要求，帮助学生摆脱职业偏见，培养积极健康的职业心态，塑造正确的劳动观念。通过对所从事的职业活动进行总结、反思和交流，学生能够得到新的经验，并且形成合作共享的观念，知道通过从事各种职业活动，处理问题、思考、交流，并积累经验。

拓展阅读

综合实践活动课程教师专业化：素养要求与发展路径①

一、综合实践活动课程教师专业素养的基本要求

教师的专业发展主要包括教师在专业情感、专业知识和专业能力三个方面的发展。综合实践活动教师的专业情感，是指教师在理解担任指导教师的任务的价值与意义的基础上产生的专业发展的观念和理性信念，指向的是“愿不愿”：专业知识是指综合实践活动指导教师履行职责、实施课程所应具备的基本知识，指向的是“会不会”；专业能力是指担任综合实践活动课程教师指导学生开展实践活动所需具备的基本能力，指向的是“能不能”。综合实践活动课程教师专业发展的过程，就是这一内在的专业结构不断更新、丰富与完善的过程。

（一）专业情感

对于综合实践活动课程，教师应该对课程价值具有高度的认同感，同时要拥有高度的责任感和强烈的专业自信心。

第一，认同课程价值。综合实践活动课程教师首先应对课程抱有强烈的认同感，能够明晰综合实践活动课程独立于学科课程单独设置的原因，认可它作为一门实践性课程而开设对学生发展的巨大价值，看到并且坚信课程的发展前景。教师只有认同课程价值才会愿意为之付出努力，才会具有责任感和专业自信心。

第二，负有责任感。综合实践活动课程教师需要对课程和学生负有强烈的责任感。由于课程内容的不确定性和实施过程的开放性，教师常常需要花费大量时间来查阅资料、考察学校及周边的资源、进行必要的人际沟通、指导学生课余的小组研究活动、修改完善研究成果……这些都需要教师具有强烈的责任感。

第三，拥有专业自信心。综合实践活动课程在学校中不属于“主科”，教师往往容易产生“边缘化”的专业错觉与专业自卑感。课程实施的复杂性也会加剧教师产生专业自卑感的可能性。很多教师没有经历过科学研究的系统学习或培训，在遭遇学生课题研究

① 刘玲．综合实践活动课程教师专业化：素养要求与发展路径［J］．教育科学研究，2013，220（07）：61-65.

失利、缺乏必要的外部支持、自己指导能力不足时常常感觉到沮丧或无所适从。教师应将与学生一起参与实践活动的过程作为自我专业发展的契机，并在此基础上增强专业自信心，培植专业情感。

（二）专业知识

要解构综合实践活动课程教师的知识结构，首先要厘清知识分类。对于“知识是如何分类的”，目前学术界还未达成一致意见，不同学者对知识分类持有不同观点。笔者认为，综合实践活动课程教师的知识结构应该是一个二元、立体的结构，从知识的领域维度进行划分，包括综合实践活动课程的原理知识、方法论知识和内容知识三个部分：从知识的产生方式划分，包括理论性知识和实践性知识。在知识的三个领域中，每一个领域都有与其对照的理论性知识和实践性知识。理论性知识存在于教师的头脑里或口头上，这些知识已经被概括和总结出来，可以通过听讲座、阅读等方式被教师掌握，呈外显状态：实践性知识指导教师的实际行为、是教师实际使用或是表现出来的知识，它们在很大程度上基于教师的个人经验和个性特征，镶嵌在教师的教育教学情境和行动中，具有隐蔽性和零散性。这两者都是教师专业发展的知识基础，体现了“知”“行”的统一，缺一不可。

第一，课程的原理知识。课程的原理知识指对综合实践活动课程本身认知的知识。包括对其在基础教育课程结构中所处地位的认识，如课程的基本理念、课程定位与教育目标的认识，以及对其所包含的研究性学习、社区服务、社会实践等内容的理念、内容、要求的认识。课程的原理知识在教师的知识结构中属于上位的知识，涉及的是教师的课程观问题。

第二，课程的方法论知识。综合实践活动课程教师除了应熟知上述课程的核心知识与理念外，还应掌握科学研究的基本方法，具有开展科学研究的方法论知识。如果教师对科学研究方法一知半解，将很难有效地指导学生开展课题研究并获得高质量的研究成果。综合实践活动课程的方法论知识主要包括文献研究法、观察研究法、实验研究法、调查研究法等基本的科学研究方法，以及研究性学习实施不同阶段（如选题阶段、开题阶段、结题展示阶段等）的程序性方法，还应包括社区服务、社会实践活动的基本方法，包括岗位体验、服务式学习等。

第三，课程的内容知识。狭义的课程内容知识包括学生在选题时可能涉及的所有知识。一般学生在选择课题的指导教师时都会选择与之联系密切的学科教师。这时教师可以依托自身的学科背景知识指导学生开展研究。但是，综合实践活动强调学生围绕人与自然、人与社会、人与自我的基本关系来选择活动，因此，广义的内容知识涵盖自然、社会、科技和人文等各个领域的知识，所涉及的范围非常宽广。教师只有不断拓宽自己的知识领域，才能在指导学生活动时游刃有余。但无论多么优秀的教师也不可能穷尽所有的知识，且综合实践活动课程本身也具有很强的生成性，因此，谈及课程的内容知识时，更强调教师要有开放、主动的心态，不断吸纳新知识，扩大和拓宽既有的知识领域。

（三）专业能力

专业能力是专业知识的外显，反映了教师运用已有知识与经验完成教学任务的熟练程度和水平。综合实践活动课程教师的专业能力主要包括资源的开发与利用能力、主题活动的选择与设计能力、对学生研究过程的指导能力和对学生实践活动的组织与管理能力。

第一，资源的开发与利用能力。综合实践活动课程内容的开放性、实施过程的动态性必然需要丰富的课程资源作为载体和支撑。没有资源开发根本谈不上实施综合实践活动课程。因此，教师对资源的开发与利用能力尤为重要。教师要对资源的类别和开发利用方法有明确认识。教师应善于转化课程“缺资源、无条件、少支持”的劣势，充分调动人力、物力、财力等各方资源为课程所用：能够深入挖掘校内资源，合理开发校园周边资源，善于利用各种社会教育资源，为学生创设更多的实践学习机会，丰富他们的直接体验、增强对课程的认识，提高课程实施的效果。

第二，主题活动的选择与设计能力。综合实践活动没有统一的教材和固定的内容，它以联系学生实际的主题活动作为其课程内容的主要呈现方式。如果说在学科课程当中教师是“依托教材进行教学”，那么，在综合实践活动中则为“联合学生共同创编‘教材’”。即使是某些地区编写了指导教师教学用的资源包，但是，就综合实践活动课程而言，城乡之间、不同地域之间的资源差异显著。不同学校的学生情况、实际条件等也有很大差异。主题活动具有生成性和不可复制性，照搬照抄是行不通的。因此，教师主题活动的选择与设计能力就尤为重要。这种能力主要体现在能够指导学生从实际生活中发现问题并形成选题，能够选择科学、有效的研究方法，设计出适切、丰富的活动内容。

第三，对学生研究过程的指导能力。综合实践活动不是“教”出来的，而是学生“做”出来的。尽管有些学生有一定的研究基础，善于思考问题、解决问题，但对大多数学生而言，他们对“如何开展综合实践活动”在知识基础、方法储备、活动实施等诸多方面仍然需要教师的指导，教师不可能做到完全放手。教师应“导之以方向，辅之以方法”，适时、适度地对学生进行激励、启迪、点拨和引导，帮助学生完成研究过程，获得预期成果。具体体现在指导学生形成对主题活动的研究方案，对学生进行研究方法和策略的指导，帮助学生掌握科学研究的方法：对学生进行人际交往与心理的指导，帮助学生获得积极的体验；指导学生分析资料、从资料中提炼结论并形成基本符合学术规范的研究成果，并选择适当方法、提供多样化展示机会，指导学生充分展示与交流研究成果。

第四，对学生实践活动的组织与管理能力。综合实践活动是一门开放性很强的课程，实施过程中学生常常要走出教室、走出校园，开展实地的调查、访问、观摩、考察、体验、服务等多种活动。这种长周期、大主题、跨空间的学生实践活动，对教师的组织与管理的能力的要求要远远高于教师组织常规的课堂教学的能力。教师需要具有良好的活动组织与管理能力，确保活动安全、有序、顺利地进行。这种能力要求表现在适时组织学生的研讨、交流与评价，协调好学生小组之间、学生与教师之间、学生与家长之间、学生与校外机构之间以及与指导教师之间的关系，帮助学生获得活动必备的资源与条件，随时监控和掌握学生的活动过程等方面。

上述四种能力缺一不可。“资源的开发与利用能力”是开展综合实践活动的先决条件，“主题活动的选择与设计能力”有利于保证学生研究方向和研究思路的科学性，“对学生研究过程的指导能力”影响着学生活动的质量和深度，“对学生实践活动的组织管理能力”是确保活动有序开展、达到预期效果的必要保障。

二、综合实践活动课程教师专业发展的路径

第一，教师自身要增强专业情感、丰富专业知识、完善专业能力。教师要通过理论学习、实际参与、切身体验，不断深化对综合实践活动课程价值的认识，培植责任感，

提高专业自信心，进一步增强专业情感；通过专业学习丰富自己的课程原理知识、课程的方法论知识和课程的内容知识；通过“做中学”，抓住综合实践活动的活动设计、实地指导、活动总结与评价等主要环节，开展行动研究、叙事研究、案例研究，不断观察、尝试、积累、总结、交流、反思，以生成富有价值、行之有效的实践性智慧，完善专业能力。

第二，依托基于教学情境的校本教研活动，促进教师实现专业发展。实践证明，基于教学情境的校本教研能够极大地促进教师实践性知识的生成和增长。在校本研究中，教师要抓住教学中的难点问题，如主题活动的设计与选择、对学生研究性学习的过程与成果的评价以及对学生实践活动的组织与管理等方面的难点，按照“专家引领、同伴互助、实践反思”的理念，依托教研组开展基于课例的交流与研讨活动，把理论性知识最大化地内化到教师的知识结构中，并通过教师的行动研究外显出来，切实提高教师指导学生的实践活动的能力。

第三，开展理论与实践相结合的各级研修培训活动。从综合实践活动的特点与需要出发，选择教师实施课程的难点问题，采用课堂观察与评议、参与式培训、主题式培训、课例研究等多种方式，促进教师的专业发展。

第四，提供促进教师专业发展的制度保障。综合实践活动课程的常态实施不能只靠个别教师的良知，而是需要规范化的制度建设和条件保障。目前，教师比较关注的课程制度包括“专设教师岗位”“工作量认定制度”“学习和培训制度”“纳入评优评先机制”等。各级教育行政部门和中小学校应制定与综合实践活动课程发展相匹配的规章制度，例如，建立综合实践活动教师职称系列，设立综合实践活动岗位，完善教师的培训制度、工作量的认定制度、激励与评价制度等。这样才能免除综合实践活动教师的“后顾之忧”，更好地激发教师投入综合实践活动的热情，增强他们的专业情感。

第五，师范教育体系与基础教育课程改革配套推进，做好对综合实践活动教师的职前培养。在师范院校为各专业的学生开设必修的“综合实践活动”课程，使学生掌握课程的基本要求，学习活动设计，感受综合实践活动的全过程，从而为中小学培养具有不同专业背景的综合实践活动课程专兼职教师。还可以尝试师范院校与小学院校合作培养综合实践活动教师的模式，采用在校进行理论学习与到小学院校进行课堂观察、教学实习等结合的方式，增强师范生的实践能力，培养适合综合实践活动课程需求的人才。

思考·探究

1. 请结合实际谈谈小学综合实践活动实施过程中指导教师的角色。
2. 请简述考察探究活动实施过程的教师指导策略。
3. 请谈谈教师在社会服务活动开展过程中如何提高学生的活动自主权。
4. 请结合实际谈谈教师如何在设计制作活动中激发学生的探究乐趣。
5. 请分析教师如何做好职业体验活动实施过程中的价值引导。

第九章 小学综合实践活动的评价

学习目标

1. 理解小学综合实践活动评价的方式、方法及其特点。
2. 了解小学综合实践活动四类活动的评价原则及要点。
3. 掌握小学综合实践活动四类活动的评价方式。

第一节　小学综合实践活动实施的评价

在小学综合实践活动中，评价是一个不可忽视的重要环节，在活动中，应根据学校、教师、学生的不同特点，设计出不同的评价方式及方法。

一、评价内容

在评价目标的指引下，有效的评价必须建立在丰富的评价内容的基础上。学校对学生评价的内容越具体，过程性越明显，学生在活动不同阶段参与的积极性就越高。

1. 活动态度的评价

学生在综合实践活动中的主动性和积极性，可以通过学生参与综合实践活动的时间、次数、认真程度、行为表现等方面来评价。例如，学生是否认真参加每一次主题活动、主动提出设想和建议、认真观察思考问题、积极动手动脑、认真查找相关资料、准时完成学习计划、不怕困难、坚持完成任务等。

2. 合作精神的评价

主要对学生在参与小组及班级活动中的合作态度和行为表现进行评价。例如，学生是否积极参与小组活动，主动帮助别人和寻求别人的帮助，认真倾听同学的意见，乐于和别人一起分享成果，在小组中主动发挥自己的作用等。

3. 探究能力的评价

可以通过对学生在提出问题、解决问题过程中的表现及其对探究结果的表达来评价。例如，学生是否敢于提出问题，以独特和新颖的方式着手解决问题和表达自己的学习结果，是否善于观察记录、能够综合运用相关资料、积极采用多种多样的方法、生动形象地表达自己的学习过程与结果等。

4. 社会实践、交往能力的评价

可通过学生与他人交往的能力，与人沟通、合作的技巧、愿望，各种关系的协调能力等方面进行评价。

5. 收集、处理信息能力的评价

可通过学生收集信息的多少、方法、途径、真实性以及对信息的辨别反思、反应能力等方面进行评价[①]。

二、评价方式的选择

综合实践活动学生评价的方式，按不同的目的有不同的分类方法。

按评价主体划分：可分为自我评价和他人评价；

按评价对象划分：可分为个别评价和小组评价；

按评价方法划分：可分为定性评价和定量评价；

按评价功能划分：可分为形成性评价和终结性评价；

按评价表现形式划分：可分为书面评价和口头评价；

按活动过程划分：可分为过程评价和结果评价；

① 庞非．综合实践活动评价策略研究［J］．中国教育学刊，2013（S4）：120.

按活动阶段划分：可分为活动准备阶段评价、活动过程阶段评价、活动总结阶段评价。

按评价内容划分：可分为调查类评价、实验类评价、参观考察类评价、设计制作类评价、社区服务类评价、社会实践类评价。

每一种评价方式都有它的特点和适用范围，同时也都有它的局限性。教师在使用某种评价方式之前要了解这些特点，以便更好地应用。事实上，在实践中各种评价方式一般是结合起来使用的，即教师的评价与学生的自评、互评相结合；小组的评价与对组内个人的评价相结合；过程评价和结果评价相结合；口头评价和书面评价相结合；定性评价与定量评价相结合[①]。当然，也应根据活动领域的不同选择适合的评价方式。

第二节　考察探究活动的评价

一、评价原则

1. 整体性

考察探究活动的评价是对学生学习活动的总体评价，贯穿于整个主题活动的过程中。一方面，要对学生在综合实践活动中的各种表现和活动产品等进行评价，以此来判断他们的学习情况。另一方面，评价不应只被视为对学生的单一评定，而应被视为教师和学生一同学习的机会，通过评价的反馈来促进双方共同进步。

2. 多元化

为了最大化综合实践活动对学生的个性化和特色化发展的促进作用，课程评价应该避免一成不变的统一标准，应该呈现多元化。多元化主要包括两方面的内容：一方面是评价的参与者要多元化，包括学生、教师、专家、家长，以及参与探究活动的社会人士等。另一方面，在考察探究活动的实施过程中，评价内容应多样化，包括活动设计评价、活动过程评价、活动结果评价。

3. 过程性

考察探究活动是学生在教师的指导下进行观察和自主探究的活动，评价应该反映学生在活动过程中的表现和问题解决能力。评价者要能够观察到学生在活动中获得的有价值的经验和亲身实践。要注意的是，即使最后的结果是失败的，只要学生参与了活动，他们对自然、社会和自己有了一定的认识，都应该得到积极有效的评价。

二、评价主体

考察探究活动的发展性评价需要采用多元的评价主体，包括教师、同伴、家长和学生本人等，鼓励他们积极参与学生评价，一起担任评价者（表9–1）。学生评价过程中，采用教师评价、同伴互评、家长助评和学生自评这四种评价方式相结合的方式，能够实现多个评价主体之间的互相补充和配合，同时建立相互对话和民主协商的机制，使学生的评价更为民主。通过多种途径收集学生的信息，从不同角度观察学生的表现，以便得出更加全面、客观、公正的评价结果。

① 冯新瑞．发展性评价在综合实践活动中的运用［J］．基础教育课程，2014（01）：60.

表9-1　综合实践活动评价表

活动内容____________________班级__________姓名__________时间__________

评价标准		自我评价	家长评价	同伴评价	教师评价
参与合作的态度	积极与他人团结协作				
	能与他人协作				
	基本能与他人协作				
发现探索问题	善于思考，能发现并解决活动中的问题				
	能按要求解决活动中的问题				
	完全依靠别人解决问题				
收集处理信息的态度	经常收集有关资料，及时整理、归类、存放				
	注意收集有关资料，做好整理、归类、存放				
	参与收集资料，有资料可查				
完成作业的态度	按时完成各类作业，且质量较高				
	完成各类作业，且有一定质量				
	完成各类作业				

注：评价可以分为A、B、C、D四个等级，A代表非常好；B代表很好；C代表较好；D代表一般。

在实践多元评价主体的过程中，要认识到教师评价、同伴互评、家长助评和学生自评的重要性是不同的，因此需要给予它们不同的权重。尽管有其他评价主体存在，教师仍然是最重要的评价主体，应始终占主导地位，因为他们最了解学生的情况，因此应给予教师评价最大的权重。

同学们可以在互相评价的过程中进行学习，帮助彼此互相学习、互补互助，并达到共同进步。在进行同伴互评时，应该避免不负责任、草率、敷衍的做法，应该重视事实，防止故意夸大成绩或不足，以及人情倾向和打击报复等不良行为。

现代教育中，家长积极参与学校教育已成为一种趋势，在综合实践活动的评价中，教师应主动寻求家长的合作与协助。将家长纳入综合实践活动评价的评价主体中，有助于家长了解孩子在学校的表现，增强学校、教师、学生和家长之间的合作，促进彼此之间的沟通和交流。

学生的自我评价强调了他们在学习中的主体地位和主体作用，既扮演评价者的角色，也成为被评价的对象，这使得学生不再仅仅被动地接受评价。学生在评价的过程中应该被充分赋予参与权和知情权，他们可以参与制定评价目标、评价内容、评价方案、评价步骤和评价方法的过程，并且还可以有权对评价结果进行申辩和干预。最终，评价结果应该是在学生和评价者之间“协商”得出的共同认可的结果。

学生通过自我评价，尊重自己的人格，增强自己的责任感，也能培养自我评价的习惯，促进评价的目标内化。学生自我评价是学生进行自我反思、自我教育、自我提升、自我进步的过程。学生可以通过自我评价和目标对比来激发内在动力，积极进取，并逐渐接近自己设定的评价目标，同时将这些目标纳入自我评价体系中。学生的成长和进步受到内在动力的推动，因此对后续的活动顺利开展及学生参与的积极性都有极大的推动作用。

三、评价步骤

学校内丰富多彩、富有个性的综合实践活动无法用一个“包罗万象”的方案来概括，因此，对考察探究活动也无法采用固定模式进行评价。从开题的评价、实施过程的评价、结题的评价三个阶段来对考察探究活动的评价步骤进行初步的概括。

（一）开题的评价

开题的评价通常涵盖学生课题选择和研究设计两个方面，简而言之，就是对学生规划研究内容和方法的评价。评价研究课题时，需要考虑以下几个方面：课题是否与学生已有的知识基础相契合；是否充分考虑了学生的兴趣；是否有足够的发展空间；是否有助于培养学生的创造力；是否与国家和社会生活相适应；并且选题是否具备可行性和创新性。

（二）实施过程的评价

实践过程评价的内容包括两方面：一方面是对研究设计的实施情况进行检查，主要关注研究中的数据积累情况以及解决问题和克服困难的方式；另一方面则关注研究过程中遇到的问题和困难。对学生的评价内容还包括学习态度、学习体验、合作精神、学习方法和技能、创新意识、实践能力以及学习成果等方面的评价。

学生参与考察探究活动的态度和责任感，主要是指学生在参与活动时的主动性、积极性和对所承担任务的负责任的态度。可以根据学生在学习活动中的表现来评判，例如是否热衷参与课题组的活动、是否积极提出研究构想和建议、是否主动思考、讨论和解决问题，以及是否认真、努力地完成自己的任务等。

学生参与考察探究活动时展现的合作精神，主要表现为他们在活动中积极与他人团结合作的意愿和行为。评价学生在考察探究活动中的合作态度和行为表现，包括是否与同学配合、是否倾听他人意见、是否正确对待不同意见等。

学生参与考察探究活动，可以获得积极的学习体验，包括对自己在活动中的成就感、使命感、自信心和自我肯定感的培养，还有其他人对自己的肯定。同时，学生还会培养乐于探究和努力求知的心态。

学生在此活动中所运用的方法和技能表现在学生参与考察探究活动时，能否有效地收集、整理和归纳资料，判断、识别和筛选各种信息，熟练运用现代信息工具，以及是否能用合理的方法解决问题和克服困难等。

学生在考察探究活动中的发展情况可以通过他们在提出问题、解决问题过程中展示的创新精神和实践能力来反映。比如，教师可以观察学生是否能够独立地发现和提出问题，问题的可行性、创新性以及研究的价值如何，以及他们是否能够以独特而新颖的方式来解决问题等。可以通过对活动前后的对比以及多次活动的对比来评估学生的创新精神和实践能力的发展状况。

评价的内容还包括学生成果质量和个人对成果的贡献。评价考察探究活动时，应注重过程，但不能忽视结果的评价。结果评价可以作为一种反馈，对学生的不足和差距提供帮助，促使他们提高和进步。学生成果质量的评价要包含评价内容和评价形式两个方面。学生个人在活动中的贡献可以通过分析活动记录来实现。需要注意的是，评价应该是相对性的，既需要与其他学生的表现做对比，也要与学生自己以往的成绩做对比。

（三）结题的评价

对于考察探究活动的结题评价来说，主要关注学生研究成果的质量、社会效益和创新点、活动过程中的体会与反思、展示研究成果的方式是否新颖、合理、全面等。在结题阶段，如果采用小组答辩或报告的形式，评价的内容还应该涵盖发言学生的仪表姿态、语速语调和精神面貌等方面，以及小组成员之间的合作配合情况和多媒体展示的应用情况等。

四、常用评价方法

（一）档案袋评价法

档案袋评价法就是把有关学生学习的作品以及学生对这些作品的反省材料有组织地收集起来，以反映学生在学习阶段过程中在特定领域中做出的努力、进步和成果的评价方式。学生的作品可以包括观察记录、访谈记录、探讨过程所得到的资料、读书笔记收集到的资料、调查表、文案作品、实验记录、各种原始数据、个人心得体会、开题报告、个人看法体验和收获以及他人的评价等。学生的发展过程能够通过学生档案袋进行记录，准确地展示他们在活动中所取得的进步。档案袋评价法还为教师、学生和学习小组提供了更多、更丰富的评价材料，以使评价更全面准确。此外，档案袋评价法还能够增进学生成果的自我评估，促使他们反思学习过程，从而提高学习效果。

根据使用目的、提交对象以及对学生的帮助等的差异，档案袋的评价可以多种多样。美国南卡罗来纳大学教育心理学专家格莱德勒以档案袋的不同功能为标准，把档案袋评价分为理想型（ideal）、展示型（showcase）、文件型（documentation）、评价型（evaluation）和课堂型（class），其中最具代表性的是理想型，一是由于这种档案袋的设计目的在于帮助学习者变为对自己的学习历史拥有非正规评价和思维能力的人，因此它通常被当作评定学习质量的工具来使用；二是在档案袋评价中它的内部构成具有典型意义。档案袋评价根据类型的不同，可以有各种不同的种类[①]，具体见表9-2。

表9-2　档案袋评价的类型

类型	构成	目的
理想型	作品形成和入选说明，系列作品，以及代表学生评定和分析自己作品能力的反思	提高学习质量，经过一段时间的考察探究活动，使学习者成为自身学习过程的非正式的评价者和思索者
展示型	通常由学生选择自己最喜欢和最好的作品集。自我选择与自我反思比标准化更重要	给由家长和其他人员参加的展览会提供学生作品的范本
文件型	根据一些学生的反映以及教师的观察、评价、考查、成绩测验等得出的学生进步的系统、连续性的记录	对学生的作品进行量性和质性评价，并提供一套系统的记录
评价型	主要由管理者、教师、学区所建立的学生作品评价。评价的标准是预定的	向家长和管理者提供学生在作品方面所取得的成绩的标准化报告
课堂型	由三个部分组成： · 根据课程目标记录所有学生取得的成绩的总结 · 教师的详细说明和对每个学生的观察 · 教师年度课程、教学计划和修订说明	在特定情境中与家长、管理者交流教师对学生成绩的判断

① 潘城．基于网络的区域性学生电子档案袋评价的实践探索［J］．教育信息技术，2013（1）：3.

档案袋评价的主要意义在于帮助学生获得学习机会，使他们能够通过自我评判来认识和评价自己的进步。在传统的教育评价中，考试或者测验对学生来说是非常神秘的。从评定标准的制定、题目的选择到成绩的评定，学生完全被隔绝在外。档案袋评价则不同，学生所取得的成就是通过运用所学的知识来衡量的，因此学生已成为档案袋内容的一个决策者，甚至是主要决策者。这使得学生有机会评判自己的进步和学习质量。学生成为最终评判所提交作品质量和价值的仲裁者，特别是在使用精选性档案袋或过程性档案袋等类型的情况下。在开发档案袋体系时，给予学生反思和自我评价的机会是非常重要的。教师在实施考察探究活动前，可以首先向学生介绍这种学习方式和评价方式，引导学生有目的地收集作品，并对作品进行分类。教师在教学过程中应定期评价学生或组织互评，以便及时纠正问题。

在进行档案袋评价时，需注意以下事项：①收集和选择档案袋材料时，不能随意，而是要有针对性地根据教学目标或学生发展目标来确定标准；②学生的作品是档案袋的基本组成部分，这些作品用于展示学生在学习过程中的成绩、进步和不足，描述他们的学习方式和过程，并反映他们的学习态度、兴趣和情感；③大多数档案袋都由学生自己处理，学生主要负责档案袋的设计、填写和收集所需材料，以此为基础，教师指导学生对自己的作品进行评价，反思自己的学习过程，通过这种方式来认识和揭示自己的优点和缺点；教师和家长在档案袋的建设和使用方面担当着指导和引导的角色。在建设和使用档案袋时，教师、家长应该持续关注，并给予适当的指导，帮助学生对档案袋中的内容进行合理分析，并鼓励学生做出解释和反馈。

（二）定量与定性评价法

定性分析，简而言之就是对研究对象做“质”方面的分析；具体而言就是利用归纳和演绎、分析和综合及抽象和概括等方法，对收集到的资料进行思维加工，进而能去伪存真、去粗取精、由表及里、由此及彼，实现揭示事物本质，概括内在规律的目的。它主要是解决研究对象“有没有”或者“是不是”的问题。定性分析是解释主义科学方法论具体化的产物，就是了解研究对象的行为及其原因和意义。

定性分析主要适用于以下场合：注重对过程的探讨，而不是十分注重结果；研究个体的发展，即随时间推移发生的行为上的演变以及个案研究；比较研究中的差异描述；定性的评价分析；有关观念意识方面的材料的分析。

定性分析具有以下特点：①定性分析注重整体的、发展的分析；②定性分析对象是质的描述性资料；③定性分析的研究程序具有一定弹性；④定性分析的方法是对搜集资料进行归纳的逻辑分析；⑤定性分析中的主观因素影响及对背景的敏感性。

定量分析就是对研究结果进行数量的分析。具体包括针对确定性现象并揭示其必然规律的经典数学分析方法；针对随机现象并揭示其统计规律的概率论和数理统计方法；解释模糊现象规律的模糊数学分析方法。定量分析是实证主义科学方法论具体化后的直接产物。实证主义认为主体和客体是相互孤立的实体，社会现象的存在具有客观性，主观因素对其没有影响，是可以被动地接受认知的；事物之间和事物内部定然存在因果逻辑的关系，而定量研究要找到、确定并验证这些内在关系[①]。

重新审视考察探究活动的定量评价方法，不难发现，一直以来对评价考察探究活动的方法存在一种误解，认为应该纠正过去的学科教学过于侧重于定量评价的问题，只采用定性评价来评价考察探究活动。这个想法似乎很有创新性，但仍然受限于传统思维的束缚不敢突破。这种错误的认知必将对考察和探究活动的实践产生负面影响。一方面，仅仅运用定量评价方法，会使学生太

① 曾君. 教育研究中定量与定性研究法的比较［J］. 广西教育学院学报，2000（03）：12-18.

过关注分数，不合作互助，而且单纯用数值很难全面评价考察探究活动。另一方面，如果只使用定性评价方法，那么同学之间可能会出现“不分你我”“彼此彼此”的情况，有些同学可能会通过投机取巧来获得相同的评价结果，而那些做出巨大贡献的同学往往会因为评价不公而失去对考察探究活动的热情。评价考察探究活动的目的并不在于判断学生的水平，但是如果评价导致很多学生不再努力学习，这将与评价探究活动的目的是矛盾的。评价方法本身无论是定量评价还是定性评价，并没有优劣之分，所以没有必要通过人为手段来限制思维。只要这种方法对于达成目标有利，并且能够激发学生的积极参与，教师就可以选择使用，并结合多种评价方法使用。

（三）小组评价法

小组评价就是将班级分成几个小组，并对每个小组进行评价。这句话包含了两层含义：一是对小组成员进行整体评价，即将小组成员视为一个整体。二是小组的成绩取决于每个成员的个人表现，每个成员的表现都会影响小组成绩。

有效的小组评价不仅可以促进学生有效参与合作学习，还有助于提高学生的合作意识和合作技能。小组评价不仅可以诊断学生学习的质量和水平，明确学生的优点和不足，为学生改进学习提供依据，还有监督和鼓舞作用，给予学生动力和支持。评价学生的表现并不只是简单地给他们一个分数，更重要的是评价他们对于知识获取、理解和持续保持的能力。教师需要对他们的合作学习过程的质量水平以及他们的技能技巧进行评价，而不仅仅局限于关注学生的记忆。

小组评价的方向是在评价方法上体现公平性和激励性。教师在评价学生个人或小组时，应该采用多种形式，包括自我评价、相互评价以及教师评价等。评价过程中要随机选择评价方式，包括结果评价、中肯的表扬式评价，还有充满关怀和希望的批评式评价等。不管采取哪种评价方式，都应该立足于促进学生发展，培养他们的反思意识和合作能力。评价可以激励学生，帮助他们通过自我评价认识自己，并通过互相评价从他人身上学习。

小组评价在现行的教育体制中并没有得到应有的重视。教师对于小组评价的重要性并未给予关注，在实际教学中，对于如何灵活运用小组评价并有效融入学习过程中，教师缺乏熟练的技巧。有些老师常常不能及时对小组进行评价，结果只能靠记忆来进行评分，这样的滞后评价不利于增强小组成员之间的凝聚力，并且更难以发挥评价的激励作用。教师评价学生个体的重要性超过了对学生所在小组的评价，忽视了对学习过程和方法的评价，而且很少对学生小组学习时的学习习惯、学习态度、参与程度、实践能力以及创新精神等方面进行评价。如果教师不能有效运用评价结果来及时激发学生的动力，将导致学生对教师的小组评价缺乏重视，并且小组学习的积极性也会受到抑制。要想让学生在考察探究活动中积极参与到小组合作中，就必须重视小组评价。

第三节　社会服务活动的评价

一、评价原则

1. 贯穿全过程

评价要贯穿整个活动过程，以学生在社会服务活动中的表现和感悟作为评价的标准。教师应该意识到，评价是活动不可或缺的一部分，不仅仅在活动结束时进行。为了确保评价的有效性，教师应该在整个活动过程中持续进行评价。社会服务活动评价可以通过活动现场照片和服务对象评价等方式来获得必要的基础信息，同时应该避免过于注重结果而忽略过程的评价方式。

2. 有侧重点

为了做出完整的课程评价，必须对学生的知识水平、能力表现、情感状态、态度和价值观等多个方面进行评价。社会服务活动在充分评价学生整体表现的基础上，还应特别关注评价学生在实际操作中综合运用知识的能力、社会参与意识和能力、社会责任感、对社会提供服务的态度，以及精神与能力。

3. 强调导向性

评价主要是为了给学生提供关于学习过程的及时反馈，以便改进接下来的学习活动。教师要坚持以学生成长为导向，对学生的活动进行透彻的分析和研究，探索出隐藏在其背后的思想和体验。同时，必须杜绝不加思考地给学生打分和排名，以及其他具有功利倾向的做法。

4. 重视激励

评价的目的并不在于给学生下定论或者分等级，而是要激发学生参与活动的兴趣，并改进他们的学习方式，增加他们的生活体验，同时鼓励学生在活动中充分展现个性和才能。应该创造一种鼓励学生积极进取的评价环境，以使学生愿意参与并积极主动参与。

二、评价主体

社会服务活动的评价主体应多样化。传统学科学习的评价主体通常仅限于教师，比较单一。而在社会服务活动方面，评价主体不仅包括教师、学生和家长，还应该积极鼓励社区人员、社会人员等相关人士参与学生的评价。根据各自的观察和实际情况，不同的人以客观、真实和全面的方式来评价学生，这有助于学生更好地了解自己在活动中的表现并促进其全面发展。如表9-3①所示，不同主体的评价维度是不一样的。

表9-3　小学社会服务活动评价表

班级：__________ 姓名：__________ 社会服务活动主题：____________________

评价主体	评价内容	评价结果描述
学生自评	1. 你是否参与了社会服务活动主题的确定和计划的制订？	
	2. 你在社会服务活动中充当什么角色？	
	3. 你在本次社会服务活动中遇到的最大的困难是什么？	
	4. 你在本次社会服务活动中最大的收获是什么？	
	5. 你在本次社会服务活动中习得了哪些学科方面的知识与技能？	
	6. 你还会继续参加其他社会服务活动吗？	
组内互评	1. 该组员在本次社会服务活动中是否积极参与、合作？	
	2. 该组员在本次社会服务活动中提供的最大帮助是什么？	
	3. 该组员在本次社会服务活动中所展现的最重要的品质是什么？	
	4. 该组员在哪些方面还需要改进或提升？	

① 邹小娜. “社会服务”课程实施的实践研究［D］. 宁波大学，2020：30-31.

续表

评价主体	评价内容	评价结果描述
教师评价	1. 学生是否积极参与社会服务活动主题的确定和计划的制订?	
	2. 学生是否全程参与了本次社会服务活动，包括行动、反思和展示?	
	3. 学生是否达成了本次社会服务活动的服务目标和学习目标?	
	4. 学生在本次社会服务活动中的“高光时刻”是何时何地何事?	
	5. 为了更好地开展下一次社会服务活动，你认为有何需要改进之处?	
家长评价	1. 孩子是否在家与您讨论本次社会服务活动，并寻求您的支持和建议?	
	2. 孩子在家是否自己主动完成社会服务活动中的活动任务?	
	3. 您认为孩子对社会服务活动的兴趣如何?	
	4. 通过本次社会服务活动，您的孩子有哪些方面的成长?	
	5. 您希望孩子在社会服务活动中有何收获?	
	6. 您还会继续支持孩子参加其他社会服务活动吗?	
社区评价	1. 是否欢迎学生在社区开展社会服务活动?	
	2. 该学生在本次社会服务活动中是否积极、努力?	
	3. 该学生所参与的本次社会服务服务活动给社区带来了什么积极影响?	
	4. 还会继续支持孩子在社区内开展服务活动吗?	
	5. 希望学生在社区内开展什么社会服务活动?	

三、常用评价方法

评价是社会服务类综合实践活动实施过程中的困难之一，同时也是展现该门课程价值所在的标志。社会服务类综合实践活动没有统一的评价标准。因此，根据评价的形式，可以有个人报告、学生活动小组评定和评价小组综合评定等方法。评价方式包括成果汇报、作品展示、成长记录袋评价、竞赛和专家审议等。学校可以根据活动的具体内容来选择适合的评价方式。

（一）表现性评价法

表现性评价法，是一种通过对学生参与活动情况以及运用已有知识解决问题的能力进行纸质记录的评价方式，主要对学生参与课程学习的过程进行评价。表现性评价是对学习过程进行评价的一种综合性方法，它涵盖了认知能力的提升、科学实验、文章写作、语言表达、问题解决、知识拓展以及作品展示等多个方面。用相应的知识对每个教学目标进行分级，同时结合其他评价方式来评判学生的学习成果。具体程序包括：①明确课程目标。要清楚掌握综合实践活动课程各学段的不同目标，从而细致、准确地制定教学目标，以便学生在知识、能力和情感等各方面都能够达到特定的水平；②制定评价量表。根据学生的表现，将能力和技能目标划分为多个层次，以评价学生的水平；③实施评价。教师需要重视对活动过程进行评价，以便引导学生明确提升和进步的方向。

（二）档案袋评定法

档案袋评定法旨在有目的地收集、整合学生在一定时期内参与社会服务类综合实践活动的作品和心得感受等。档案袋通过记录学生的反省过程和个别差异的学习成果，它是一种过程性、持续性的评价方式。具体的实施方法：为每位参加社会服务类综合实践活动课程的学生准备一个个人档案袋，用于收集与活动相关的各种信息资料，包括活动记录表、评价表、实验记录、活动留影照片和个人活动体会心得等。这样可以记录学生的成长变化，并促使学生在每次活动中进行反思，从中获得收获。

（三）个人报告

学生撰写一份书面总结，其中涵盖他们参与社会服务类综合实践活动的活动过程、经验以及教训、问题与发展思路等。学生可以通过反思交流、PPT报告或者活动成果展示的方式向参与社会服务类综合实践活动的学生、教师团体报告活动的成果和反思。报告结束后，教师和学生会按照预定的评价标准进行评价和打分。

这种评价的目的是给学生提供学习效果的反馈，促使他们进行反思，并巩固还没掌握牢固的薄弱知识。建立适合的评价表能够帮助学生掌握学习的重点和难点，实现课程目标，促进学生成长。评价社会服务类综合实践活动的量表需要根据不同活动的具体情况来设置。为了方便理解和操作，可以将活动评价量表制作成卡片形式，并在活动开始时分发给每个小组，以便及时记录。在总结汇报时，小组代表和老师一起进行评价。

第四节　设计制作活动的评价

一、评价原则

1. 激励性原则

评价设计制作活动的重点不在于区分学生的学习结果和发展水平，而在于通过评价来指导学生的学习，并促进他们的发展。这也就要求教师要关注评价的激励与导向功能。学生只要参与设计制作的学习和实践过程，在完成或基本完成所规定的学习任务时，就应该得到肯定。当然，也应该特别鼓励那些在设计和制作方面取得特别出色成果，或者有创新和发明的学生。

2. 整体性原则

设计制作的评价具有整体性。评价内容应涵盖劳动与技术素养；劳动与技术知识的学习与应用；劳动与技术的操作技能（含技术设计）及其质量。要强调对学生在技术实践能力和技术创新意识等方面的评价。

3. 全程性原则

重视对结果形成过程评价的同时也要关注结果评价。教师需要关注学生学习的方式和方法，同时也要关注他们在学习过程中的态度和情感变化。

4. 多元化原则

评价的主体应该是多元的，包括学生本人、教师、家长以及其他相关人员。同时要特别重视学生的自我评价，使评价过程成为学生接受教育和主动学习的一部分。

二、常用评价方法

设计制作活动的评价应该有多种多样的形式，比如展示产品、写心得、考核、专题活动、交流讨论、自我评价、作品评定、日常观察等。在考核方式上，设计制作的考核应分为平时考核、学期考核和学年考核。平时考核可以是单一方面的考核，强调特定方面或特定项目的考核。学期考核和学年考核是以综合情况为依据的总评性考核，教师根据一学期或一学年的各方面表现提供评语和确定评定等级。考核的方式应为书面考核与实践考核相结合。评估水平一般分为三类：优秀、合格和不合格。考核结果为学生进行全面评价提供了依据。主要评价方法有以下几种。

（一）成果展示

学生的创意构思和动手制作都集中在他们最终的作品中，在整个设计制作过程中，有很多方法可以展示成果。例如，在学校的网站上开设特别的区域，展示学生们的信息技术活动作品。学校可以在宣传栏、文化橱窗中展示学生的手工作品。为了展示学生们的作品，学校可以举办大型活动，如学校博览节等，将作品集中展示并邀请家长和专业人士出席，以便为学生的作品提供指导。

（二）量表评价

除了成果展示，设计制作活动评价还可以采用标准化的评价方式进行。除了展示成果，评价量表也可以作为补充评价方法。学生的自我评价、学生之间的互相评价以及教师的评价都可以使用评价量表来实施。评价量表的设计制作如表9-4所示。

表9-4　评价量表

班级:______________姓名:______________设计制作活动主题:____________________________

评价指标（权重）	优秀	良好	继续努力	生评		师评
				自评	互评	
资料收集（20%）	认真、负责地进行材料收集。联系生活实际，有一定的目的性（15~20分）	收集资料较认真，但是材料获取手段、途径单一（11~14分）	被动应付，没有自主思考，没有创意（0~10分）			
资料内容（30%）	材料全面、丰富，对生活用品出现的不合理、不简便之处进行了一定搜集（26~30分）	材料较全面，对教学内容进行了较全面的分析（16~25分）	收集了材料，但是与本节内容不够贴切，没有实用价值（0~15分）			
小组合作（30%）	每个成员都积极参与，使用收集的资料进行创意小制作，对生活用品进行改造，组间合作有序开展（20~30分）	多数成员积极参与小组活动，多数成员进行有效合作（15~19分）	小组成员在小组活动参与度较低，个别成员甚至不参与（0~14分）			
资料展示（20%）	能综合运用多种方式展示自己的作品。语言精练、准确。结论严密，科学性强（16~20分）	能运用多种方式展示自己的作品，如PPT幻灯片、投影、图像等形式，汇报创作名称，创意、材料及使用价值。语言比较精练、准确（10~15分）	能运用某种方式来展示收集资料，如：PPT幻灯片、投影、图像等形式。语言不够精练、准确、不太严密（0~9分）			

教师在使用量表评价时，应当合理设定评价项目和内容，并且重视评价主体的多样性，在评价过程中要有学生自我评价、小组互评、家长参与评价和教师综合评价的有机结合。例如，在开展“DIY防蚊用品”设计制作活动的时候，教师设计的评价表如表9-5所示。

表9-5　五年级“DIY防蚊用品”实践活动学生评价表

小组名称:________________　填表日期:__________　学生姓名:__________

评价内容	评价人			
	自我评价	小组评价	家长评价	教师评价
1. 利用多种途径了解防蚊知识及常用防蚊用品的特点	☆☆☆☆☆	☆☆☆☆☆	☆☆☆☆☆	☆☆☆☆☆
2. 围绕防蚊产品制订方案，善于质疑发问	☆☆☆☆☆	☆☆☆☆☆	☆☆☆☆☆	☆☆☆☆☆
3. 积极准备制作防蚊用品所需的材料及工具等	☆☆☆☆☆	☆☆☆☆☆	☆☆☆☆☆	☆☆☆☆☆
4. 能很好地完成小组分配的任务	☆☆☆☆☆	☆☆☆☆☆	☆☆☆☆☆	☆☆☆☆☆
5. 珍视团队成员的个人贡献	☆☆☆☆☆	☆☆☆☆☆	☆☆☆☆☆	☆☆☆☆☆
6. 采用合适的方法进行验证，实验过程实事求是	☆☆☆☆☆	☆☆☆☆☆	☆☆☆☆☆	☆☆☆☆☆
7. 虚心听取他人建议，完善防蚊用品	☆☆☆☆☆	☆☆☆☆☆	☆☆☆☆☆	☆☆☆☆☆
8. 能写出规范的实验报告	☆☆☆☆☆	☆☆☆☆☆	☆☆☆☆☆	☆☆☆☆☆
9. 结合防蚊用品的特点，选择展示方式	☆☆☆☆☆	☆☆☆☆☆	☆☆☆☆☆	☆☆☆☆☆
10. 能主动地向他人介绍用品，表达清晰	☆☆☆☆☆	☆☆☆☆☆	☆☆☆☆☆	☆☆☆☆☆

填表说明：学生做得越好得到的☆越多，每项评价最高为☆☆☆☆☆。

设计制作活动的评价应注意以下两点：

1．综合考虑过程评价和结果评价，促进学生的发展

在评价过程中，教师应该注重搜集学生活动过程中的数据、材料、作品等，根据学生平日的表现进行评价，提出改进的建议。有的学生在活动实施过程中受到老师的表扬及鼓励，将感想或创意记录下来，教师将其收集整理到学生的成长记录袋中，作为过程性材料，在活动结束时，也可成为评价的重要依据。

2．在设计制作活动中加强学生档案的创建

如上文所述，教师可以将平时的设计制作活动的评价材料和成果整理汇集成档案袋。档案袋内的内容主要是学生的作品，但也可以包含其他材料。例如，学生对作品设计和制作过程的描述和记录，以及学生本人、教师和同学对作品的评价等。需要注意的是，档案袋中的作品收集不是随便选取的，一个完整的档案袋主要包括作品产生过程的说明、系列作品和学生的反思三个部分。

第五节　职业体验活动的评价

一、评价原则

1．多元化原则

多元化原则主要强调评价主体的多样性、评价标准的多样化以及评价形式的多样化。职业体验活动鼓励学生具有创新精神和强调多元的价值取向，学生们对于不同问题会采用多种不同的解决方法，因此评价的标准和形式也会多种多样。评价的主体从单一的教师评价扩展到教师、学生、家长、校内外参与人员等共同参与评价。

2. 参与性原则

职业体验活动评价强调学生体验过程。在评价学生学习效果时，需要关注学生参与职业体验过程中的情绪情感、参与程度、表现水平以及发现问题与解决问题的能力等重要内容。对学生的评价不仅仅取决于他们最终的成果展示，还应关注他们参与职业体验活动的全过程和个人发展水平。

3. 主体性原则

职业体验活动注重学生自我评价，并强调他们在评价中的主体地位。职业体验活动的目的是通过学生主动参与和亲身体验，让他们在活动中增加对自己和职业的了解，学会分析和改进自己，不断提升自我。因此，在评价方面显然要鼓励学生成为评价的主体，以帮助学生明确自己的奋斗目标，进而为未来的职业生涯奠定稳固的基础。

二、评价内容①

（一）前期评价

在职业活动开展前期，首先要确定职业主题以及选择设计职业情境。因此，活动评价主要集中在活动主题是否可行、适切、具有时代感以及活动方案制订是否完整与可操作。

1. 活动主题的评价

首先，选择活动主题要保证可行性，只有对现实情境的合理把握，才能确立恰当的开发思路。例如，选择的职业是否考虑到学校实际以及周边资源的可利用性。可行性在另一方面也应当强调主题的选择要具体，切口要小，避免贪大求全。其次，要保证主题的时代性，选择的职业既要贴近学生当下的生活，也要符合未来社会发展的需求。最后，主题在选择上也应适切，要适合学生的身心发展以及自身的特点。

2. 活动方案设计的评价

在活动方案的设计上，一方面要保证方案的完整性，包括是否具有针对某一职业活动的具体目标、内容、实施与评价等要素。另一方面要保证方案的设计具有可操作性，才能有助于活动内容与方式有效实施。

（二）过程评价

1. 学生体验过程的评价

学生参与度、体验积极性以及组内合作情况等方面均可以成为体验过程中的切入点。参与程度可以由学生的参与次数以及持续时长等方面进行考量。积极性可以参照学生是否积极搜集资料、主动提出建议、按时完成作业等方面。合作方面则以组内交流、师生交流情况等为评价依据。

2. 指导人员评价

体验以学生的亲身经历为主，但也需要指导人员的适当参与。对待指导人员的评价可以从其参与度、活动组织、管理、调控能力等方面深入。

（三）结果评价

《指导纲要》中规定，学生的评价应包含学习过程以及学习结果。因此，针对活动结果的评价主要聚焦在是否对学生的知识、技能、情感领域有所帮助。

① 吴晓. 基于体验学习圈的小学生职业体验活动设计研究［D］. 温州大学，2020.

1. 知识领域

在知识领域方面，综合实践活动更加重视广度而不是深度。因此，职业活动在知识领域方面的评价主要集中在对职业的了解，包括能说出该职业的工作内容、工作性质、工作习惯等认知程度。

2. 技能领域

在技能领域层面，评价应关注能力提升与否。职业体验活动结果的评价主要包括是否有对成果进行设计制作的能力、在汇报展示中的交流与表达能力以及将工作经验运用在现实生活中的能力。

3. 情感领域

职业体验活动的情感领域关注学生在职业价值观上是否有进步。例如，活动结束后对该职业是否有所改观，是否在职业阶级、职业性别上不存在偏见等，并对相应的进步做出评价。

三、常用评价方法

（一）档案袋评价

档案袋是基于学生的实际表现和收集材料来评价的一种方法。在职业体验活动中，确定档案袋所需材料的选择不是随机的，可以通过与学生协商、讨论来决定，有明确的目标和计划性。档案袋可以收纳职业体验活动的相关内容，包括记录具体体验阶段的学习单（表9–6），还可以收录反思观察阶段的小组讨论内容，甚至可以将学生在职业体验过程中拍摄的图片以及汇报展示时的报告、成果等重要资料放入其中。评价不仅注重结果，而且重视经验的积累过程。

表9-6　体验学习单设计

体验学习单	
职业名称：	
学习内容：	我的收获
这项工作对社会而言能起到什么作用？	
这项工作的流程是怎样的，都有哪些工作内容？	
从事该职业要具备怎样的精神与习惯？	
你觉得这项工作和你的学习之间有什么关系？	

（二）多元主体评价

评价主体的多元包括学生、同学、教师、家长和指导教师等，他们在学生自我评价的基础上，共同参与并对学生进行综合全面的评价，而教师则负责对这些评价进行汇总和整理。通过在主体评价中加入表现性评价，将学习活动视为实际的评价环境，以学生完成任务的外在表现来衡量他们能力发展水平的方式，能够更好地体现评价的公平和民主性。

（三）成果展示评价

成果展示的评价形式是指以公开展示学生在活动过程中所取得的具体成果，如论文和体验心得等，来进行评价。简单来说，就是通过展示成果本身来证明活动的价值。在职业体验活动中，参与者有机会在班级中公开展示和交流体验心得和感受。展示的形式可以是汇报，也可以是视频、手抄报，甚至可以是小品演出。在同一时间，还可以选择班上有特点的汇报小组在学校中随机播放。让学生不仅体验到与他人分享的乐趣，还鼓励他们积极参与下一次的职业体验活动。

（四）网络平台评价

目前，大部分小学院校均设立了专属网站，甚至每个班级都有自己的网络平台。因此，在网络平台上可以建立一个专门展示职业体验活动的平台，学生可以在网页上展示他们在体验过程中的心得和对不同职业的认识。无论是教师、家长还是从事相关职业的人，都可以提供建议和评价。这不仅可以帮助学生更好地反馈活动效果，还可以让他们从不同角度获得评价，并通过相关人员的建议更深入地了解该职业。

拓展阅读

综合实践活动“1246 评价策略”的实施①

2017年9月《中小学综合实践活动课程指导纲要》的颁布，是我国基础教育改革的里程碑。作为国家课程的综合实践活动是跨学科实践性课程，是教育改革的一大亮点，它完善了我国复合型人才培养的课程体系。而作为综合实践活动课程组成部分的评价，是课程资源开发、实施的出发点和归宿，如何在课程育人和常态实施中发挥其引领与带动作用，这是一个亟待解决的问题。经过多年的一线教学及课题研究，我们构建了综合评价体系的“1246评价策略”，即1个目标、2个统一、4个原则、6种方式。

一、“1个目标”引领综合实践活动课程常态实施

综合实践活动课程目标是以培养学生综合素质为导向，全面落实立德树人的根本任务。因此，构建综合评价体系的目标是促进学生主动发展、全面发展。综合实践活动是一门贴近学生生活的跨学科实践性课程，也是我国小学课程方案中唯一一门既没有课标，也没有教材的课程。综合实践活动的主要方式有考察探究、社会服务、设计制作、职业体验四种。只有在活动前确立一个科学合理的教学及评价目标，才能开发出课程资源，引领课程常态化、规范化实施；才能实现学生认知性知识与实践性知识同步稳定的螺旋式上升，做到学以致用、知行合一；才能培养出有道德情操、有理想信念、有渊博知识、有创新精神和实践能力的人才，弥补实践育人、活动育人的短板，发挥课程的独特育人功能。

确立评价目标是课程实施的核心，要以《中小学综合实践活动课程指导纲要》及陶行知教育理论为依据，以“培养什么人、怎样培养人”为关键；教学目标要与评价目标相吻合，是课程目标的具体化：教学内容的选择要服务于学生的核心素养发展，服务于教学目标的达成；教学方法围绕教学目标、内容及学情而定，教的方法要根据学的方法，回归以学生为主体的自然教育模式。因此，确立一个科学合理的评价目标至关重要。评价目标可以由学生自身确立，也可以由他人确立或外力强加，目的是促进学生全面发展，引领课程的规范实施。

① 陈金海，易俊．综合实践活动“1246评价策略”的实施［J］．教学与管理，2019，785（28），有改动。

二、"2个统一"构建指向核心素养综合评价体系

综合实践活动课程面向学生完整的生活世界，强调学生综合素质的发展，这是不同于学科课程之处，因此建构指向核心素养综合评价体系要强调两个统一：评价合情性与合理性的统一；质性评价与量化评价的统一。

1. 评价合情性与合理性的统一

综合实践活动作为一门实践性、整合性、开放性和生活性很强的课程，"价值体认、责任担当、问题解决、创意物化"四个维度的目标，无论在哪个学段哪种活动方式均强调学生对自然、社会、他人和自我的"体验""体悟""体认""责任"等情感因素的重要性。比如，学生参加老人幸福家园社会服务活动，在活动中丰富人生阅历及情感态度，形成正确的世界观、人生观、价值观，评价要着重考虑服务态度、参与程度、服务质量等情感内化指标。因此，综合实践活动评价过程要融入师生情感，尊重学生个体差异，扬长避短，凸显综合评价的合情性，实现以评促学、以评优教，发展学生核心素养。

2. 质性评价与量化评价的统一

综合实践活动多提倡质性评价形式，由于质性评价能观察学生的细微变化，了解学生的情感态度及参与活动热情，及时对学生进行评价，激励其勇于探究、不断思考，让潜力得到开发，核心素养得到发展。但是如果只有单一的质性评价，在师生变幻莫测的情感驱动下，难以对每一个学生进行准确、全面的评价，导致综合评价的不公平、不合理。因此，探索适当的量化评价，为质性评价提供可对比的数量关系过程性资料，让质性评价更加科学可靠、更具说服力，而且两者的有机统一，让评价更公平、合理。比如，在质性评价中可设计一些量化指标：学生在一学期内参加社会实践或社区服务的次数、志愿服务时长、课题研究数量等。

三、"4个原则"完善多维度综合评价可操作指标

综合实践活动课程四个维度的目标是相互影响、相互关联的，要根据学校的办学理念、办学特色及文化底蕴等，制定切实可行的多维度综合评价可操作指标，确保课程常态化、有效性实施，所以综合评价在公平、公正、公开的前提下要坚持以下4个原则。

1. 激励性原则

激励包括激发和鼓励，能够发挥人的主观能动性，做到事有人做、人尽其才。综合评价首先要满足激励性原则，激发学生的求知欲望、探索精神、创新思维、实践能力，保持长期的探究兴趣。激励有物质激励和精神激励，物质激励是基础，可调动被激励者的积极性，但维持时间不长：精神激励是根本，一般持续时间较长。我们在物质和精神激励相结合的情况下，可逐步过渡到以精神激励为主，调动其积极性，让被激励者的行动成为一种自觉习惯。

2. 发展性原则

事物都是发展变化的，发展的方向、速度、状态等都不尽相同，教育是一项系统工程，是引导学生往好的方向发展的过程。因此，综合评价必须遵循发展性原则。教师要用发展的眼光、从发展的视角去综合评价学生，认真观察其细节变化，一分为二地对待学生所犯的错误和存在的缺点。著名的教育评价专家斯塔佛尔姆强调：评价不在于证明，而在于改进。所以，合适的评价可以发展学生的优势，成就学生的人生。

3. 启发性原则

综合实践活动的课程开发是面向学生的个体生活、社会生活，学生是整个活动的主体，因此评价时要遵循启发性原则。教师在组织开展综合实践活动时必须树立正确的学生观，让学生真正成为活动的主人：引导学生认真观察、敢于质疑、独立思考、合作探究；激发学生内驱力，提高学习的主动性；构建民主对话的教学模式，营造和谐的教学氛围；开展实质性的评价，避免简单地肯定学生的观点或否定学生的做法和成果。

4. 反思性原则

当代建构主义学说认为：学习要在活动中进行建构，要求学生对自己的活动过程不断地进行反省、概括和抽象。因此，综合实践活动的评价必须符合反思性原则。活动的主题来源于学生完整的生活世界，过程设计、结果呈现等都是学生自主的，评价的目的就是让学生学会自我反思，不仅回顾活动的全程，而且指向未来活动，让活动设计得更科学、合理，效果更显著，从而提高学生的学习能力、实践能力、创造能力等。

四、“6种方式”发挥综合实践活动课程育人功能

行之有效的评价体系是综合实践活动课程走向常态实施的保障，探索综合评价策略，建议多元评价与综合考察结合，制定适合本校学生发展的评价体系，为学生综合素质评定提供翔实的内容。

1. 多元评价

多元评价是综合实践活动常用的评价模式，基于学生个体的差异，采用评价主体多元化、内容多维化、方法多样化，促进人的全面发展。多元评价的主体选择有学生个体、群体、家长，学校管理人员、教师，教科研机构人员、专家等，但学生的正确自我评价与自我认知还有赖于自我反思、综合和判断。内容选择主要依据学生的八大智能指标及活动主题，有终结性评价指标：项目设计类的创新性、美观性、结构合理性等，科学探究类的结论新颖性、实用性，汇报时的表达能力、条理性、答辩熟悉度等。过程性评价指标：学生的表现及参与情况、合作能力、探究能力等。方法选择有自评和他评（包括生生互评、师评、校评、专家评、家长评等）、人工评价和数字化评价（采用评价平台）。

2. 写实记录

写实记录是综合评价的核心依据，记录学生参与活动的整个过程及收获。写实记录内容越全面、越真实、越详细，综合评价的可靠性越高。写实记录包括学生记录和教师记录。一般要有一个目录，记录综合实践活动的流程内容，如活动主题、活动时间、活动对象及具体分工、活动内容及时段安排、活动日志、结果分析、结论、研究报告、活动反思、心得体会、有关证明等其他材料：收集有关活动现场照片、视频、调查问卷、访谈记录等资料。写实记录可以采用日记式、表单式，做到事事有规划、事事有记录、事事有材料，为准确的评价提供基础资料。

3. 档案袋法

档案袋法主要是在写实记录的基础上，对收集到的过程性材料分门别类地进行整理加工，然后根据各阶段、各环节活动情况筛选一些具有代表性的材料装入档案袋，设计一份材料清单，作为学生自评、互评的重要依据，同时可以作为高校招录新生的参考依据。研究性学习装进档案袋内容至少包含“1234”；即1个档案袋；2份报告：开题报告和结题报告；3种活动材料：纸质材料、数字化材料、实物材料：4个表格：开题答辩表、

活动记录表、结题答辩表和学生评价表，还有比赛获奖证书，阶段性心得体会等。社会服务和社会实践与研究性学习记录类似设计。装完档案袋后多余的过程性材料也要整理好，以待综合评价遇到问题时再进行详细的考察。除纸质档案袋外，还可以建立电子档案袋，便于评价及查阅。

4. 比较评价

比较评价是对参加综合实践活动相同主题的同一类别学生的评价方式，包括个体的纵向比较及整体的横向比较。在做比较评价时，先对学生个体档案袋中的材料进行纵向对比，参考学生平时活动中的表现，做出客观的评价，观察学生是否健康发展；再对同组、同班、同年段学生进行横向比较评价，考察同年段哪些班级活动开展得比较扎实，哪些小组做得比较深入，哪些同学表现比较好、收获比较多。

5. 观察评价

观察评价是综合实践活动的基础评价方式，是教师或学生在活动过程中对大家参与活动的积极性及活动中的表现、细节变化进行自然观察，并对观察中所获得的信息做客观和详细的记录，然后做出适当的评价。观察是“观”和“察”，“观”是用各种感官去感知事物及其变化，属于生理活动；“察”是系统考察客观外在事物，属于心理活动，观察是生理活动与心理活动的有机统一，这种评价方式关注学生的点滴变化，有利于促进学生的发展。

6. 基于网络的第三方评价

过程性资料有纸质资料、实物作品、数字化资料等，由于数量之多，集中评价工作量很大，因此在社会信用体系逐步完善下，我们提倡基于网络的第三方评价模式。每个学校或省市建立学生综合实践活动平台，全面记录学生参与活动的过程资料，并采取谁使用谁评价的原则，不同部门使用同一份材料，可能得到不同的评价结果，这是正常的现象。因为各部门评价指标及侧重点不同，比如学分认定评价主要看任务的完成情况及收获，而综合素质评定主要看学生参与活动的态度、表现及品格养成等，高校自主招生评价主要看学生的探究能力、创新意识、社会责任及跨学科思维等。

总之，综合实践活动“1246评价策略”的实施需要基于可靠的信用制度，建构多元评价与综合考察结合的综合评价体系，引领学校综合实践活动深化发展，培养跨学科思维复合型人才。

思考·探究

1. 请简述考察探究活动的评价方法。
2. 请谈谈社会服务活动的评价原则。
3. 请结合实际谈谈设计制作活动的评价要点。
4. 请谈谈职业体验活动的评价方式。

附录

《中小学综合实践活动课程指导纲要》

为全面贯彻党的教育方针，坚持教育与生产劳动、社会实践相结合，引导学生深入理解和践行社会主义核心价值观，充分发挥中小学综合实践活动课程在立德树人中的重要作用，特制定本纲要。

一、课程性质与基本理念

（一）课程性质

综合实践活动是从学生的真实生活和发展需要出发，从生活情境中发现问题，转化为活动主题，通过探究、服务、制作、体验等方式，培养学生综合素质的跨学科实践性课程。

综合实践活动是国家义务教育和普通高中课程方案规定的必修课程，与学科课程并列设置，是基础教育课程体系的重要组成部分。该课程由地方统筹管理和指导，具体内容以学校开发为主，自小学一年级至高中三年级全面实施。

（二）基本理念

1. 课程目标以培养学生综合素质为导向

本课程强调学生综合运用各学科知识，认识、分析和解决现实问题，提升综合素质，着力发展核心素养，特别是社会责任感、创新精神和实践能力，以适应快速变化的社会生活、职业世界和个人自主发展的需要，迎接信息时代和知识社会的挑战。

2. 课程开发面向学生的个体生活和社会生活

本课程面向学生完整的生活世界，引导学生从日常学习生活、社会生活或与大自然的接触中提出具有教育意义的活动主题，使学生获得关于自我、社会、自然的真实体验，建立学习与生活的有机联系。要避免仅从学科知识体系出发进行活动设计。

3. 课程实施注重学生主动实践和开放生成

本课程鼓励学生从自身成长需要出发，选择活动主题，主动参与并亲身经历实践过程，体验并践行价值信念。在实施过程中，随着活动的不断展开，在教师指导下，学生可根据实际需要，对活动的目标与内容、组织与方法、过程与步骤等做出动态调整，使活动不断深化。

4. 课程评价主张多元评价和综合考察

本课程要求突出评价对学生的发展价值，充分肯定学生活动方式和问题解决策略的多样性，鼓励学生自我评价与同伴间的合作交流和经验分享。提倡多采用质性评价方式，避免将评价简化为分数或等级。要将学生在综合实践活动中的各种表现和活动成果作为分析考察课程实施状况与学生发展状况的重要依据，对学生的活动过程和结果进行综合评价。

二、课程目标

（一）总目标

学生能从个体生活、社会生活及与大自然的接触中获得丰富的实践经验，形成并逐步提升对自然、社会和自我之内在联系的整体认识，具有价值体认、责任担当、问题解决、创意物化等方面的意识和能力。

（二）学段目标

1. 小学阶段具体目标

（1）价值体认：通过亲历、参与少先队活动、场馆活动和主题教育活动，参观爱国主义教育基地等，获得有积极意义的价值体验。理解并遵守公共空间的基本行为规范，初步形成集体思想、组织观念，培养对中国共产党的朴素感情，为自己是中国人感到自豪。

（2）责任担当：围绕日常生活开展服务活动，能处理生活中的基本事务，初步养成自理能力、自立精神、热爱生活的态度，具有积极参与学校和社区生活的意愿。

（3）问题解决：能在教师的引导下，结合学校、家庭生活中的现象，发现并提出自己感兴趣的问题。能将问题转化为研究小课题，体验课题研究的过程与方法，提出自己的想法，形成对问题的初步解释。

（4）创意物化：通过动手操作实践，初步掌握手工设计与制作的基本技能；学会运用信息技术，设计并制作有一定创意的数字作品。运用常见、简单的信息技术解决实际问题，服务于学习和生活。

2. 初中阶段具体目标

（1）价值体认：积极参加班团队活动、场馆体验、红色之旅等，亲历社会实践，加深有积极意义的价值体验。能主动分享体验和感受，与老师、同伴交流思想认识，形成国家认同，热爱中国共产党。通过职业体验活动，发展兴趣专长，形成积极的劳动观念和态度，具有初步的生涯规划意识和能力。

（2）责任担当：观察周围的生活环境，围绕家庭、学校、社区的需要开展服务活动，增强服务意识，养成独立的生活习惯；愿意参与学校服务活动，增强服务学校的行动能力；初步形成探究社区问题的意识，愿意参与社区服务，初步形成对自我、学校、社区负责任的态度和社会公德意识，初步具备法治观念。

（3）问题解决：能关注自然、社会、生活中的现象，深入思考并提出有价值的问题，将问题转化为有价值的研究课题，学会运用科学方法开展研究。能主动运用所学知识理解与解决问题，并做出基于证据的解释，形成基本符合规范的研究报告或其他形式的研究成果。

（4）创意物化：运用一定的操作技能解决生活中的问题，将一定的想法或创意付诸实践，通过设计、制作或装配等，制作和不断改进较为复杂的制品或用品，发展实践创新意识和审美意识，提高创意实现能力。通过信息技术的学习实践，提高利用信息技术进行分析和解决问题的能力以及数字化产品的设计与制作能力。

3. 高中阶段具体目标

（1）价值体认：通过自觉参加班团活动、走访模范人物、研学旅行、职业体验活动，组织社团活动，深化社会规则体验、国家认同、文化自信，初步体悟个人成长与职业世界、社会进步、国家发展和人类命运共同体的关系，增强根据自身兴趣专长进行生涯规划和职业选择的能力，强化对中国共产党的认识和感情，具有中国特色社会主义共同理想和国际视野。

（2）责任担当：关心他人、社区和社会发展，能持续地参与社区服务与社会实践活动，关注社区及社会存在的主要问题，热心参与志愿者活动和公益活动，增强社会责任意识和法治观念，形成主动服务他人、服务社会的情怀，理解并践行社会公德，提高社会服务能力。

（3）问题解决：能对个人感兴趣的领域开展广泛的实践探索，提出具有一定新意和深度的问题，综合运用知识分析问题，用科学方法开展研究，增强解决实际问题的能力。能及时对研究过程及研究结果进行审视、反思并优化调整，建构基于证据的、具有说服力的解释，形成比较规范的研究报告或其他形式的研究成果。

（4）创意物化：积极参与动手操作实践，熟练掌握多种操作技能，综合运用技能解决生活中的复杂问题。增强创意设计、动手操作、技术应用和物化能力。形成在实践操作中学习的意识，提高综合解决问题的能力。

三、课程内容与活动方式

学校和教师要根据综合实践活动课程的目标，并基于学生发展的实际需求，设计活动主题和具体内容，并选择相应的活动方式。

（一）内容选择与组织原则

综合实践活动课程的内容选择与组织应遵循如下原则：

1．自主性

在主题开发与活动内容选择时，要重视学生自身发展需求，尊重学生的自主选择。教师要善于引导学生围绕活动主题，从特定的角度切入，选择具体的活动内容，并自定活动目标任务，提升自主规划和管理能力。同时，要善于捕捉和利用课程实施过程中生成的有价值的问题，指导学生深化活动主题，不断完善活动内容。

2．实践性

综合实践活动课程强调学生亲身经历各项活动，在“动手做”“实验”“探究”“设计”“创作”“反思”的过程中进行“体验”“体悟”“体认”，在全身心参与的活动中，发现、分析和解决问题，体验和感受生活，发展实践创新能力。

3．开放性

综合实践活动课程面向学生的整个生活世界，具体活动内容具有开放性。教师要基于学生已有经验和兴趣专长，打破学科界限，选择综合性活动内容，鼓励学生跨领域、跨学科学习，为学生自主活动留出余地。要引导学生把自己成长的环境作为学习场所，在与家庭、学校、社区的持续互动中，不断拓展活动时空和活动内容，使自己的个性特长、实践能力、服务精神和社会责任感不断获得发展。

4．整合性

综合实践活动课程的内容组织，要结合学生发展的年龄特点和个性特征，以促进学生的综合素质发展为核心，均衡考虑学生与自然的关系、学生与他人和社会的关系、学生与自我的关系这三个方面的内容。对活动主题的探究和体验，要体现个人、社会、自然的内在联系，强化科技、艺术、道德等方面的内在整合。

5．连续性

综合实践活动课程的内容设计应基于学生可持续发展的要求，设计长短期相结合的主题活动，使活动内容具有递进性。要促使活动内容由简单走向复杂，使活动主题向纵深发展，不断丰富活动内容、拓展活动范围，促进学生综合素质的持续发展。要处理好学期之间、学年之间、学段之间活动内容的有机衔接与联系，构建科学合理的活动主题序列。

（二）活动方式

综合实践活动的主要方式及其关键要素为：

1．考察探究

考察探究是学生基于自身兴趣，在教师的指导下，从自然、社会和学生自身生活中选择和确定研究主题，开展研究性学习，在观察、记录和思考中，主动获取知识，分析并解决问题的过程，如野外考察、社会调查、研学旅行等，它注重运用实地观察、访谈、实验等方法，获取材料，形成理性思维、批判质疑和勇于探究的精神。考察探究的关键要素包括：发现并提出问题；提出假设，选择方法，研制工具；获取证据；提出解释或观念；交流、评价探究成果；反思和改进。

2. 社会服务

社会服务指学生在教师的指导下，走出教室，参与社会活动，以自己的劳动满足社会组织或他人的需要，如公益活动、志愿服务、勤工俭学等，它强调学生在满足被服务者需要的过程中，获得自身发展，促进相关知识技能的学习，提升实践能力，成为履职尽责、敢于担当的人。社会服务的关键要素包括：明确服务对象与需要；制订服务活动计划；开展服务行动；反思服务经历，分享活动经验。

3. 设计制作

设计制作指学生运用各种工具、工艺（包括信息技术）进行设计，并动手操作，将自己的创意、方案付诸现实，转化为物品或作品的过程，如动漫制作、编程、陶艺创作等，它注重提高学生的技术意识、工程思维、动手操作能力等。在活动过程中，鼓励学生手脑并用，灵活掌握、融会贯通各类知识和技巧，提高学生的技术操作水平、知识迁移水平，体验工匠精神等。设计制作的关键要素包括：创意设计；选择活动材料或工具；动手制作；交流展示物品或作品，反思与改进。

4. 职业体验

职业体验指学生在实际工作岗位上或模拟情境中见习、实习，体认职业角色的过程，如军训、学工、学农等，它注重让学生获得对职业生活的真切理解，发现自己的专长，培养职业兴趣，形成正确的劳动观念和人生志向，提升生涯规划能力。职业体验的关键要素包括：选择或设计职业情境；实际岗位演练；总结、反思和交流经历过程；概括提炼经验，行动应用。

综合实践活动除了以上活动方式外，还有党团队教育活动、博物馆参观等。综合实践活动方式的划分是相对的。在活动设计时可以有所侧重，以某种方式为主，兼顾其他方式；也可以整合方式实施，使不同活动要素彼此渗透、融合贯通。要充分发挥信息技术对于各类活动的支持作用，有效促进问题解决、交流协作、成果展示与分享等。

四、学校对综合实践活动课程的规划与实施

（一）课程规划

中小学校是综合实践活动课程规划的主体，应在地方指导下，对综合实践活动课程进行整体设计，将办学理念、办学特色、培养目标、教育内容等融入其中。要依据学生发展状况、学校特色、可利用的社区资源（如各级各类青少年校外活动场所、综合实践基地和研学旅行基地等）对综合实践活动课程进行统筹考虑，形成综合实践活动课程总体实施方案；还要基于学生的年段特征、阶段性发展要求，制定具体的“学校学年（或学期）活动计划与实施方案”，对学年、学期活动做出规划。要使总体实施方案和学年（或学期）活动计划相互配套、衔接，形成促进学生持续发展的课程实施方案。

学校在课程规划时要注意处理好以下关系：

1. 综合实践活动课程的预设与生成

学校要统筹安排各年级、各班级学生的综合实践活动课时、主题、指导教师、场地设施等，加强与校外活动场所的沟通协调，为每一个学生参与活动创造必要条件，提供发展机遇，但不得

以单一、僵化、固定的模式去约束所有班级、社团的具体活动过程，剥夺学生自主选择的空间。要允许和鼓励师生从生活中选择有价值的活动主题，选择适当的活动方式创造性地开展活动。要关注学生活动的生成性目标与生成性主题并引导其发展，为学生创造性的发展开辟广阔空间。

2. 综合实践活动课程与学科课程

在设计与实施综合实践活动课程中，要引导学生主动运用各门学科知识分析解决实际问题，使学科知识在综合实践活动中得到延伸、综合、重组与提升。学生在综合实践活动中所发现的问题要在相关学科教学中分析解决，所获得的知识要在相关学科教学中拓展加深。防止用学科实践活动取代综合实践活动。

3. 综合实践活动课程与专题教育

可将有关专题教育，如优秀传统文化教育、革命传统教育、国家安全教育、心理健康教育、环境教育、法治教育、知识产权教育等，转化为学生感兴趣的综合实践活动主题，让学生通过亲历感悟、实践体验、行动反思等方式实现专题教育的目标，防止将专题教育简单等同于综合实践活动课程。要在国家宪法日、国家安全教育日、全民国防教育日等重要时间节点，组织学生开展相关主题教育活动。

（二）课程实施

作为综合实践活动课程实施的主体，学校要明确实施机构及人员、组织方式等，加强过程指导和管理，确保课程实施到位。

1. 课时安排

小学1～2年级，平均每周不少于1课时；小学3～6年级和初中，平均每周不少于2课时；高中执行课程方案相关要求，完成规定学分。各学校要切实保证综合实践活动时间，在开足规定课时总数的前提下，根据具体活动需要，把课时的集中使用与分散使用有机结合起来。要根据学生活动主题的特点和需要，灵活安排、有效使用综合实践活动时间。学校要给予学生广阔的探究时空环境，保证学生活动的连续性和长期性。要处理好课内与课外的关系，合理安排时间并拓展学生的活动空间与学习场域。

2. 实施机构与人员

学校要成立综合实践活动课程领导小组，结合实际情况设置专门的综合实践活动课程中心或教研组，或由教科室、教务处、学生处等职能部门，承担起学校课程实施规划、组织、协调与管理等方面的责任，负责制定并落实学校综合实践活动课程实施方案，整合校内外教育资源，统筹协调校内外相关部门的关系，联合各方面的力量，特别是加强与校外活动场所的沟通协调，保证综合实践活动课程的有效实施。要充分发挥少先队、共青团以及学生社团组织的作用。

要建立专兼职相结合、相对稳定的指导教师队伍。学校教职工要全员参与，分工合作。原则上每所学校至少配备1名专任教师，主要负责指导学生开展综合实践活动，组织其他学科教师开展校本教研活动。各学科教师要发挥专业优势，主动承担指导任务。积极争取家长、校外活动场所指导教师、社区人才资源等有关社会力量成为综合实践活动课程的兼职指导教师，协同指导学生综合实践活动的开展。

3. 组织方式

综合实践活动以小组合作方式为主，也可以个人单独进行。小组合作范围可以从班级内部，逐步走向跨班级、跨年级、跨学校和跨区域等。要根据实际情况灵活运用各种组织方式。要引导学生根据兴趣、能力、特长、活动需要，明确分工，做到人尽其责，合理高效。既要让学生有独立思考的时间和空间，又要充分发挥合作学习的优势，重视培养学生的自主参与意识与合作沟通能力。鼓励学生利用信息技术手段突破时空界限，进行广泛的交流与密切合作。

4. 教师指导

在综合实践活动实施过程中，要处理好学生自主实践与教师有效指导的关系。教师既不能“教”综合实践活动，也不能推卸指导的责任，而应当成为学生活动的组织者、参与者和促进者。教师的指导应贯穿于综合实践活动实施的全过程。

在活动准备阶段，教师要充分结合学生经验，为学生提供活动主题选择以及提出问题的机会，引导学生构思选题，鼓励学生提出感兴趣的问题，并及时捕捉活动中学生动态生成的问题，组织学生就问题展开讨论，确立活动目标内容。要让学生积极参与活动方案的制定过程，通过合理的时间安排、责任分工、实施方法和路径选择，对活动可利用的资源及活动的可行性进行评估等，增强活动的计划性，提高学生的活动规划能力。同时，引导学生对活动方案进行组内及组间讨论，吸纳合理化建议，不断优化完善方案。

在活动实施阶段，教师要创设真实的情境，为学生提供亲身经历与现场体验的机会，让学生经历多样化的活动方式，促进学生积极参与活动过程，在现场考察、设计制作、实验探究、社会服务等活动中发现和解决问题，体验和感受学习与生活之间的联系。要加强对学生活动方式与方法的指导，帮助学生找到适合自己的学习方式和实践方式。教师指导重在激励、启迪、点拨、引导，不能对学生的活动过程包办代替。还要指导学生做好活动过程的记录和活动资料的整理。

在活动总结阶段，教师要指导学生选择合适的结果呈现方式，鼓励多种形式的结果呈现与交流，如绘画、摄影、戏剧与表演等，对活动过程和活动结果进行系统梳理和总结，促进学生自我反思与表达、同伴交流与对话。要指导学生学会通过撰写活动报告、反思日志、心得笔记等方式，反思成败得失，提升个体经验，促进知识建构，并根据同伴及教师提出的反馈意见和建议查漏补缺，明确进一步的探究方向，深化主题探究和体验。

5. 活动评价

综合实践活动情况是学生综合素质评价的重要内容。各学校和教师要以促进学生综合素质持续发展为目的设计与实施综合实践活动评价。要坚持评价的方向性、指导性、客观性、公正性等原则。

突出发展导向。坚持学生成长导向，通过对学生成长过程的观察、记录、分析，促进学校及教师把握学生的成长规律，了解学生的个性与特长，不断激发学生的潜能，为更好地促进学生成长提供依据。评价的首要功能是让学生及时获得关于学习过程的反馈，改进后续活动。要避免评价过程中只重结果、不重过程的现象。要对学生作品进行深入分析和研究，挖掘其背后蕴藏的学生的思想、创意和体验，杜绝对学生的作品随意打分和简单排名等功利主义做法。

做好写实记录。教师要指导学生客观记录参与活动的具体情况，包括活动主题、持续时间、所承担的角色、任务分工及完成情况等，及时填写活动记录单，并收集相关事实材料，如活动现场照片、作品、研究报告、实践单位证明等。活动记录、事实材料要真实、有据可查，为综合实践活动评价提供必要基础。

建立档案袋。在活动过程中，教师要指导学生分类整理、遴选具有代表性的重要活动记录、典型事实材料以及其他有关资料，编排、汇总、归档，形成每一个学生的综合实践活动档案袋，并纳入学生综合素质档案。档案袋是学生自我评价、同伴互评、教师评价学生的重要依据，也是招生录取中综合评价的重要参考。

开展科学评价。原则上每学期末，教师要依据课程目标和档案袋，结合平时对学生活动情况的观察，对学生综合素质发展水平进行科学分析，写出有关综合实践活动情况的评语，引导学生扬长避短，明确努力方向。高中学校要结合实际情况，研究制定学生综合实践活动评价标准和学分认定办法，对学生综合实践活动课程学分进行认定。

五、课程管理与保障

（一）教师培训与教研指导

地方教育行政部门和学校要加强调研，了解综合实践活动指导教师专业发展的需求，搭建多样化的交流平台，强化培训和教研，推动教师的持续发展。

1. 建立指导教师培训制度

要开展对综合实践活动课程专兼职教师的全员培训，明确培训目标，努力提升教师的跨学科知识整合能力，观察、研究学生的能力，指导学生规划、设计与实施活动的能力，课程资源的开发和利用能力等。要根据教师的实际需求，开发相应的培训课程，组织教师按照课程要求进行系统学习。要不断探索和改进培训方式方法，倡导参与式培训、案例培训和项目研究等，不断激发教师内在的学习动力。

2. 建立健全日常教研制度

各学校要通过专业引领、同伴互助、合作研究，积极开展以校为本的教研活动，及时分析、解决课程实施中遇到的问题，提高课程实施的有效性。各级教研机构要配备综合实践活动专职教研员，加强对校本教研的指导，并组织开展专题教研、区域教研、网络教研等，通过协同创新、校际联动、区域推进，提高中小学综合实践活动整体实施水平。

（二）支持体系建设与保障

1. 网络资源开发

地方教育行政部门、教研机构和学校要开发优质网络资源，遴选相关影视作品等充实资源内容，为课程实施提供资源保障。要充分发挥师生在课程资源开发中的主体性与创造性，及时总结、梳理来自教学一线的典型案例和鲜活经验，动态生成分年级、分专题的综合实践活动课程资源包。各地要探索和建立优质资源的共享与利用机制，打造省、市、县、校多级联动的共建共享平台，为课程实施提供高质量、常态化的资源支撑。

2. 硬件配套与利用

学校要为综合实践活动的实施提供配套硬件资源与耗材，并积极争取校外活动场所支持，建立课程资源的协调与共享机制，充分发挥实验室、专用教室及各类教学设施在综合实践活动课程实施过程中的作用，提高使用效益，避免资源闲置与浪费。有条件的学校可以建设专用活动室或实践基地，如创客空间等。

地方教育行政部门要加强实践基地建设，强化资源统筹管理，建立健全校内外综合实践活动课程资源的利用与相互转换机制，强化公共资源间的相互联系和硬件资源的共享，为学校利用校外图书馆、博物馆、展览馆、科技馆、实践基地等各种社会资源及丰富的自然资源提供政策支持。

3. 经费保障

地方和学校要确保开展综合实践活动所需经费，支持综合实践活动课程资源和实践基地建设、专题研究等。

4. 安全保障

地方教育行政部门要与有关部门统筹协调，建立安全管控机制，分级落实安全责任。学校要设立安全风险预警机制，建立规范化的安全管理制度及管理措施。教师要增强安全意识，加强对学生的安全教育，提升学生安全防范能力，制定安全守则，落实安全措施。

（三）考核与激励机制

1. 建立健全指导教师考核激励机制

各地和学校明确综合实践活动课程教师考核要求和办法，科学合理地计算教师工作量，将指导学生综合实践活动的工作业绩作为教师职称晋升和岗位聘任的重要依据，对取得显著成效的指导教师给予表彰奖励。

2. 加强对课程实施情况的督查

将综合实践活动课程实施情况，包括课程开设情况及实施效果，纳入中小学课程实施监测，建立关于中小学综合实践活动课程的反馈改进机制。地方教育行政部门和教育督导部门要将综合实践活动实施情况作为检查督导的重要内容。

3. 开展优秀成果交流评选

依托有关专业组织、教科研机构、基础教育课程中心等，开展中小学生综合实践活动课程展示交流活动，激发广大中小学生实践创新的潜能和动力。将中小学综合实践活动课程探索成果纳入基础教育教学成果评选范围，对优秀成果予以奖励，发挥优秀成果的示范引领作用，激励广大中小学教师和专职研究人员持续性从事中小学综合实践活动课程研究和实践探索。